Histoire de la langue et de la littérature française

(Tome 1)

Histoire de la langue et de la littérature française

Tome 1

Louis Petit de Julleville & *al.*

Collection « Les Pages de l'Histoire »

Editions le Mono

ISBN : 978-2-36659-557-4
EAN : 9782366595574

Langue et littérature sont deux choses séparées et distinctes. Un peuple ne saurait se passer de langue ; mais il peut fort bien exister sans littérature ; et tous les peuples commencent même par s'en passer. Les Romains ont été puissants et redoutés avant d'avoir seulement l'idée de la littérature.

Tant que les hommes parlent, ou même écrivent, seulement pour communiquer leurs idées et se faire entendre, leur langue n'a rien, pour cela, de littéraire. Dès qu'ils désirent plaire et toucher, non seulement par les choses qu'ils disent, mais par la manière dont ils les disent, dès qu'un sentiment d'art, si simple qu'il soit, se mêle à la parole et à l'écriture, la littérature existe.

(Louis Petit de Julleville)

Préface[1]

Voici la première fois que dans l'histoire générale de la littérature française conçue sur une grande échelle, la littérature du moyen-âge reçoit la place qui lui appartient. Elle n'est pas ici reléguée dans une sorte d'introduction générale et bornée à quelques indications sommaires données de seconde main et presque à contre-cœur. Elle est étudiée directement, traitée avec ampleur, exposée sous tous ses aspects et suivie dans tout son développement. On a cherché et on a pu trouver, pour atteindre le but qu'on s'était proposé, des savants d'une compétence reconnue et spéciale, dont les noms garantissent pour chacun d'eux la sûreté de l'information et la parfaite intelligence du sujet qui lui a été assigné. C'est là un fait considérable : il témoigne des grands progrès accomplis en ces dernières années dans l'étude de notre passé, et il marquera une date dans l'histoire littéraire du XIXe siècle lui-même. Le temps n'est plus où l'on considérait tous les siècles qui ont précédé la Renaissance comme indignes d'attirer l'attention de la critique, comme occupés par de vagues et informes productions qui ne méritaient pas d'être classées dans la littérature nationale, et où on les abandonnait à une érudition dont les recherches n'intéressaient que ceux qui s'y livraient. On a compris qu'il n'était pas plus juste d'exclure de notre littérature les sept siècles qui vont des Serments de Strasbourg à la *Défense et illustration de la langue française* qu'il ne le

[1] Par Gaston Paris (1839-1903).

serait de les éliminer de nos annales. Ils figurent dans l'histoire des formes qu'a prises notre pensée au même titre que dans celle des faits de notre vie nationale, de nos institutions, de notre droit, de nos croyances, de nos mœurs et de nos arts. Avoir reconnu cette vérité et lui avoir donné, par les deux beaux volumes que j'ai le plaisir de présenter au public, son application pratique, sera l'honneur de la nouvelle *Histoire de la littérature française*.

Est-ce à dire que la littérature des trois derniers siècles ait pour préface nécessaire et pour condition de son existence la littérature du moyen âge, comme l'histoire de ces siècles a pour préface nécessaire et pour condition de son existence l'histoire du moyen âge ? Il n'en est pas tout à fait ainsi. On ne saurait dire que la littérature moderne continue la littérature du moyen âge de la même façon que l'histoire moderne continue celle des temps antérieurs. Les institutions, les mœurs, le milieu social ne subissent pas et ne peuvent pas subir de changements brusques : les éléments qui les composent ne se transforment que lentement, et il reste toujours dans le présent beaucoup du passé. La royauté se développe de Charles VII à Louis XV par une suite de transitions insensibles, dont chacune est préparée dans celle qui la précède et prépare celle qui la suit ; il en est de même pour la noblesse, pour l'Église, pour la magistrature, pour la législation, pour les coutumes, les mœurs, le langage. La Révolution elle-même n'a pas amené entre l'ancienne France et la nouvelle la rupture complète que ses partisans ou ses adversaires passionnés veulent qu'elle ait accomplie : après le terrible déchirement produit par l'explosion subite de forces internes longuement couvées, les tissus violemment arrachés se sont rejoints et réparés, les organes qui étaient restés viables se sont reconstitués, les agents biologiques héréditaires ont repris leur œuvre un moment troublée, et l'identité fondamentale de la nation, après comme avant la crise, apparaît maintenant à tous les yeux sincères et clairvoyants. Il n'en est pas de même pour la littérature. La Renaissance, qu'accompagnait dans les âmes le grand mouvement parallèle de la Réforme, a véritablement créé chez nous une littérature nouvelle, qui ne doit guère à l'ancienne que sa forme extérieure, à savoir sa langue et, pour la poésie, les principes et les moules de sa versification. Pour le reste, sujets, idées, sentiments, conception de l'art et du style, il y a un véritable abîme entre la littérature inaugurée au milieu du xvie siècle et celle qui florissait aux siècles antérieurs. Pour comprendre Ronsard et ses successeurs, il est indispensable de connaître les auteurs grecs et latins ; on peut presque se dispenser de connaître les vieux auteurs français.

Il n'y a pas de phénomène plus intéressant dans l'histoire intellectuelle du monde que cette substitution apparente d'une âme à une autre dans la même littérature ; il n'y en a pas qui soit complètement analogue. Quand Rome a créé son éloquence et sa poésie sur le modèle de l'éloquence et de la poésie des Grecs, elle n'en possédait pas à elle : dans les moules qu'elle emprunta elle jeta une pensée qui ne s'était encore exprimée que par des actes et qui, en dépit de toute imitation, manifesta son originalité dès qu'elle fut appelée à se traduire par des mots. Quand la Russie fut initiée à la culture européenne, elle n'avait pas non plus de passé littéraire : ses vieilles *bylines*, oubliées depuis longtemps dans la région qui leur avait donné naissance, s'étaient réfugiées dans un coin perdu du vaste empire et n'étaient connues du peuple moscovite que sous la forme altérée de contes en prose. En Italie, le mouvement de la Renaissance, qui y est né, n'a pas produit de brusque solution de continuité : les grands hommes qui l'annoncent ou l'inaugurent au xive siècle, Dante, Boccace, Pétrarque, sont encore par bien des côtés des hommes du moyen âge, et s'ils créent l'idéal littéraire moderne en retrouvant chez les anciens le goût et le secret de la beauté, ils appliquent la forme nouvelle à des sujets ou à des conceptions que leur fournit la tradition médiévale ; plus tard encore c'est sur la matière épique du moyen âge que l'Arioste jette le riche et léger tissu dont il emprunte les couleurs à la poésie gréco-latine. Dans les autres pays de l'Europe l'étude et l'amour de l'antiquité n'amènent pas, comme en France, une rupture complète avec le passé : les deux grandes productions du xvie siècle, inégales en valeur, mais curieusement parallèles, la *comedia* espagnole et le théâtre anglais, ont leurs profondes racines dans le sol national et ne doivent au soleil renaissant de la Grèce et de Rome que l'éclat de leurs couleurs et la puissance de leur végétation. Quant aux nations germaniques, absorbées par les convulsions de la grande lutte religieuse, elles sont pendant deux siècles sans littérature propre, et si, quand elles arrivent à leur tour à une vie littéraire originale, elles se trouvent complètement éloignées du moyen âge, cela s'explique par cette sorte d'hivernage pendant lequel tous les germes anciens sont morts et dont elles ne sortent que sous la double influence des littératures antiques et surtout des littératures modernes, partout alors richement développées.

D'où vient donc qu'il en a été autrement chez nous, et qu'une littérature à la fois antique et nouvelle y est brusquement apparue, sans liens avec celle qui avait fleuri sur notre sol pendant six siècles ? pourquoi la littérature de la Renaissance ne s'est-elle pas, en France comme en Italie, soudée à la littérature du moyen âge, la transformant et non la supprimant ? pourquoi, comme en Angleterre et en Espagne, la vieille poésie nationale ne s'est-elle pas épanouie à la chaleur fécondante de l'antique idéal, au lieu de se dessécher et de disparaître devant les rayons de l'astre remontant au ciel ? C'est ce que peuvent expliquer diverses causes. La première est que la Renaissance n'a pas été chez nous spontanée. Elle nous est venue d'ailleurs, d'Italie, et elle s'est présentée dès l'abord comme une guerre déclarée à ce qui existait dans le pays : au lieu de sortir de la vieille souche par une propre et lente évolution, la plante nouvelle, importée du dehors, n'a pris possession du sol que par l'extirpation de ce qui y avait poussé avant elle. Une autre raison fut l'aspect sous lequel la beauté antique se révéla aux esprits français. La Renaissance italienne avait, à l'origine, été purement latine : les grands trécentistes ne savaient pas un mot de grec ; ils n'entrevoyaient Homère qu'à travers Virgile, Pindare qu'à travers Horace, Platon et Démosthène qu'à travers Cicéron, Athènes qu'à travers Rome. Mais quand la Renaissance pénétra en France, elle était devenue grecque autant que latine, et c'étaient Homère, Pindare, Sophocle, Démosthène et Platon que les créateurs de la nouvelle éloquence et de la nouvelle poésie contemplaient directement, « d'un regard de joie et de respect », comme leurs dieux et leurs modèles. Or l'antiquité latine n'avait jamais cessé d'être connue au moyen âge, et même d'être admirée : l'innovation des maîtres italiens, innovation d'abord insensible et dont ils n'eurent eux-mêmes que vaguement conscience, avait consisté à la comprendre mieux et à saisir plus profondément ce qui en faisait à la fois le trait distinctif et la fécondité : l'observation directe de la nature et de la vie, et la beauté de la forme, le *style* ; il n'y avait entre eux et leurs prédécesseurs qu'une différence de degré dans la pénétration et l'assimilation d'un monde qui n'avait jamais disparu de l'horizon intellectuel. La Grèce, au contraire, apportait une révélation toute nouvelle : le moyen âge n'en avait rien connu, et devant cette splendeur vierge enchantant les yeux éblouis, tout ce qui l'avait ignorée semblait ténébreux, difforme et vulgaire. Il faut tenir compte aussi de cette circonstance que la Réforme, à laquelle beaucoup des humanistes qui coopérèrent à la Renaissance étaient plus ou moins ouvertement attachés, créait une séparation entre le passé catholique de la France et ce qu'on rêvait de son avenir : le moyen âge et même les temps immédiatement précédents apparaissaient comme imbus de superstitions grossières aussi bien que comme ignorants et barbares. Enfin la Renaissance fut en France l'œuvre de purs érudits ; elle sortit des collèges et des imprimeries, tandis qu'en Italie elle avait été l'une des formes de l'action d'hommes profondément mêlés, comme Dante et Pétrarque, à la vie politique de leur temps et cherchant dans la poésie un moyen d'exprimer les idées et les passions qui agitaient les hommes autour d'eux, ce qui les mettait en communication directe et réciproque avec le milieu ambiant. Nos hellénistes français, au contraire, ne cultivaient l'art que pour l'art lui-même et ne s'adressaient qu'à un cercle restreint dont ils composaient à eux seuls la plus grande partie. Il ne pouvait sortir de là qu'une littérature de cénacle, qui de prime abord se mettait à l'écart du peuple et en opposition avec lui, et si elle aboutit, dans son plus beau développement, au XVIIe siècle, à une littérature vraiment nationale, ce fut parce que la partie cultivée de la nation s'était peu à peu formée à son école, parce que de son côté elle avait fait, avec Malherbe, de grandes concessions à un public plus large, et enfin parce que l'époque qui lui permit d'atteindre son apogée était une époque de gouvernement absolu, où les grandes questions humaines étaient soustraites à la discussion, et où la littérature avait pris toute la place interdite aux autres activités de l'esprit. Mais à l'origine la littérature, et surtout la poésie nouvelle, s'était fait une loi de ne s'adresser, comme le proclamait Ronsard, qu'à ceux qui étaient « Grecs et Romains », et par conséquent ne se souciait nullement de se rattacher aux traditions et aux habitudes d'un passé qu'elle dédaignait et d'un « vulgaire » qu'elle avait en horreur.

Mais la plus importante de toutes les causes qui expliquent la rupture de la littérature du xvie siècle avec celle du moyen âge est dans le fait que la première était séparée de la seconde par un intervalle plus grand qu'il ne semble, ou plutôt que la seconde, à vrai dire, depuis longtemps n'existait plus. Ce qui l'avait remplacée était une littérature bâtarde, sorte de Renaissance avortée, mêlant les restes de la puérilité subtile du moyen âge à une gauche imitation de l'antiquité latine, dénuée de sujets et vide de pensées, incertaine de forme, incapable de grandeur et d'énergie, et tout aussi incapable de vraie beauté. Il ne lui manquait pas une certaine grâce, transmise à Marot par les poètes galants du xve siècle, et affinée par lui en une élégance souvent exquise ; mais il lui manquait la puissance de l'idée, la vérité du sentiment ou de l'observation, et le secret de la forme concentrée et pleinement consciente de son rapport avec la matière. L'épopée était morte depuis le xive siècle et ne survivait que dans les rédactions en prose, où l'on ne voyait plus que des contes prolixes et surannés. La poésie allégorique elle-même avait à peu près cessé le fastidieux radotage dont, pendant deux siècles, à la suite du *Roman de la Rose*, elle avait enveloppé la pauvreté de sa psychologie, de sa morale et de ses satires. L'éloquence, en prose ou en vers, se guindait, pour grandir sa chétive stature, sur des échasses naïvement apparentes, et s'enflait la bouche, pour se donner un air solennel, avec des périodes ronflantes et de longs mots « despumés à la verbocination latiale ». L'histoire, il est vrai, avec Froissart, Chastellain et Commines, avait produit des œuvres vivantes et souvent puissantes, qui étaient imprimées en partie et qu'on lisait toujours, et le roman moderne était apparu au xve siècle, ainsi que le conte en prose, sous la plume d'Antoine de la Sale ; mais ces écrits en prose semblaient étrangers à l'art proprement dit, et ne pouvaient fournir de base à une tradition vraiment littéraire. La poésie lyrique était réduite aux monotones ballades, aux rondeaux étriqués, aux lourds chants royaux ; elle était toute de facture et, ne sortant pas du cœur, ne parlait pas au cœur. Le germe du drame religieux, capable d'une telle fécondité, et qui avait produit aux xiie et xiiie siècles des jets si originaux, avait été noyé dans la prolixité, la vulgarité et la platitude des interminables mystères. Le théâtre comique avait seul de la vitalité et devait en fait prolonger jusqu'à Molière et plus loin encore quelque chose de son inspiration et de ses procédés : il avait produit un chef-d'œuvre, *Patelin*, que la nouvelle école fut longtemps bien loin d'égaler avec ses faibles imitations de la comédie antique, italienne ou espagnole ; mais, abandonné en général à la verve éphémère des improvisateurs et des sociétés joyeuses, il ne comptait pas dans la littérature. Tout le reste se présentait sous l'aspect lamentable d'oripeaux à la fois fastueux et pauvres, de fanfreluches prétentieuses, de vieux galons dédorés et « gothiques » : la jeune poésie qui s'avançait, fière de sa science et de son art, les yeux fixés sur l'idéal hellénique, le cœur rempli de hautes aspirations et la tête garnie de réminiscences qu'elle prenait pour des idées, n'eut qu'à pousser du pied cette défroque pour qu'elle disparût de la scène, où elle n'avait jamais habillé que les acteurs d'un long intermède. Par derrière, loin par derrière, le vrai moyen âge, enfoui dans des manuscrits qu'on avait cessé de lire et dans une langue qu'on ne comprenait plus, était aussi profondément inconnu que s'il n'avait jamais existé, et les érudits qui commencèrent alors à l'explorer ne virent dans leurs trouvailles qu'un objet de curiosité archéologique.

Ainsi s'explique le divorce complet opéré entre le passé et l'avenir littéraire de la France au milieu du xvie siècle, et c'est pour cela que la connaissance de la littérature du moyen âge ne semble guère importer à celle de la littérature moderne. Mais il n'en va pas de même si au-dessous de la littérature on cherche le génie qui l'a inspirée et qu'elle exprime. Si ce génie a sommeillé en France, — grâce surtout à l'atroce guerre de Cent ans, — pendant deux siècles et demi, s'il s'est donné, en se réveillant, une forme tout autre que celle qu'il avait eue jadis, il n'en est pas moins resté essentiellement le même dans ses traits fondamentaux, et l'intelligence de notre littérature moderne gagne beaucoup à ce qu'on la rapproche de notre ancienne littérature, — avec laquelle elle a si peu de rapports, — parce qu'il est intéressant de saisir, dans cette différence même, des ressemblances qui surprennent et qui charment, comme ces constatations qu'on fait parfois, sur sa propre personne, d'un atavisme dont on n'avait pas conscience et qui semble ouvrir un jour soudain sur les sources les plus profondes et les plus mystérieuses de la vie.

On pourrait signaler et on a signalé plus d'une ressemblance entre les manifestations de l'esprit français, — de l'esprit gaulois, comme on dit pour marquer l'antiquité d'une de ses tendances les plus enracinées, — d'autrefois et d'aujourd'hui : n'est-ce pas de la même inspiration que sont sortis Faux-Semblant et Tartuffe, Patelin et Figaro, les *Quinze joies de mariage* et la *Physiologie du mariage* ? et plus d'un de nos vieux contes, en vers ou en prose, ne fait-il pas penser à La Fontaine et à Maupassant ?... Je ne veux m'attacher ici qu'à un trait beaucoup plus général, que M. Brunetière a déjà indiqué avec une remarquable pénétration dans sa belle étude sur le *Caractère essentiel de la littérature française*, mais qui mérite d'être suivi de plus près et marqué plus profondément qu'il ne pouvait l'être dans un tableau d'ensemble où il n'est qu'accessoire.

Notre littérature, — la critique étrangère et la critique française se sont accordées à le proclamer, — est avant tout une littérature sociale et même une littérature de société. Elle compte peu d'œuvres dans lesquelles l'auteur ait exprimé son âme, son rêve de la vie, sa conception du monde, pour le plaisir ou le besoin intime de se les représenter à lui-même sous une forme qui réponde à son idéal inné de beauté. Nos écrivains s'adressent toujours à un public, l'ont constamment devant les yeux, cherchent à deviner ses goûts, à conquérir son assentiment, et s'efforcent de lui rendre aussi facile que possible l'intelligence de l'œuvre destinée à lui plaire. Ils expriment donc surtout des idées accessibles à tous, soit qu'ils adoptent et démontrent celles qui sont couramment reçues, soit qu'ils les heurtent exprès pour faire impression sur les lecteurs et accréditer celles qu'ils veulent y substituer. Or ce caractère éclate dès les plus anciens temps de notre littérature. Nos chansons de geste sont composées pour la classe aristocratique et guerrière, en expriment les sentiments, en flattent les passions, en personnifient l'idéal. On chercherait en vain dans toute l'Europe médiévale une œuvre qui incarne comme la *Chanson de Roland* les façons de sentir, sinon de la nation tout entière, au moins de la partie active et dominante de la nation dans ce qu'elles eurent de plus impersonnel et de plus élevé. De là cette faiblesse de la caractéristique qu'on a relevée dans notre vieille épopée : les individus l'intéressent moins que les idées et les sentiments dont ils sont les porteurs. Ce n'est pas ici, comme dans l'épopée allemande, la destinée personnelle des héros qui fait le sujet principal et presque unique du poème : si l'héroïsme et la mort de Roland sont si émouvants, c'est qu'ils sont mis au service de causes supérieures au guerrier lui-même : l'honneur, la foi chrétienne, la fidélité au seigneur, le dévouement à « douce France ». Nous avons, il est vrai, des poèmes beaucoup plus individualistes, comme *Renaud de Montauban* ou *les Lorrains* ; mais d'une part ils ont eux-mêmes quelque chose de général en ce qu'ils sont profondément imbus des sentiments « féodaux », et d'autre part ils sont encore tout pénétrés de l'esprit germanique ; ils sont comme des dépôts, sur le sol français, de cette grande alluvion des temps mérovingiens dont le flot n'a fait depuis mille ans que reculer et décroître. Prise dans son ensemble, notre épopée est une épopée sociale, par opposition à l'épopée individualiste des Allemands. La pénétration et l'adaptation d'une matière étrangère par l'esprit français se montrent à merveille dans la lente transformation des récits d'origine celtique. L'épopée de Tristan, où la souveraineté égoïste de l'amour éclate avec une si sauvage beauté, est isolée au milieu de nos romans de la Table Ronde et présente déjà, dans ses versions françaises, bien des traces d'accommodation au milieu dans lequel elle a été introduite. Quant aux autres, bien qu'ils eussent été originairement conclus dans un esprit bien différent, ils nous offrent un idéal tout social, et même tout conventionnel, de courtoisie et d'honneur : ils présentent à la société chevaleresque du xiie siècle un miroir où elle aime à se contempler telle qu'elle croit être ou voudrait être. Les romans d'aventure, empruntés de toutes parts, et qui répondent au besoin universellement humain d'entendre et de raconter des histoires merveilleuses, ont subi insensiblement une réfraction analogue : nos poètes aiment à en tirer une leçon, à y introduire les règles de la vie élégante de leur temps, à changer ces vieux récits, qu'avait formés la seule imagination en vue de plaire à elle-même, en exemples et en moralités. Le même souci se retrouve jusque dans les fableaux : beaucoup des rimeurs de ces contes souvent plus que gais se préoccupent de donner à leurs récits quelque portée morale ou au moins satirique, ne voulant pas avoir l'air de se contenter du plaisir de rire sans arrière-pensée. Dans ces romans et dans ces fableaux on reconnaît d'avance l'esprit qui a inspiré *Télémaque* ou les « contes moraux » du xviiie siècle. L'histoire partage la tendance générale. Le livre de Villehardouin est un écrit apologétique ; celui de Froissart est un tableau de la société du xive siècle destiné à servir de « leçon de choses » aux nobles pour qui il est écrit ; celui de Commines est un traité de politique illustré par des exemples. Seul, le bon Joinville a écrit ses Mémoires pour le plaisir de raconter ses aventures en Orient ; encore était-ce moins pour se les rappeler à lui-même que pour les faire connaître à plus de monde qu'il ne pouvait le faire en les redisant « es chambres des dames », La religion elle-même, qui, jadis comme aujourd'hui, a occupé tant d'intelligences et rempli tant de cœurs, a produit chez nous peu de ces ouvrages mystiques où l'âme exhale en effusions passionnées son amour de Dieu et son aspiration vers lui : on n'en trouve pas plus au moyen âge qu'aux temps modernes (car l'*Imitation de Jésus-Christ* n'est pas une œuvre française) ; mais on y trouve d'excellents traités de morale chrétienne et d'ardents plaidoyers pour ou même contre l'Église ; nos écrivains religieux de tous les temps prêchent ou discutent bien plus qu'ils ne se recueillent en eux-mêmes ou ne s'absorbent en Dieu.

Au reste, cette littérature, toujours préoccupée d'agir sur les hommes, a pleinement atteint son but. Les chansons de geste étaient, au moment de la prodigieuse fermentation d'où elles sont sorties, comme les bulletins, rapidement colportés au loin, des actions héroïques ou blâmables, et on ne désirait rien tant que d'y figurer honorablement, comme on ne craignait rien tant que de fournir le sujet d'une « mauvaise chanson ». Les romans de la Table Ronde ont agi sur les mœurs de la société à laquelle ils s'adressaient et servi longtemps de modèles à tout ce qui prétendait être « courtois ». Les chansons de croisade ont poussé plus d'un chevalier vers la Syrie ; les chansons politiques, les *dits* satiriques ont joué un rôle important dans les luttes publiques et privées. Mais rien ne se compare à l'influence exercée par l'œuvre de Jean de Meun, de celui qu'on a pu appeler le Voltaire du xiiie siècle : elle a passionné les uns, elle a scandalisé les autres, et en somme elle a formé en grande partie les idées et les manières de voir que la bourgeoisie du moyen âge a transmises à la bourgeoisie moderne. Garnier de Pont-Sainte-Maxence, Rustebeuf, Alain Chartier, bien d'autres encore, ont prétendu guider ou contredire l'opinion de leurs contemporains sur tous les sujets en discussion, et on ne peut nier qu'ils n'aient eu sur elle une influence souvent considérable. Telle a été aussi la prétention et telle a été l'action de beaucoup de nos écrivains modernes, prétention et action encore peu apparentes au xvie siècle, plus marquées au xviie, éclatantes au xviiie et au xixe. Le principal objet d'une littérature sociale, c'est d'agir sur la société dans laquelle elle se produit.

Son autre objet est la peinture de cette société à laquelle elle est destinée, et c'est en effet cette peinture qui remplit la plus grande partie de notre vieille littérature, comme de notre littérature moderne. Aussi est-elle une mine inépuisable de renseignements sur les mœurs, les usages, les costumes, toute la vie privée de l'ancienne France. Les plus descriptifs de nos romans mondains ne donnent pas plus de détails sur les toilettes ou l'ameublement de leurs héroïnes que n'en fournissent les romans des xiie et xiiie siècles. Les écrits moraux ou facétieux en prose ou en vers, les contes, le théâtre, n'abondent pas moins en descriptions de ce genre : le public les accueillait toujours avec complaisance, amusé de retrouver le cadre de sa vie habituelle, ou charmé de se figurer les splendeurs d'un monde qui lui était fermé ; l'archéologie les recueille actuellement avec curiosité et avec reconnaissance.

Un autre trait distinctif de la littérature sociale, c'est de créer des types généraux plutôt que des caractères individuels. On a déjà vu que la peinture des caractères était faible dans l'épopée et pourquoi elle devait l'être, subordonnée comme elle l'était à une tendance générale. Elle n'est pas plus forte dans les romans d'aventure ou les contes. Les personnages s'y ressemblent presque tous : hommes et femmes, vieux et jeunes, sont taillés sur quelques patrons qui ne varient guère, parce qu'ils sont déterminés par des idées préconçues. En revanche Roland, Huon de Bordeaux, Arthur, Lancelot, Renard, Guenièvre, Nicolette, Richeut sont des types accomplis de l'héroïsme, de la jeunesse aventureuse, de la dignité royale, de la courtoisie chevaleresque, de l'astuce narquoise, de la mondanité immorale mais aristocratique, de l'amour naïf et passionné, de la corruption éhontée. Leurs traits sont d'autant plus significatifs qu'ils sont moins personnels, et se gravent d'autant mieux dans le souvenir qu'ils sont coordonnés par une logique parfaite. Ils gagnent en relief et en clarté tout ce qu'ils perdent en profondeur et en complication. N'est-ce pas aussi ce qu'on peut dire des créations les plus parfaites de notre littérature classique ?

La tendance à créer des types plutôt qu'à essayer de faire vivre des individus dans toute leur complexité changeante n'exclut pas l'analyse psychologique ; au contraire. Les sentiments humains sont étudiés en eux-mêmes, dans leur évolution logique et leurs conflits, tels que, dans des conditions données, ils doivent se produire, chez tout homme défini d'une certaine façon, et ceux qui les éprouvent aiment à se les expliquer à eux-mêmes… pour l'instruction des autres. Cette analyse psychologique, la littérature française y a excellé dans tous les temps. On pourrait citer tel morceau de Chrétien de Troyes qui ne le cède pas en vérité, en ingéniosité, parfois en subtilité, aux plus célèbres monologues de nos tragédies, aux pages les plus fouillées de nos romans contemporains. Le moyen âge a même poussé si loin son amour de l'analyse des « états d'âme » qu'il a fini par la dégager de tout support individuel, et qu'il a créé, dans le *Roman de la Rose* ce qu'on a pu appeler l'épopée psychologique. Là encore on ne peut méconnaître l'affinité profonde qui relie, à travers les âges, toutes les manifestations de notre génie littéraire. On reconnaît d'ailleurs, dans ce goût pour la psychologie abstraite, l'influence que la scolastique, création proprement française, a exercée pendant des siècles sur notre esprit comme sur notre langue, et qu'elle n'a peut-être pas encore cessé d'exercer.

L'une des qualités qui distinguent la littérature française moderne, c'est l'art de la composition. Depuis une pièce de théâtre ou un roman jusqu'à un sonnet, nous voulons que toute œuvre d'art soit bien construite et bien proportionnée, que l'auteur l'ait embrassée dans son ensemble avant de la commencer, et que toutes les parties en soient unies par un lien toujours présent à son esprit et qui apparaisse sans effort à celui du lecteur. Les œuvres étrangères où ces conditions manquent nous déroutent, et la majorité de notre public ne les goûte jamais qu'à demi. Il semble que sous ce rapport notre ancienne littérature diffère profondément de la moderne. Des poèmes qui n'en finissent pas, des « branches » qui se multiplient et s'enchevêtrent à l'aventure, des romans en prose qui recommencent sans cesse de nouveaux épisodes sans lien avec l'histoire principale, des compositions didactiques où l'auteur introduit au hasard tout ce qui lui passe par la tête ou lui tombe sous les yeux, des chansons même où les strophes paraissent n'avoir ni lien entre elles ni raison d'être plus ou moins nombreuses, voilà ce qui frappe tout de suite l'explorateur qui se hasarde dans ce pays encore si peu parcouru. Le reproche est mérité en grande partie : c'est à l'école de l'antiquité que nous avons appris l'art de composer, et les excellents modèles que nous en ont donnés nos classiques, joints à la part de plus en plus grande que les sciences de raisonnement ont prise dans la formation de notre esprit, nous y ont fait faire des progrès qui peut-être même ont rendu sur ce point nos exigences excessives et nos scrupules exagérés. Aussi est-ce l'absence de cet art qui nous choque le plus dans la littérature du moyen âge. Toutefois l'aspect incohérent qu'elle offre au premier abord n'est pas entièrement imputable aux auteurs des œuvres qui nous la présentent. Beaucoup de ces œuvres ont été remaniées, interpolées, allongées en tête et en queue pour les besoins de ceux qui en exploitaient le débit comme gagne-pain. Quelquefois nous pouvons éliminer ces appendices au moins en partie comme dans la *Chanson de Roland*, où tout un poème postérieur, *Baligant*, a été inséré avant la rédaction de nos plus anciens manuscrits, mais où d'autres additions se laissent soupçonner sans qu'on puisse les séparer nettement. En tenant compte de ce fâcheux état de choses, nous constatons que les plus belles des œuvres de notre ancienne poésie si elles n'ont pas été composées avec la réflexion et l'art sévère qui président à la construction des tragédies de Racine, n'en ont pas moins en commun avec elles la profonde unité d'inspiration, la subordination du détail particulier à l'idée générale, la présence constante de cette idée à travers toutes les péripéties de l'action. Cette action, dans la *Chanson de Roland*, est d'ailleurs, une, simple, logique, du commencement à la fin (sauf les retouches), et les épisodes eux-mêmes ont dû pécher plutôt, dans l'œuvre telle qu'elle était primitivement, par excès de symétrie que par manque de cohésion. On pourrait en dire autant de plus d'un autre poème, si on s'attachait à l'idée plus qu'à l'exécution et surtout qu'à la forme qui nous est seule parvenue, dernier aboutissement, parfois, de bien des remaniements successifs. Mais, malgré ces réserves, le fait général n'est pas niable. Il tient en grande partie à ce que nos anciens poètes étaient esclaves de la « matière » qu'ils suivaient et qui souvent ne leur parvenait qu'altérée et déjà incohérente. Il tient surtout au peu de méditation qu'ils apportaient à leurs ouvrages, et à l'ignorance où ils étaient, ainsi que le public auquel ils s'adressaient, des conditions de leur art. Le défaut que l'on constate ici chez eux s'explique comme le reproche qu'on a toujours, et non sans raison, adressé à leur style.

On l'accuse de manquer de beauté, ou plutôt on l'accuse de ne pas exister au sens où nous l'entendons aujourd'hui, et l'accusation est en grande partie méritée. Ce style, ou si l'on veut cette absence de style, rebute dans la prose et encore plus dans les vers de beaucoup de nos vieux écrivains : ils n'ont pas étudié les secrets rapports des mots et des images qu'ils évoquent ; ils emploient au hasard ceux qui se présentent, ou s'ils recherchent tels termes ou telles alliances de termes, c'est pour des motifs enfantins de consonance ou de jeu de mots. Les disparates de tons ne les choquent pas, la platitude et la trivialité ne les offusquent pas, la banalité leur est familière, et surtout ils se complaisent presque tous dans une prolixité qui ne révèle que trop la facilité irréfléchie avec laquelle ils produisent. Le choix et la propriété de l'expression, l'art de renouveler l'énergie ou le charme d'un mot par l'emploi qu'on en fait ou la façon dont on l'encadre, la recherche des nuances, le souci de mettre dans la parole toute la pensée et de n'y rien mettre de plus, la littérature française les apprit, comme la composition, non du premier coup ni sans peine, en étudiant l'art antique et aussi l'art italien, et c'est l'absence presque complète de ces qualités chez la plupart de nos vieux auteurs qui aurait empêché notre époque classique, si elle les avait connus, de leur rendre justice, comme elle empêche encore de le faire beaucoup de critiques contemporains, et, naturellement, de ceux qui sont le plus fidèles à la tradition classique.

Mais si le sentiment réfléchi de la beauté du style manque presque toujours à nos pères, on retrouve jusque dans la forme de leurs écrits plus d'un des traits qui caractérisent encore notre littérature en face de celle des autres peuples. Et d'abord ils sont clairs, ou du moins ils ont toujours l'intention de l'être : si leur syntaxe, développée en liberté et soumise à toutes les incertitudes du langage parlé, ne connaît pas les règles sévères que les grammairiens ont imposées à la nôtre et qui ont fait peu à peu du français littéraire une langue transparente et lucide entre toutes, ils arrivent cependant d'ordinaire à construire des phrases qui sont intelligibles sans effort, et ils ne recherchent pas l'obscurité, comme on le faisait au moyen âge dans plus d'une littérature voisine. Il en devait être ainsi : une littérature sociale doit avant tout être facile à comprendre. Mais leur langue n'est pas seulement claire : elle a souvent une justesse, une légèreté, une aisance naturelle qui font penser aux meilleurs morceaux de notre littérature des deux derniers siècles, ils voient bien et savent dire avec netteté ce qu'ils ont vu ; leur parole les amuse et nous amuse avec eux. Beaucoup d'entre eux sont d'aimables causeurs, un peu babillards, qui se laissent d'autant plus volontiers aller à leur verve qu'ils voient que leurs auditeurs y prennent plaisir ; d'autres sont d'excellents raisonneurs, qui cherchent sérieusement à convaincre ou à intéresser leur public et qui y réussissent par la simplicité et la précision de leur exposition ; d'autres encore ont su imprimer à leurs discours de la grandeur, de la sensibilité ou de la finesse. Parmi leurs productions, il en est qui, indépendamment de leur intérêt historique, peuvent encore charmer le lecteur qui n'y cherche qu'une jouissance esthétique : tels le *Roland* avec sa sévérité passionnée, *Aucassin* avec sa fraîcheur et sa sveltesse juvéniles, quelques passages de Chrétien de Troyes avec leur délicatesse spirituelle, quelques morceaux des grands romans en prose avec leur élégance étudiée, la *Vie de saint Thomas* avec sa fermeté parfois éclatante, le *Jeu de la Feuillée* avec sa verve écolière, *Robin* avec sa gentillesse rustique, *Renard* et quelques fableaux avec leur gaieté inoffensive, le livre de Villehardouin avec sa haute allure, les mémoires de Joinville avec leur bonhomie, ceux de Philippe de Novare avec leur vivacité malicieuse, l'immense tapisserie bariolée de Froissart, le *Quadriloge invectif* avec son émotion dramatique, Charles d'Orléans avec sa mélancolie souriante, *Patelin* et les *Quinze joies de mariage* avec leur humour sarcastique, la chronique de Chastellain avec son éloquence parfois digne de ses modèles latins, celle de Commines avec sa gravité finaude (je mets à part Villon, qui est de toutes façons un isolé). On ne peut méconnaître, en lisant ces œuvres si diverses qui s'échelonnent sur cinq siècles, qu'il n'y ait dans toutes un heureux rapport entre la forme et le fond, entre, la parole et la pensée, et qu'on n'y rencontre souvent la beauté de l'expression, soit trouvée par hasard, soit même (comme chez Garnier de Pont-Sainte-Maxence, Alain Chartier, Chastellain, clercs formés par l'étude du latin) recherchée avec intention. Pour apprécier le mérite de ces premiers efforts vers le style, il faut s'en représenter la nouveauté et la difficulté. Ces poètes, ces prosateurs, n'avaient ni règles ni modèles ; ils étaient placés directement en face de la matière flottante d'une langue incertaine, variable suivant les temps et les lieux, et s'ils ont su la façonner, la plier à rendre leur pensée presque toujours avec clarté, parfois avec force ou avec grâce, ils ont droit à notre estime et même, en certains cas, à notre admiration. La création de la prose littéraire, notamment, est une œuvre étonnante, dont l'enfantement a été long et pénible, et dont les résultats ont été incalculables ; car ici, par exception, le travail du moyen âge n'a pas été perdu pour l'avenir, et l'art d'écrire une prose simple, animée, légère ou éloquente s'est en somme transmis, sans trop d'interruption, du xiiie siècle, à travers les suivants, jusqu'à Rabelais, à Amyot, à Pascal et à Voltaire.

Ce que j'ai dit du mérite qu'ont eu nos vieux auteurs à créer de toutes pièces une forme qui n'est que rarement belle, mais qui n'en est pas moins très méritoire si on songe aux conditions où ils l'ont créée, il faut le dire de l'ensemble de la littérature française du moyen âge, surtout à ses débuts. C'est un titre d'honneur impérissable pour la nation française, — et il faut associer dans cet honneur la France méridionale à la France du nord, — que d'avoir fondé la littérature moderne, en osant employer la langue vulgaire d'abord pour des poèmes épiques ou simplement narratifs, puis pour une poésie lyrique populaire et « courtoise », pour des œuvres satiriques, morales, philosophiques, pour des compositions théâtrales, enfin pour des récits historiques ou des fictions en prose. Il faudrait un espace que je n'ai plus ici pour faire comprendre tout ce qu'une pareille création a eu de hardi et presque d'héroïque. Elle est dans un rapport étroit avec la constitution même de la société où elle s'est produite, et elle a eu pour résultat de rendre pendant des siècles toute l'Europe civilisée tributaire de la France. Par là encore la littérature française du moyen âge ressemble à la littérature française moderne, issue, elle aussi, d'un effort courageux et difficile pour accommoder une matière presque intacte à une forme nouvelle, intimement dépendante, elle aussi, des conditions sociales où elle se produit, et exerçant, elle aussi, une influence souveraine sur les littératures voisines.

C'est ainsi que nos deux grandes périodes littéraires, celle du moyen âge et celle des temps modernes, se ressemblent par leur histoire extérieure autant que par beaucoup de leurs caractères intimes, et, quelque séparation qu'ait mise entre elles la rupture de la tradition immédiate, ne doivent pas être séparées par ceux qui veulent surtout étudier dans une littérature la manifestation d'un génie national. Et c'est pour cela que le directeur et les collaborateurs de l'œuvre à laquelle ces pages servent de préface ont eu en l'entreprenant une conception digne de tout éloge et auront bien mérité non seulement de la science, mais de la patrie. Car le sentiment national a besoin aujourd'hui, comme tous les autres, de se renouveler et de s'élargir en s'appuyant sur la recherche scientifique, et la meilleure manière qu'il y ait de lui donner une conscience de lui-même de plus en plus pleine et féconde, c'est de lui montrer sa pérennité à travers les âges et sa persistance essentielle dans toutes les phases de son développement.

Chapitre I

ORIGINES DE LA LANGUE FRANÇAISE[2]

I. — Origine latine du français.

Les premières hypothèses. — C'est au commencement du XVIe siècle que le problème de l'origine de notre langue fut pour la première fois posé et sérieusement débattu. À cette époque, plus heureuse pour son avenir qu'aucune de celles qui avaient précédé, notre « vulgaire » sortait avec éclat de la condition inférieure où il avait été laissé : les rois l'imposaient à leurs cours et tribunaux comme langue officielle, à l'exclusion de toute autre ; des poètes, les plus grands qui eussent encore paru, rêvaient de l'illustrer à l'égal des langues classiques, et de ressusciter en lui et par lui les grands genres littéraires ; des savants, des théologiens même, lui ouvraient des matières nouvelles, des discussions si hautes, que seul le latin avait semblé jusque-là pouvoir en exprimer la finesse et en porter la gravité, un professeur royal donnait l'exemple de le « mettre par règles », il devenait inévitable qu'on voulût savoir quelque chose du passé de ce nouveau parvenu.

Malheureusement, pendant que la curiosité, alors si générale et si sincère, poussait à chercher l'histoire véritable de notre idiome, les préjugés du temps, beaucoup plus puissants encore, obligeaient presque à lui trouver de la naissance, coûte que coûte. C'était le

---

[2] Par Brunot F. (1860-1938)

temps où Jean Lemaire et son école contaient sérieusement l'origine troyenne des Français, où un faux patriotisme, qui se traduisait en un orgueil enfantin et pédantesque, remplaçait trop souvent l'esprit critique. Et ce vice, qui a gâté les travaux historiques de l'époque, faussa aussi l'esprit des philologues.

En outre, bien que plusieurs ne manquassent pas d'une très réelle valeur et d'une érudition parfois surprenante, ils ont ignoré la méthode véritable. Frappés de l'analogie extérieure et apparente de deux mots, l'un grec et l'autre français, ainsi δειπνεῖν et *dîner*, sans se demander si les rapports de formes et de sens entre les deux vocables n'étaient pas fortuits, s'ils n'allaient pas diminuant alors qu'on remontait vers les époques où ils auraient dû être plus étroits, sans s'inquiéter non plus si des rapprochements analogues pouvaient s'établir ou non entre la forme primitive et ses représentants dans les langues voisines et parentes du français, ils dérivaient sans hésiter un des termes de l'autre, et c'est d'une série de comparaisons aussi superficielles et fautives qu'ils tiraient une doctrine générale sur les origines mêmes de notre langue.

On pense bien qu'avec de pareils procédés, et si on admet, comme le disait ironiquement dès 1557 un contemporain, que *parisien* vient de παῤῥησία (bavardage) « à cause qu'aux femmes de Paris ne gela jamais le bec », toutes les hypothèses deviennent possibles. Puisqu'on s'est mis une fois en train, ajoutait ce pyrrhonien, je vous promets que vous en aurez prou. Et en effet, en un siècle on eut identifié notre idiome avec ceux de tous les peuples de l'antiquité, classique ou barbare, dont l'histoire se trouvait mêlée d'une façon quelconque à la nôtre : Grecs, Latins, Hébreux, Celtes et Germains même.

Il est inutile de faire ici l'histoire de ces hypothèses. Disons seulement qu'au début celle qui obtint les préférences, ce fut celle qui rattachait notre langue à la grecque, dont tous étaient alors énamourés. Elle eut pour défenseurs non seulement des étymologistes obscurs et « âniers », suivant le mot sévère d'Henri Estienne, tels que Périon et Trippault, mais deux hommes illustres, Budé et Estienne lui-même. Quelques-uns pourtant, comme Pasquier et Fauchet, ont vu très nettement le rôle du latin dans la formation de notre langue, et ils eussent été tout près de la vérité si, à l'exemple de Silvius, ils n'avaient plus ou moins admis qu'il s'était fait un mélange, ou, pour me servir de leur expression même, que le latin avait été greffé sur le gaulois, et que le français était sorti de cette « corruption ». Cette doctrine, beaucoup plus proche somme toute, quoique erronée, de la réalité que celle des hellénistes, rallia au XVIIe siècle la plupart de ceux qui étudièrent ce problème ou y touchèrent en passant, depuis Ménage et Bouhours jusqu'à Fénelon, malgré la tentative faite par Guichard dans son *Harmonie étymologique des langues* (1610) « pour démontrer par plusieurs antiquités et étymologies de toute sorte que toutes les langues sont descendues de l'hébraïque, et que la nôtre aussi en descend, quoique indirectement. »

Toutefois l'année même où paraissait ce paradoxe naissait un homme qu'un travail assidu de soixante ans, et des dispositions merveilleuse, devaient conduire à une prodigieuse érudition, et en particulier à une connaissance que personne peut-être depuis n'a possédée à ce degré, des formes que le latin a prises dans les documents et les écrits de toute sorte laissés par le moyen âge. Cet homme dont le nom mérite d'être cité parmi les plus grands du XVIIe siècle, c'est Charles du

Fresne, sieur du Cange. Son *Glossarium mediæ et infimæ latinitatis* est un monument gigantesque, qui figure dans l'histoire de la science à côté du *Thesaurus græcus* d'Henri Estienne. Non seulement les matériaux qu'il contient devaient aider puissamment à la découverte de la vérité, mais la préface même dont l'auteur l'a fait précéder indiquait déjà avec la plus grande netteté, presque avec une parfaite justesse, où était cette vérité, comment et pourquoi le latin devint le roman et prit ce nom nouveau. De ce jour la vraie solution du problème était donnée, et appuyée de sérieuses raisons et de faits solides.

Néanmoins au XVIIIe siècle un courant bien différent emporta les imaginations. Le cistercien Pezron, reprenant une théorie déjà hasardée au XVIe par Jean le Fevre, Picard, et d'autres, fonda l'école du bas-breton universel. Soutenue par Bullet, malgré les dissertations de dom Rivet et les moqueries de Voltaire, elle rallia une foule de partisans ; et presque au seuil de ce siècle la « celtomanie » trouvait encore un glorieux défenseur dans Latour d'Auvergne, qui, quelques années seulement avant de prendre le commandement de la colonne infernale et de devenir le « premier grenadier de la République », employait à soutenir l'hypothèse celtique son talent original et ses vastes connaissances linguistiques.

Identité du français et du latin. — Aujourd'hui justice est faite de ces erreurs, quoique quelques obstinés tiennent encore pour elles. La linguistique moderne, fondée sur la méthode comparative et historique, que Lacurne de Sainte-Palaye préconisait déjà au XVIIIe siècle, et devenue enfin, surtout depuis la publication de la *Grammaire des langues romanes* de

Diez (1836-1843), une science positive, l'a démontré d'une façon indéniable. Le français n'est autre chose que le latin parlé dans Paris et la contrée qui l'avoisine, dont les générations qui se sont succédé depuis tant de siècles ont transformé peu à peu la prononciation, le vocabulaire, la grammaire, quelquefois profondément et même totalement, mais toujours par une progression graduelle et régulière, suivant des instincts propres, ou sous des influences extérieures, dont la science étudie l'effet et détermine les lois.

La suite de cette histoire montrera comment, pour devenir la langue que nous écrivons, le français eut ensuite à subir les diverses actions et réactions que toute langue éprouve lorsque son domaine grandit et englobe des territoires où un autre idiome était primitivement parlé, qu'elle rencontre des langues étrangères, enfin qu'elle devient l'instrument d'une haute culture littéraire. Nous ne voulons retenir ici pour le moment que ce seul fait primordial : le français est du latin parlé.

Il reste de cette origine comme un témoignage dans le nom même que portent aujourd'hui les langues dites *romanes*, c'est-à-dire les parlers italiens, espagnols, portugais, provençaux, catalans, rhéto-romans, français et roumains. Bien entendu le témoignage serait de nulle valeur si ce nom leur avait été attribué par la science moderne pour résumer une hypothèse. Mais en réalité elle n'a fait que le prendre dans la mémoire des peuples, dont plusieurs aujourd'hui encore conservent à leur langue ce nom de *roman* ou *romain, langua romana*, témoin le *roumanche* de Suisse, le *roumain* des provinces danubiennes, le provençal de France, que ses fidèles appellent communément *langue romane* et qu'ils croient même seul en droit de porter légitimement ce titre. Au moyen âge, cette appellation est bien plus générale encore. On la donne souvent à l'italien, à l'espagnol, au portugais. En France, le verbe *enromancer* signifie mettre en français, et un *roman* a d'abord et longtemps été une composition en français vulgaire, avant d'être une œuvre littéraire spéciale. Or les textes démontrent que l'habitude d'employer ce terme remonte sans interruption jusqu'à la fin de l'époque latine. Quand le monde occidental fut divisé en deux, qu'on eut l'empire d'une part, *Romania*, et la barbarie de l'autre, *Barbaries*, la langue de l'empire prit le nom de *langue des Romains, lingua romana*, en face des idiomes des barbares : *lingua barbara*. Et ce nom lui est alors donné sur toute la surface du monde romain parlant latin, en Italie comme en Gaule ou en Espagne. C'est déjà une présomption que cet idiome ne pouvait pas être ici l'ibère, là le celtique, ailleurs le toscan. Mais l'argument étant loin d'être concluant, voici quelques-unes des preuves qui mettent directement en évidence l'unité primitive des langues romanes et leur identité avec le latin. Plusieurs me reprocheront sans doute de m'attarder à cette démonstration inutile. Mais ce livre ne s'adresse pas aux savants, aux yeux desquels la question est vidée.

Les mots. — Il est acquis aujourd'hui à la science que, sauf des exceptions en nombre assez restreint et qu'on peut négliger ici, les changements qui se produisent dans la prononciation d'un mot, ne sont pas particuliers à ce mot ou à un groupe de mots analogues. Quand par exemple le français du nord, vers le XIIe siècle, vocalise en *u* le *l* des mots *albe, valt*, qui deviennent *aube, vaut*, cette altération ne se limite pas à ces mots et à quelques autres. Mais de même *chald* passe à *chaud, halt* à *haut, altre* à *autre, talpe* à *taupe,* *salvage* à *sauvage*, etc., etc. Et tous les vocables alors vivants dans le même pays, qui ont un *l* dans la même situation, subissent une modification identique. On peut donc de l'ensemble de ces faits particuliers dégager un fait général, ou, pour employer le terme reçu en science, induire une loi qui sera ainsi formulée : Au XIIe siècle, le français du nord dans un domaine qui a pour limites tel, tel, et tel points… change en *u* le *l* placé devant une consonne et après un *a*.

Et comme cette régularité se retrouve dans l'évolution des langues de tous les temps et de tous les pays que nous pouvons étudier, une bonne partie du travail scientifique de ces cinquante dernières années a consisté à établir les lois de l'évolution des sons, ou, comme on dit plus ordinairement, les lois phonétiques de chaque langue, à trouver d'abord les plus générales, puis à descendre aux plus spéciales, et à préciser les époques, les lieux, les conditions où chaque série de ces changements si nombreux s'est accomplie. Pour le français, le travail est presque achevé dans ses parties essentielles, et la valeur des résultats n'est contestée par personne.

L'étymologie y a gagné de devenir, de conjecturale qu'elle était autrefois, une science exacte, au moins en ce qui concerne la forme des mots. Nul n'est plus en droit aujourd'hui, pour expliquer un vocable français, d'aller chercher, dans une langue quelconque, une forme qui s'en rapproche peu ou prou, et de supposer, pour expliquer les différences que la forme française présente avec la forme de la langue originelle, des transformations exceptionnelles, imaginées pour les besoins de ce cas particulier. Pour qu'un mot français puisse être identifié avec un mot latin, il faut, encore n'est-ce là qu'une des moindres garanties qu'on demande aujourd'hui aux propositions étymologiques, qu'on puisse justifier une à une, par l'application régulière des lois générales, les transformations, les apparitions ou les disparitions de sons qui ont pu se produire. La moindre dérogation à ces lois, à moins qu'on en puisse donner une explication légitime, rend l'identification douteuse.

Un seul exemple montrera facilement comment on applique les lois phonétiques à la recherche et à l'examen d'une étymologie, ce sera celui du mot *poids*. Longtemps on l'a considéré comme venu de *pondus*, qui lui ressemble extérieurement, et qui a le même sens en latin. C'est même dans cette persuasion qu'on lui a ajouté un d, en vertu des principes de l'orthographe étymologique.

Poids ne vient cependant pas de *pondus*. Il est vrai que la chute de l'*u* final atone, et le maintien du *p* initial de *pondus* sont conformes aux règles, mais le reste de la forme ne s'explique pas. En effet, en vieux français le mot est *pois*, et plus anciennement encore *peis*. Or *peis* ne peut pas représenter *pondus*, pour deux raisons : 1° le groupe *nd*, suivi d'une voyelle qui tombe et d'une *s*, ne laisse tomber ni *n* ni *d* comme la forme *peis* l'exigerait. Il donne en roman français un groupe *nts*, écrit *nz* (où *z* a longtemps gardé la valeur qu'il a dans l'allemand *zu*), Ex. : *grandis* = *granz ; vendis* = *venz ; rendis* (= reddis) = *renz ; mundus* = *monz* etc. ; 2° l'*o*, tonique, devant un semblable groupe, qu'il soit ouvert ou fermé, ne peut donner *ei*, mais seulement un *o* nasal. Ex. : *com*(*i*)*tein* = *comte ; contra* = *contre ; fontem* = *font ; montem* = *mont ; tondita* = *tonte*. Voilà une deuxième règle violée. L'identification est donc inadmissible.

Au contraire, *pois, peis* peuvent très bien être considérés comme les prononciations postérieures du substantif *pensum*. En effet, nous le savons, *pensum* avait, dès le latin, perdu l'*m* finale ; il avait aussi laissé tomber *n* devant *s*. C'est là une règle générale : *mensuram* a donné de même *mesura, mesure ; sponsum, isposo, espous* (époux) ; *constare, costare, coster* (coûter); *mansionem, masyone, maison.*

Donc *pensu* a été réduit à *pesu* ou *peso*. L'*u* (= *o*) final y est tombé, comme il a été dit plus haut, entre le VIIe et le VIIIe siècle. Il ne reste donc à justifier que le changement de *e* en *ei*. Or tout *e* fermé, tonique et libre, qui s'est ainsi trouvé devant *s*, après la chute de la nasale, a subi le même sort. Ex. : *te*(*n*)*sam* = *teise, toise ; me*(*n*)*sem* = *meis, mois ; pe*(*n*)*sat* = *peise, poise* (pèse) ; *france*(*n*)*sem* = *franceis, françois* (français). Les règles sont observées, l'étymologie est bonne, en ce qui concerne le français.

D'autre part, les formes que possèdent les autres langues romanes ramènent non moins normalement à *pensum*. On pourrait le démontrer en détail, comme pour le français. Je me borne à signaler que *pesu* a donné :

en italien	*peso,*	comme	*tesu*	:	*teso,*	*presu*	:	*preso,*
en provençal	*pes,*	—	*mesem*	:	*mes,*			
en espagnol et en portugais	*peso*	—	*tesu*	:	*teso,*	*presu*	:	*preso,*
en catalan	*pes*	—	*presu*	:	*pres,*			
en roumain	*pas*	—	*mesa*	:	*masa.*			

Enfin le développement du sens est facile à suivre, étant donné l'emploi que les Latins faisaient déjà du mot de *pensum*, le sens de *pendere, pensor*, et le développement du verbe *pensare* (peser). L'étymologie *poids* = *pensum* est donc établie et certaine.

À vrai dire, c'est même présenter faussement les méthodes actuelles, et leur enlever quelque chose de leur valeur, que de parler d'étymologie française, ou italienne, ou espagnole. Il est vrai que dans bien des cas le point de départ ou la conclusion se rapporte plus spécialement à l'une de ces langues. Mais la recherche est toujours simultanée et comparative. Quand l'étymologiste français cherche à retrouver les étapes par lesquelles est passé un mot latin, il trouve dans le provençal, l'italien ou l'espagnol ce que l'histoire du français ne lui donne plus. Parti de *pêche*, et arrivé à *pesche*, il en resterait là. Le provençal lui fournit *pessegue* ; l'espagnol, *prisco* et *persigo* ; le roumain, *persica* ; l'italien, *persica*, qui lui indiquent, en l'en rapprochant de plus en plus, l'adjectif latin *persicum*. Et ce qui lui est un secours lui sert en même temps de contrôle, puisque pour rapporter *pêche* à *persicum*, il faut qu'il y puisse rapporter aussi *persica, persigo, prisco, pessegue*, et d'une manière générale toutes les formes connues des parlers romans, sans violer les règles phonétiques d'aucun d'eux. C'est dans ces conditions seulement que ses conclusions peuvent être admises. Il n'y a donc, pour parler juste, dans la plupart des cas, ni étymologie française, ni étymologie italienne, il n'y a qu'une étymologie romane, dont les trois conditions essentielles sont d'être phonétique, historique et comparative.

Or on a pu, tout en se soumettant à tant d'exigences rigoureuses, ou plutôt parce qu'on s'y est soumis, car la recherche se trouve soutenue et assurée par elles, loin d'en être entravée, établir de façon certaine, que plus des neuf dixièmes des mots français héréditaires ne sont autre chose que des mots latins, dont quelques-uns étaient devenus méconnaissables par suite des changements continuels que la prononciation populaire avait fait subir aux sons qui les composaient (ex. : heur = augurium ; évier = aquarium ; Lagny = Latiniacum).

Les mêmes recherches ont prouvé que le vocabulaire des parlers de France autres que le français, et, d'une manière plus générale, que le vocabulaire des parlers romans d'Italie, de Suisse et d'Espagne était aussi le vocabulaire latin, diversement transformé. Ce que les variétés de temps et de lieu avaient diversement transfiguré, l'analyse philologique le restitue, dans son unité et son identité primitive. Voilà un premier résultat, qui ne peut être mis en doute, et qui a une importance capitale.

Il est tout naturel dans notre hypothèse, puisque, ces idiomes, langues littéraires ou patois n'étant que des développements sur différents territoires d'une langue unique, on comprend sans peine qu'ils aient gardé le vocabulaire de cette langue, en le mêlant de quelques autres éléments.

Si au contraire on suppose les langues romanes hétérogènes, il faudrait admettre que les langues indigènes ont été pénétrées par le lexique latin, sans pourtant se confondre avec l'idiome qui les envahissait, ni perdre leur individualité. Je l'ai encore entendu soutenir. C'est ainsi, dit-on, que l'ancien français avait francisé une foule de vocables germaniques, que l'anglais a adopté bien des mots romans, que le roumain est tout pénétré de slave en Valachie, de hongrois en Transylvanie, de grec en Macédoine, que le breton reçoit tous les jours de nouveaux apports du français ; chacun de ces idiomes n'en demeure pas moins lui-même.

Il ne faut pas se laisser prendre à ces analogies. D'abord, les lois phonétiques dont je parlais tout à l'heure, considérées en elles-mêmes, nous fournissent des indications très nettes sur l'origine dr notre idiome et les langues auxquelles il et apparenté. Quelle que soit en effet la diversité infinie des lois de détail, telles qu'on les observe sur le territoire immense de l'Europe occidentale, il est visible néanmoins que, si les différences de milieu ont créé aux sons des développements extrêmement variables, néanmoins des tendances communes se retrouvent et, soit dans le maintien de certaines prononciations, soit dans l'altération sensiblement analogique en parallèle de certaines autres, des dispositions communes se révèlent. Qu'on regarde par exemple la liste des formes qu'a données le latin *leporem* (fr. *lièvre*, ital. *lepre*, rhet.-rom. *levre*, prov. *lebre*, cat. *lebra*, esp. *liebre*, port, *lebre*, roum. *iepure*), il est impossible de ne pas être frappé des rapports qui existent entre elles ; ils sont déjà visibles dans cette tendance à la diphtongaison en *ie* de *e* bref, qui se manifeste à la fois en France, en Espagne et en Roumanie, et que nous retrouverions encore ailleurs dans des dialectes parlés ; ils sont bien plus frappants, si on considère la tendance à l'affaiblissement du *p* dans le groupe *pr*. Partout, sauf en roumain et en italien (et là aussi le phénomène se produirait, si le groupe précédait la voyelle tonique), le *p* passe au *b*, au *v*, des patois le font descendre à *u*. Et les traités de phonétique comparée mettent en lumière un assez grand nombre de ces rencontres pour qu'elles prennent une tout autre portée que celle qu'un exemple isolé peut leur donner. Il y a plus, quand on cherche la source de ces dispositions, on la trouve souvent dans le latin même, tandis que les langues indigènes, autant que nous pouvons les connaître, en manifestent de toutes contraires ou au moins de toutes différentes. Autant ces ressemblances, que la phonétique de chaque parler roman présente avec la phonétique de ses voisins et celle du latin même, se comprennent sans peine, si on admet que le développement phonétique de tous ces parlers n'est que la continuation et l'extension du développement phonétique latin, influencé par des milieux différents, autant ces rencontres deviennent incompréhensibles, si on n'a pour les expliquer que les quelques tendances générales qui semblent dominer l'évolution de toutes les langues, et qui auraient pu par suite être communes même à des idiomes de familles aussi différentes que paraissent l'avoir été l'ibère, le gaulois, le ligure, l'étrusque et le latin.

La grammaire. — Je n'insiste pas sur ce point, car il faudrait appuyer ma démonstration d'exposés techniques qui mettraient la thèse en évidence, mais qui ne peuvent trouver place ici. Quand on dit que les langues indigènes pénétrées par le lexique latin auraient gardé leur individualité propre, en quoi fait-on consister cette individualité, et où en retrouve-t-on les traces ? Puisque ce n'est pas dans les mots, ce ne peut être que dans les formes et les phrases, autrement dit dans la grammaire et la syntaxe. Assurément, s'il était démontré que la grammaire française n'est pas d'origine latine, on pourrait dire qu'il n'y a pas identité entre le français et le latin, car c'est là en effet le propre d'une langue. On peut parler français avec des mots anglais ou allemands ; ce qu'il faut considérer pour savoir quelle langue parle un homme, c'est la manière dont il traite les mots pour leur faire jouer un rôle comme partie du discours, et dont il marque les rapports entre eux. Mais, précisément, par là aussi nous parlons latin. Nulle part même, la parenté des langues romanes et leur identité avec le latin ne s'accusent avec plus de force.

Quelque immense en effet que soit la distance qui sépare la grammaire de Lucrèce de celle de Victor Hugo, on les voit se rapprocher étonnamment l'une de l'autre, au fur et à mesure qu'on étudie les écrits des siècles qui les séparent, qu'on descend de Lucrèce à Sidoine Apollinaire, et surtout qu'on remonte de Hugo à quelqu'une de ces chansons de geste que son temps a vu exhumer. Certes je ne nie pas que du plus ancien français au latin le plus récent, il n'y ait quelques solutions brusques de continuité, malgré les indications que nous fournit le latin mérovingien sur les transitions. Nous verrons plus loin pourquoi certains anneaux manquent à la chaîne, et comment, faute de documents suffisants, reflétant directement le latin parlé du IVe au VIIIe siècle, nous sommes obligés, dans l'étude de diverses questions, de remplacer des constatations positives, que nous ne pouvons faire en assez grand nombre, par des inductions et, disons-le franchement, quelquefois par des hypothèses.

Mais quoi qu'il en soit, dans l'état actuel de la science, la grammaire historique possède une masse de documents largement suffisante pour mettre hors de doute ce fait général, le seul qui nous occupe ici, à savoir qu'il en est de la grammaire comme du vocabulaire, c'est-à-dire que la grammaire du français, c'est la grammaire du latin, qui a évolué sous l'action des temps et des lieux, en vertu des lois naturelles, physiologiques et psychologiques, dont le jeu constitue la vie du langage. Il n'y a pas ressemblance entre elles, il y a identité et continuité. Je ne saurais, bien entendu, exposer les faits qui le prouvent. En voici quelques-uns cependant ; je les prends à dessein dans les matières où le génie des deux langues paraît le plus éloigné.

D'abord il semble qu'il n'y ait rien de commun entre le système français, qui fait de *homme* un mot sans flexion casuelle, et le système latin qui décline *homo, hominis, homini, hominem, homine*. Mais l'étude des textes de langue latine de la décadence montre comment les cas, rendus indistincts par l'usure phonétique qui en assourdissait et confondait les désinences, en rivalité, d'autre part, avec les prépositions *ab, ad, de, per*, qui depuis longtemps exerçaient des fonctions analogues aux leurs, cédèrent peu à peu à ces dernières, si bien que le sentiment de leur signification alla se perdant, et qu'ils purent sortir de l'usage. L'ancien français nous montre ensuite comment cette décomposition s'arrêta un moment, et comment une demi-déclinaison, réduite à deux cas, s'établit. *Homme* n'a pas toujours eu une forme unique. Il y avait un sujet *om* (homo, notre pronom *on*) à côté du régime *homme*. Il faut arriver jusqu'au XIVe siècle pour que ce débris des flexions latines disparaisse à son tour, et que les particules *à, de, par*, restent seules chargées d'exprimer les rapports autrefois dévolus aux cas. On est ainsi conduit d'un extrême à l'autre, par une série de transitions assez nombreuses pour qu'on voie s'enchaîner les faits qui semblaient impossibles à rattacher, qu'on en découvre la préparation, et qu'on aperçoive même quelquefois les causes d'où ils devaient nécessairement résulter. Dans la conjugaison, il est facile de le voir, si peu qu'on observe la manière dont elle était constituée en latin, plusieurs des éléments étaient instables. Le verbe déponent, combinaison contradictoire d'une forme passive et d'un sens actif, perdait très souvent sa forme propre. Le passif avait trop de temps composés, pour que, laissée à elle-même, la langue n'abandonnât pas ceux des simples qui restaient : présent, imparfait, etc., et ne les remplaçât pas par des temps analytiques, constitués suivant l'analogie du parfait, du futur antérieur, d'une partie du subjonctif. Sur beaucoup de points l'esprit analytique avait déjà pénétré le latin, même classique.

J'accorde qu'il en est d'autres, où le latin des anciens Latins ne laisse nullement prévoir ce que l'époque romane allait donner. Jamais les textes que nous connaissons ne feraient deviner par exemple l'extraordinaire développement que l'article, encore jugé inutile par Quintilien, allait prendre. Mais ici, mieux qu'ailleurs peut-être, l'évolution du latin peut être suivie de siècle en siècle. Car si nous ne savons pas quand le démonstratif *illum* commença à s'employer couramment pour exprimer la simple détermination, nous avons du moins des textes assez anciens pour qu'il y apparaisse encore en possession de sa valeur démonstrative, et que nous ne puissions par suite avoir aucun doute sur son identité et sur le rôle qu'il a joué originairement. Dans nos premiers textes, en outre, il manque souvent où on l'attendrait. C'est plus tard seulement qu'on le voit devenir régulier, et il faut descendre des générations et des générations pour arriver à l'époque — c'est au seuil des temps modernes — où il deviendra obligatoire. Si quelque chose de ses origines nous échappe, nous avons donc en tous cas l'histoire de sa longue fortune, et nous voyons se former et grandir cette opposition entre la syntaxe latine et la syntaxe française, qui, complète comme elle l'est aujourd'hui, paraît *a priori* irréductible.

À la lumière de la méthode historique, on voit de même tous les contrastes, qu'une page de français comparée à une page de latin fait ressortir entre les deux langues, se réduire et disparaître. Et les résultats pour les autres dialectes romans sont les mêmes. De toutes les recherches se dégage cette double conclusion, la même à laquelle conduit l'étude comparée de la phonétique, à savoir que, au fur et à mesure qu'on remonte dans l'histoire, les grammaires italienne, espagnole, provençale, et française se rapprochent l'une de l'autre, et en même temps se rapprochent de la grammaire latine, qu'elles finissent par rejoindre.

Hypothèses contraires. — J'ai raisonné jusqu'ici comme si ceux qui nient l'origine latine de notre langue pouvaient à cette hypothèse en opposer une autre, sinon satisfaisante, du moins ayant quelque vraisemblance. Quelques mots suffiront à faire voir qu'il n'en est rien.

La parenté des langues romanes, nous l'avons dit et montré, implique qu'elles ont été originairement une langue unique, qui s'est ensuite diversifiée suivant le milieu. Le champ des suppositions se trouve ainsi immédiatement restreint. En effet, en dehors du latin, il n'y a que deux langues, qui, à l'époque dont il s'agit auraient pu conquérir le monde occidental : c'est le germanique et le grec. Du germanique il n'est pas besoin de s'occuper. À défaut de témoignage des contemporains, qui opposent toujours le roman (*romana langua*) au tudesque (*theotisca langua*), un simple coup d'œil jeté sur les textes gothiques et allemands primitifs que nous possédons suffirait pour attester la diversité originelle des parlers germaniques et romans.

Quant au grec, il est certain qu'il avait pour lui des avantages, qu'il était l'organe d'une civilisation supérieure, que les colonies nombreuses et les relations commerciales l'avaient importé sur beaucoup de point des côtes occidentales de la Méditerranée, en même temps que des écoles faisaient connaître l'intérieur. Néanmoins on ne peut découvrir ni même imaginer à quelle époque, par quels moyens, ni pour quelles raisons il se serait répandu à Marseille, sur les rives de la Seine ou dans les montagne de l'Auvergne, et s'y serait implanté. Encore moins devine-t-on comment il aurait conquis les bord du Tibre, et quand Rome, quelque hellénisée qu'on la suppose, aurait renoncé en sa faveur à son latin. Le seul énoncé de cette question fait éclater l'absurdité de l'hypothèse.

Quant à croire, comme cela a été inventé récemment, que toutes les langues parlées dans l'Europe primitive étaient les dialectes d'une sorte de pré-grec, langue des Pélasges, outre qu'on cherche vainement sur quelles données historiques repose un pareil système, encore faudrait-il tout au moins, pour se rendre, entrevoir par quel prestigieux tour de force on réduit à l'unité pélasgique (?) le ligure, le gaulois, l'ibérique, l'étrusque même, tout inexpliqué qu'il est. Encore si l'on pouvait du moins ramener à cette unité grecque ou pré-grecque les parlers modernes « si faussement appelés par les philologues, néo-latins ou romans ! « Mais cela même est impossible. Assurément on a pu établir certaines analogies entre la syntaxe grecque et la syntaxe française, par exemple ; Henri Estienne l'avait déjà fait ; mais le moyen de faire dériver notre conjugaison, ou la conjugaison italienne, de la grecque, notre système pronominal ou prépositionnel d'un système, même dorien, demeure introuvable. Bref, il est impossible, sans fantaisies de toutes sortes qui n'ont rien de commun avec la science et ses méthodes rigoureuses, de trouver entre nos dialectes et ceux des Grecs les rapports qui devraient exister pour qu'il pût être question de filiation.

Reste l'hypothèse qui dérive les langues romanes des parlers indigènes : mais comme il faut expliquer la parenté de ces langues romanes, que d'autre part on ne saurait prétendre sans moquerie, ni que le gaulois avait conquis l'Espagne et l'Italie tout entières, ni que tous les idiomes qui se parlaient sur cet immense territoire : ibérique, gaulois, ligure, toscan, dialectes italiques, étaient semblables, on écarte la plupart d'entre eux, l'ibérique, le ligure, le toscan. Première inconséquence grave dans une théorie qui s'appuie sur ce prétendu fait qu'un peuple n'abandonne jamais sa langue.

On suppose ensuite que le gaulois [entendez aussi le celtibérique (?), qui aurait conquis l'Espagne entière (?)] était tout voisin du latin. Les derniers descendants de Pezron admettraient même volontiers qu'il en était très proche parent, au même degré que l'ombrien ou l'osque.

Mais cette hypothèse, même si elle était vérifiée, serait insuffisante pour expliquer les faits. Ce ne sont pas des langues voisines, fût-ce l'osque et l'ombrien, que les langues romanes continuent, c'est une seule langue. Et la science actuelle, nous l'avons vu, exige trop de précision pour que cette solution par à peu près lui suffise.

En outre, où prend-on que le gaulois, quoique parent du latin, ait eu avec lui ces rapports de presque identité ? Est-ce dans les témoignages des anciens ? Mais il n'y en a aucun qui constate rien de semblable ; tout au contraire il est toujours question du gaulois comme d'une langue barbare.

Au reste les véritables celtisants répondent que si les parlers celtiques appartiennent à la même famille que ceux de l'ancienne Italie, et forment une branche voisine d'un tronc commun, néanmoins aux environs de notre ère, ils différaient déjà profondément du groupes des langues italiques. Le celtique de Gaule était plus voisin du latin que du grec, mais il était loin de se confondre avec lui, ou même d'en constituer une variété. Nous le savons indirectement d'abord par les textes écrits dans les dialectes celtiques de Grande Bretagne parvenus jusqu'à nous. Plusieurs de ces textes sont très anciens. Or, même aux époques les plus hautes, au XIe siècle déjà, le vocabulaire irlandais (si on en retranche les mots qui viennent du roman), la grammaire, la phonétique diffèrent considérablement du vocabulaire, de la grammaire et de la phonétique française. Et d'où viendrait ceci à une époque où les parlers romans de Gaule se confondaient presque encore, si tous ces idiomes coulaient à la fois de la même source ? Comment expliquer ici cette similitude presque complète et là ces divergences fondamentales ?

Il y a plus. Nous ne possédons malheureusement qu'un petit nombre de lignes de gaulois. Mais elles disent assez — même celles qu'il a été possible d'interpréter — que latin et gaulois faisaient deux, et étaient irréductibles l'un à l'autre. Sur certains points particuliers nous avons des données sûres et nous savons que les deux langues étaient en contradiction absolue. J'en donnerai un seul exemple : Le gaulois avait un *p* à l'initiale, là où le latin avait un *q* (= *k*) ; *pempe* = *quinque* (cinq) ; *petvares (qu'on retrouve dans *petorritum*, char à quatre roues) = *quatuor* (quatre), etc. Or c'est le *q* et non un *p* que le français a conservé. Comment et pourquoi serait-il d'accord avec le latin, si nous parlions gaulois ? Quand le *q* aurait-il reparu, et sous quelle influence la règle de la phonétique latine eût-elle prévalu sur l'autre ?

Non, il est peu sage de faire, à l'exemple de quelques-uns, de cette question historique une question nationale. Il n'y a ni à s'en vanter, ni à s'en défendre ; comme les Italiens, les Espagnols, les Portugais, les Roumains, nous parlons latin ; ce n'est plus une hypothèse, mais la conclusion de toutes les recherches linguistiques poursuivies depuis cent ans.

II. — Conquête des Gaules par le latin.

Insuffisance des preuves historiques. — Si les résultats qui précèdent imposent la conviction, et si la philologie contemporaine permet de les affirmer avec une complète assurance, en revanche l'histoire, avec quelque soin qu'on l'ait interrogée depuis trois siècles, ne nous a rien ou presque rien appris sur l'époque où le latin a supplanté en Gaule les langues indigènes. Non seulement les causes, les phases même de cet événement considérable nous sont inconnues, mais, à parler vrai, l'événement lui-même n'est pas historiquement établi.

Plusieurs sont enclins à croire qu'il existe de la substitution du latin aux parlers antérieurs des preuves directes ; ils allèguent d'abord que, si ceux-ci avaient persisté longtemps après la conquête, nous aurions sinon des livres, au moins des inscriptions rédigées dans ces langues. Or l'archéologie contemporaine n'en a guère mis au jour qu'une vingtaine sur le sol de la France, tandis que les inscriptions latines sont déjà au nombre de plusieurs dizaines de mille, et des découvertes fréquentes ne cessent d'accroître cette énorme disproportion. De ces faits on peut conclure en effet avec vraisemblance, que de très bonne heure on cessa complètement d'écrire dans les anciens idiomes, qui semblent du reste n'avoir jamais beaucoup servi à cet usage. Mais la question n'est pas là, et de ce qu'une langue ne s'écrit pas, on ne saurait en aucune façon affirmer qu'elle ne se parle pas. Il y a aujourd'hui des villages, où le patois est seul en usage pour la conversation, où cependant l'idée même qu'on puisse en mettre une phrase par écrit, fût-ce dans une lettre, à plus forte raison l'imprimer ou la graver sur une pierre, n'entre pas dans les cerveaux. Pour savoir si la langue épigraphique est toujours la langue parlée dans un pays, il suffit de faire le tour des cimetières. En Bretagne, aussi bien qu'en Picardie ou en Lorraine, le français, quelquefois mêlé de latin, règne exclusivement.

On s'est fondé aussi sur ce fait que les noms de lieux, comme les noms d'hommes de la Gaule romaine, étaient presque tous latins. Ce sont là des indices de romanisation, sans doute, mais non des preuves de romanisation générale. Les noms de lieux auxquels on fait allusion sont pour la plupart des noms de villages, d'agglomérations issues des villas gallo-romaines. Ils indiquent que les grands seigneurs qui en étaient les propriétaires s'appelaient Antonius (Antoniacum = Antony), Sabinius (Sabiniacum = Sevigny), Quintius (Quintiacum = Quincié, Quincy, Quincieux, Quinsac), mais rien de plus, et nous ignorerons sans doute toujours comment se nommaient la plupart des lieux dits, les coins fréquentés par la masse des humbles et baptisés par eux.

Quant aux noms d'hommes, si un grand nombre ont une figure et une origine latines, encore faut-il remarquer que les Gaulois qui les portaient n'avaient pas eu, pour les prendre, à en abandonner d'autres, comme on l'a dit. Au temps de l'indépendance ils ne faisaient usage ni de prénoms ni de gentilices, mais seulement d'un nom auquel ils ajoutaient, quand ils voulaient éviter des confusions, le nom de leur père ou un surnom. Ainsi *Kassitalos, Overcicnos* (*fils d'Overcos*). Les noms de famille sont d'imitation romaine. Dès lors il était naturel que l'aristocratie séduite les empruntât à Rome en même temps que l'habitude d'en porter. L'affranchissement les répandait ensuite parmi la population, où les esclaves libérés étaient en grand nombre. La diffusion de ces noms et la multiplication des Julii ou des Antonii peut donc s'expliquer, sans qu'il soit besoin de supposer qu'elle avait pour cause une poussée générale et irrésistible vers la romanisation, ce qui ne veut pas dire du reste qu'elle ne signifie rien à cet égard.

Enfin, pour quiconque connaît, même superficiellement, l'histoire du christianisme primitif en Gaule, il est certain que la langue latine était communément entendue dans le pays. En effet, tous les écrits, même les sermons de ceux qui ont évangélisé villes et campagnes sont en latin ; dans les récits qui nous sont faits de la propagande menée par le pays, dans les instructions que les évêques donnent pour cette propagande, il est très souvent question des paysans, jamais de la nécessité de leur parler par interprètes, ou de leur faire des versions des textes sacrés ; toutes sortes d'autres preuves analogues, positives ou négatives, établissent de la façon la plus sûre, qu'on comprenait généralement le latin. Mais le point n'est pas là. Qu'on l'ait su au Ve et au VIe siècle, cela est hors de doute, ce qu'il faudrait démontrer, c'est qu'on s'en servait exclusivement et partout, ce qui est tout autre chose.

Restent les témoignages des auteurs anciens, mais ils sont très peu nombreux et bien insuffisants. En effet, pour ne pas prêter à la discussion, il faudrait que les textes eussent une précision qu'ils n'ont pas, loin de là ; sitôt qu'on veut les presser, on risque d'en fausser le sens. Supposons que quelque érudit, dans mille ans, pour savoir quelle langue on parlait à Toulouse au XIXe siècle, possède deux phrases, l'une d'un juriste : « Un testament rédigé en langue d'oc sera valable » ; l'autre d'un historien : « La France avait étendu dans cette ville sa langue en même temps que ses lois », que conclura-t-il ? La bonne foi des auteurs sera entière, l'exactitude de leurs affirmations absolue, et néanmoins toute conclusion fondée sur l'un ou l'autre de ces textes contradictoires sera fausse ; à plus forte raison s'égarera-t-on, si l'on prétend généraliser et étendre à d'autres contrées, même voisines, la portée du témoignage.

Seule une statistique apporterait quelque chose de précis en ces matières ; encore devrait-elle être extrêmement circonspecte et détaillée, préciser combien d'habitants dans chaque endroit ne savent que l'une des deux langues du pays, combien savent les deux ; en outre, parmi ceux-ci, combien entendent l'une, mais se servent de l'autre, et inversement. Il n'est pas besoin de dire que ces renseignements précis, que nous n'avons pas pour notre temps et notre pays, nous font absolument défaut pour la Gaule antique, et qu'ils sont mal remplacés par quelques lambeaux de phrases, jetés en passant par des auteurs occupés à nous parler de tout autre chose. Dès lors, quand Grégoire de Tours énumère les langues dans lesquelles le peuple d'Orléans complimente le roi Gontran, de ce qu'il ne cite pas le celtique, il ne faut pas conclure, comme le remarque très bien M. Bonnet, que celui-ci ne se parlait plus. Le franc n'est pas cité non plus, et certainement il se parlait. Le latin était la langue régnante dans la ville, voilà tout.

En outre, comme si tout devait accroître la confusion dans ce débat, les termes mêmes des phrases qu'on a citées peuvent le plus souvent s'entendre de diverses façons, et sont matière à contestation. Le même Grégoire de Tours cite à plusieurs reprises des mots empruntés aux *rustici.* Si ces mots sont latins, c'est donc, semble-t-il tout d'abord, que les paysans parlaient latin. Nullement, car *rusticus* a alors perdu son sens étymologique de *paysan*, et s'applique tout aussi bien aux gens du peuple.

Rien ne paraît plus simple que l'expression *celtice loqui*. Et cependant elle peut vouloir dire deux choses fort différentes : *parler celtique* et *parler à la celtique*, c'est-à-dire avec l'accent et les fautes des Celtes, exactement comme *latine loqui* signifie non seulement *parler la langue latine, mais la parler avec la correction et l'élégance des Latins*. De même un *sermo barbarus* n'est pas toujours une *langue barbare*, mais une langue *incorrecte*, et ainsi de suite.

Plusieurs de nos expressions françaises sont dans le même cas, et conduiraient aux pires erreurs, si on les prenait à la lettre : *Parler patois*, c'est *parler un dialecte*, c'est aussi *parler un mauvais français*. Du *charabia*, ce n'est pas seulement de l'arabe, puisque ce sens étymologique du mot — s'il est le vrai — n'a été deviné que tout récemment, mais c'est, d'une manière générale un jargon qu'on ne comprend pas.

Et toutes les époques ont connu de semblables manières de dire. Dans la bouche de Malherbe, presque tout ce qui était mal écrit était *gascon*. Ce que ses contemporains n'entendaient pas, et que nous baptisons *chinois*, était pour eux du *bas-breton* ou du *haut-allemand*, de même que ce qu'ils n'admiraient pas était *gothique*. *Parler chrétien*, qu'on trouve dans Pathelin et ailleurs, n'est guère plus précis. Mais rien ne donne mieux une idée du vague dont on se contente en pareille matière que le non-sens : *parler français comme une vache espagnole*. Toute défigurée et absurde qu'elle est, la locution suffit, même à des gens instruits, dont il semblerait pourtant qu'ils dussent chercher un sens aux mots qu'ils emploient.

Il résulte de ces observations que, même dans les très rares passages où les auteurs nous rapportent comment parlait un individu ou un groupe d'hommes, l'interprétation de leur témoignage reste indécise, et une extrême réserve s'impose pour les conclusions. Ainsi Sulpice Sévère, dans ses *Dialogues* (I, 26), met dans la bouche d'un interlocuteur l'exorde suivant : Ego plane, licet impar sim tanto oneri, tamen relatis superius a Postumiano obedientiæ cogor exemplis, ut munus istud, quod imponitis, non recusem. Sed dum cogito me hominem Gallum inter Aquitanos verba facturum, vereor ne offendat vestras nimium urbanas aures sermo rusticior : audietis me tamen ut gurdonicum hominem, nihil cum fuco aut cothurno loquentem. « Pour moi, quoique je sois impropre à une si grande tâche, les exemples de déférence donnés plus haut par Postumianus m'obligent à accepter le rôle que vous m'imposez ; mais, quand je pense que je suis Gaulois et que c'est à des Aquitains que j'ai à parler, je crains d'offenser vos oreilles trop polies par mon langage rustique : vous m'écouterez cependant comme un lourdaud dont le langage ignore le fard et l'emphase. » Comme le lui font très bien remarquer ses interlocuteurs, ce sont là précautions de raffiné et de rhéteur qui se donne des airs modestes et prépare son effet. Aussi, quand il a ajouté quelques phrases encore, toujours du même style, Postumianus l'interrompt et s'écrie : « Tu vero vel celtice, vel si mavis, gallice loquere, dummodo Martinum loquaris. » Comment doit se traduire cette boutade ? On est fort embarrassé d'abord de savoir quelle différence pouvait faire Postumianus entre *celtice* et *gallice loqui*. Aucune, à mon sens, et il est bien inutile de s'épuiser en hypothèses historico-philologiques pour expliquer ce jeu de mots. Le beau parleur s'appelle Gallus (Gaulois), on ne l'a pas remarqué. De là une plaisanterie sur son nom : Parle-nous ou celtique ou, si tu aimes mieux, gaulois, pourvu que tu nous parles de saint Martin ! Nous dirions de même à un Wallon qui s'appellerait Liégeois : Parle-nous wallon, ou liégeois, pourvu que tu nous parles de Saint-Hubert !

Là n'est donc pas la difficulté. Ce qu'il s'agit de savoir, c'est s'il faut traduire : Parle-nous *celtique* ou *à la celtique*. Et il est vraiment peu aisé de choisir. Au reste, si l'on admettait la première interprétation, encore faudrait-il déterminer quelle importance on peut attribuer à une pareille exclamation : « Parle-nous celtique ! » Est-on en droit de croire, d'après ces mots, que Postumianus, Aquitain, qui ne sait peut-être pas le gaulois, offre sérieusement à Gallus de converser en cette langue ? Si, en pareil cas, impatienté par les excuses d'un interlocuteur, nous lui disions : Assez de précautions, parle-nous même auvergnat, pourvu que tu nous parles de ton affaire, cela impliquerait-il que nous possédions ce dialecte et soyons prêts à le parler?

La romanisation. — Il me paraît certain néanmoins que la victoire du latin n'a pas été aussi soudaine que beaucoup de romanistes — et des plus grands — le prétendent aujourd'hui. Disons d'abord que cette opinion a contre elle toutes les vraisemblances. Admettons que les idiomes indigènes n'avaient pas jeté en Gaule les racines profondes que le français a poussées en France, que leur infériorité sous le rapport de la valeur expressive, leur diversité, et aussi l'absence d'une nationalité gauloise et d'une littérature écrite, d'autres causes encore, mettaient ces idiomes dans l'impossibilité de résister victorieusement aux empiétements du latin imposé par les vainqueurs, et devaient assurer, au bout d'un temps plus ou moins long, leur défaite définitive. Constatons aussi qu'on peut citer nombre de populations qui ont abandonné leur langue pour en adopter une étrangère, et que pareil changement, loin d'être unique dans l'histoire, comme on a voulu le soutenir, s'est accompli assez fréquemment. C'est ainsi que le *cornique*, dialecte celtique, a disparu de la Cornouailles, devant l'anglais, que le dialecte mogol, qui était originairement l'idiome des Bulgares, a été éliminer par le slave, que le grec a cédé dans l'Italie méridionale à l'italien, dans la Turquie d'Europe au turc, en Asie à l'arabe et au syriaque, que le copte, le punique et le grec ont été chassés par l'arabe du nord de l'Afrique, etc., etc. L'histoire même du français fournirait des faits analogues : n'a-t-il pas cédé à des dialectes germaniques une bande de terrain de la rive gauche du Rhin et une bonne partie du territoire de l'ancienne Belgique, tandis qu'il conquérait au contraire des pays primitivement bretons ou basques, et tout ce qui de la Normandie était devenu danois ? Et l'Irlande actuelle met sous nos yeux un exemple tout à fait frappant de la disparition d'une langue vaincue par une autre. Malgré le mouvement nationaliste et autonome qui y a été si intense, le nombre des indigènes parlant irlandais se réduit avec une grande rapidité ; et certains ont déjà osé prévoir, peut-être prématurément, le jour où on notera la mort de la dernière femme parlant irlandais, comme on a noté la mort de la dernière qui a parlé cornique.

Il n'en est pas moins vrai que l'abandon de son langage est un des derniers sacrifices qu'on obtienne d'une population. Même quand le patriotisme n'entre pas en jeu, l'habitude et la tradition défendent l'idiome indigène, et avec quelle force ! Il suffit pour s'en rendre compte de voir combien les parlers provinciaux reculent lentement devant le français. Déchus depuis des siècles de leur rang d'idiomes littéraires, exclus de l'Église, proscrits par l'État, ils ne s'en perpétuent pas moins, transmis par les mères aux enfants avec les premières caresses. Et si leur défaite semble aujourd'hui s'annoncer définitive, il a fallu pour assurer ce résultat les moyens extraordinaires dont on dispose de nos jours, l'école, le service militaire obligatoire, la centralisation administrative et littéraire, les communications rapides, la presse quotidienne.

Il est donc plus que douteux, *a priori*, que dans les conditions si différentes où le latin a été aux prises avec les langues de la Gaule, celles-ci aient cédé si vite, et qu'en un siècle, comme le voudraient quelques-uns, Rome ait changé le parler de plusieurs millions d'hommes.

Le mouvement d'assimilation fut visiblement plus rapide dans la Narbonnaise que dans le reste de la Gaule. La population, fortement mélangée de Ligures, y devait être très hétérogène. D'autre part il y eut là une véritable immigration. S'il fallait en croire Cicéron, une nuée de citoyens auraient envahi la Provence : commerçants, colons, publicains, cultivateurs, éleveurs, au point que pas un sol n'eût circulé dans ce pays sans figurer aux comptes de quelque intermédiaire romain. On doit bien se garder de prendre à la lettre pareilles exagérations, et d'interpréter une période d'avocat comme un document authentique; mais il est certain que des Romains, tels que Pompée, Quinctius, eurent de bonne heure de vastes domaines au delà des Alpes. Des colonies y furent fondées, et bien qu'elles aient pu être composées en grande partie d'hommes qui n'étaient pas originairement de langue latine, cette langue n'en devenait pas moins au bout de quelques générations la langue commune de ces villes, qui arrivaient de la sorte à constituer de véritables foyers de romanisation.

Aux causes générales qui firent triompher le latin dans le reste de la Gaule, et dont nous aurons à parler longuement plus loin, s'ajoutèrent donc en Narbonnaise des causes particulières, dont l'action peut avoir été considérable. Quoi qu'il en soit, dès le 1e siècle, la culture latine semble y avoir été assez développée pour entrer en lutte avec la culture grecque, dont Marseille était le centre. Je fais peu de cas, je l'avoue, de quelques-unes des preuves qu'on en donne ordinairement. Que Martial ou Pline se vantent d'être lus en Gaule, dans des villes toutes romaines, telles que Lyon et Vienne, même par des femmes, quelle conséquence en peut-on tirer ? Autant prétendre, parce qu'on vend des journaux français à Alger et à Tunis, que tout le monde y parle français. L'apparition d'écrivains latins nés en Gaule n'est guère plus significative. Il est exact que Terentius Varron était de Narbonne, Cornélius Gallus de Fréjus, Trogue Pompée de Vaison, Votienus Montanus de Narbonne, Domitius Afer de Nîmes, encore faudrait-il savoir si tous ceux-là, et d'autres que l'on cite, n'étaient pas fils d'émigrés, et de souche latine. Toutefois nous avons ici des textes sérieux. Strabon rapporte que de son temps déjà, les Cavares — qui, il est vrai, étaient à l'avant-garde du mouvement — étaient tout Romains de langue comme de mœurs, et Pline trouve au pays des airs de l'Italie plutôt que d'une province : « Italia verius quam provincia. » Les découvertes modernes n'ont fait que confirmer ces témoignages. Ainsi l'extension rapide du droit de cité latine, qui ne se donnait selon toute vraisemblance qu'à des populations romanisées, montre les progrès de l'influence romaine ; il y est visible que la Narbonnaise, après l'avoir subie, tendit de bonne heure à en devenir le foyer au delà des Alpes, et à jouer par rapport aux trois Gaules le rôle que la Cisalpine avait joué par rapport à la Transalpine, et que les Gaules reprirent ensuite par rapport à la Bretagne insulaire.

En ce qui concerne le reste du pays, il faudrait pouvoir distinguer encore. César nous dit qu'à son arrivée, la Gaule chevelue était divisée en trois parties : la Belgique, du Rhin à la Seine et à la Marne ; la Celtique, de là jusqu'à la Garonne ; l'Aquitaine, de la Garonne aux Pyrénées, et qu'on parlait dans ces contrées des langages différents. Il est certain que le belge et le celte n'étaient séparés que par des divergences dialectales, mais l'aquitain était une langue toute différente, d'origine ibérique. Or des destinées postérieures de cette langue nous ne savons rien, sinon que le basque, encore parlé sur les deux versants des Pyrénées, est issu d'un parler ibérique, et qu'il est enfermé aujourd'hui dans des limites beaucoup plus étroites qu'alors. On a dit qu'il avait été réimporté dans son domaine actuel par des Vascons venus d'Espagne (587 ap. J.-C). Cette conjecture, née dans l'imagination de ceux qui croient que le latin s'imposa partout sans peine et sans obstacle, ne s'appuie sur rien, tout au contraire elle semble peu d'accord avec le caractère de l'invasion du vi^e^ siècle, qui paraît avoir été plutôt une incursion, d'après ce que nous en dit Grégoire de Tours. Une seule chose est certaine dans l'état actuel de la science, c'est que l'aquitain, chassé de presque tout le territoire qu'il occupait en France, a cédé la place à un parler d'origine latine (le gascon), qu'il a influencé, et par lequel il a été influencé de son côté, mais nous ignorons absolument l'histoire de leurs relations et l'époque de la victoire du latin.

On va voir que pour les provinces de langue celtique nous ne sommes non plus, guère bien renseignés. Il est visible que la soumission aux vainqueurs y fut assez prompte. Pourquoi le système qui réussissait partout eût-il échoué là ? Fustel de Coulanges a très bien montré dans quelle situation précaire les Celtes, bien déchus de leur ancienne puissance, menacés par une invasion germaine, se trouvaient, lorsque quelques-uns d'entre eux eurent la pensée de solliciter l'intervention de César. L'unité nationale n'existait pas, la patrie se bornait, aux yeux de la plupart, aux limites étroites d'une cité, en lutte perpétuelle avec ses voisines. Les cités elles-mêmes, fractionnées en partis, se composaient en outre peut-être de vainqueurs et de vaincus, en tout cas de maîtres, nobles et druides, et d'esclaves ou d'ambacts, dont la condition était peu éloignée de la servitude, en un mot de gens dont beaucoup n'avaient rien à perdre à des changements politiques. Rome eut la suprême habileté, ou le bonheur, de garder les Gaulois divisés entre eux, et en même temps de les unir en elle. Au druidisme, seul lien moral entre les peuplades morcelées, elle opposa son culte et celui de l'empereur, deux puissances assez éloignées pour qu'on les crût divines, assez proches pour que l'intérêt humain commandât de les servir. Aussi, tout belliqueux qu'ils fussent, les Gaulois acceptèrent si bien la conquête, que moins d'un siècle après, 1200 hommes établis à Lyon formaient, dit-on, toutes les garnisons de l'intérieur, et que, après quelques révoltes sans importance, qui n'eurent jamais le caractère d'un soulèvement national, lorsque la question d'indépendance fut posée, en 70, l'assemblée plénière des cités refusa de sacrifier la « paix romaine » à l'espérance de l'affranchissement. C'est qu'en réalité — l'histoire même de ces révoltes le montre — il s'agissait moins déjà d'affranchir un peuple de la domination étrangère, que de séparer en deux tronçons un État unique.

La politique romaine explique très bien comment s'obtenaient ces assimilations rapides qui étonnent de nos jours, où les résultats sont si lents. La méthode en effet était meilleure. Une fois l'empire établi, quand le pouvoir central cessa de s'appuyer sur une aristocratie exclusivement romaine ou se prétendant telle, très jalouse de ses privilèges, et ouvrit de plus en plus l'accès des honneurs et des charges aux hommes de toutes les nations, quand on n'envoya plus au dehors des proconsuls dont la fortune à réparer se refaisait impunément aux dépens des pays gouvernés par eux, la domination romaine devint pour beaucoup une grande espérance, pour tous un immense bienfait. Conserver en fait, sinon en droit, sa propriété, et avec elle ce qu'on voulait de ses croyances, de ses lois, de ses mœurs, c'est-à-dire sans aucun sacrifice des libertés auxquelles on tient le plus, celles dont on use chaque jour, à la seule condition de payer l'impôt et de fournir aux besoins de l'armée, pouvoir goûter, sous la protection d'une administration lointaine et peu tracassière, sans crainte de l'invasion étrangère, une prospérité matérielle que le défrichement du pays, le développement du commerce, l'ouverture de nouvelles communications augmentaient tous les jours, c'étaient des avantages assez réels et assez immédiats pour attacher au nouveau régime ceux dont les idées et les aspirations ne vont pas plus haut.

Aux autres, Rome offrait aussi de quoi les séduire : c'était non seulement ce que les nations modernes offrent aux habitants de leurs colonies, la paix et l'initiation à une civilisation supérieure, mais l'admission à toutes les charges ouvertes aux métropolitains. Il y avait pour cela des degrés à franchir, il fallait obtenir la cité latine d'abord, la cité romaine ensuite, mais, longtemps avant que l'édit de Caracalla (212) eût déclaré citoyens tous les habitants libres de l'empire, l'administration sut dispenser ces premiers droits essentiels, particulièrement en Gaule, sinon avec prodigalité, du moins d'une manière très libérale. Des cités entières, comme celle des Éduens, reçurent de bonne heure en masse le droit suprême, le droit aux charges publiques : *jus honorum*. Et des particuliers, même avant ces mesures collectives, pouvaient l'acquérir. Dès lors toutes les espérances devenaient permises : on pouvait être non seulement chevalier, mais sénateur. César avait déjà amené dans la curie des Gaulois vêtus de leurs braies. De grands exemples montrèrent qu'on pouvait monter plus haut encore : un Santon, Julius Africanus, deux Viennois, Valerius Asiaticus et Pompeius Vopiscus, furent consuls. Antoninus Primus de Toulouse, qui s'appelait Bec, fit un empereur : Vespasien. À partir du iie siècle un grand nombre arrivent aux plus hautes charges de l'empire.

On s'imagine facilement à quel point de semblables perspectives durent à l'origine solliciter les ambitions de l'aristocratie, et combien de jeunes nobles aspirèrent à ces premières et modestes fonctions municipales de décurion, d'édile, de duumvir, puis de député de l'assemblée des Gaules, de flamine de Rome et d'Auguste, par où s'ouvrait la carrière des honneurs. Les inscriptions nous montrent les indigènes, même de la classe moyenne, en possession de ces fonctions, qu'une administration toujours plus compliquée faisait de plus en plus nombreuses. Quand les charges pécuniaires les eurent rendues trop lourdes, la loi usa de contraintes, de sorte que le cadre resta rempli de gré ou de force.

Et il est de toute évidence que la connaissance du latin était non seulement avantageuse, mais nécessaire à tous les degrés de cette hiérarchie, étant la langue du pouvoir central et de ses représentatifs, de la loi et de l'administration.

D'autre part la civilisation latine, alors dans tout son éclat, devait exercer son ascendant sur une race passionnée de culture, à l'esprit souple, à la fois disposée et apte, comme dit César, à imiter et à produire ce que chacun lui enseignait. Ce que nous savons, soit par les auteurs anciens, soit par les découvertes de l'archéologie, nous permet de l'affirmer, le mouvement qui entraîna les villes de Gaule vers les arts, les sciences et les mœurs romaines fut très rapide et très étendu. Au temps d'Ausone, chaque ville de quelque importance avait une sorte d'université, et certaines d'entre elles étaient ouvertes depuis plusieurs siècles. Déjà, soixante-dix ans après la conquête, quand le révolté Sacrovir veut de jeunes nobles pour otages, il va les prendre dans les écoles d'Autun. Poitiers, Toulouse, Reims devinrent à leur tour des centres d'études. Aussi, quand Tacite fait dire à Claude que les Gaules étaient pénétrées des mœurs et de la civilisation romaines, il ne sort pas de la vraisemblance.

Or il est évident que la première chose dont vous instruisaient tous les maîtres, c'était le latin ; c'est dans le latin qu'on apprenait à lire, c'est assez dire qu'il était la base de l'éducation. Les jeunes gens des classes élevées le savaient donc, cela n'est pas douteux. De là à l'adopter exclusivement, il n'y avait qu'un pas, et on comprend comment la vanité, le désir de sortir de la foule amenait les élégants à le franchir. Quand un fils d'Atepomaros prenait le nom de Cornelius Magnus, comment eût-il parlé gaulois, et gâté par son langage l'effet que produisaient son nom et son costume ? C. Julius Vercondaridubnus, prêtre de César, ne pouvait non plus prier le dieu son patron qu'en latin. Changer de langue, c'était la condition nécessaire pour réaliser les deux grands désirs des riches de tous les temps : arriver et paraître.

Mais la véritable difficulté subsiste. Quand et comment cette habitude de parler latin s'étendit-elle de cette aristocratie, si nombreuse et si puissante qu'on la suppose, aux classes inférieures et aux populations rurales ? Quand gagna-t-elle les femmes, de qui dépend la diffusion d'une langue, puisque ce sont elles qui en font la langue maternelle ?

Pour répondre à ces difficiles questions, il faudrait savoir comment étaient répartis et groupés les habitants de la Gaule sur le territoire, comment la propriété était divisée entre eux, bref, avoir sur l'état social des populations des renseignements qui nous manquent. Nous entrevoyons seulement, d'après quelques indications de la géographie historique, que de vastes étendues de terrain étaient encore occupées par des marécages ou couvertes d'immenses forêts, et par conséquent à peu près désertes. Nous savons aussi que la terre, loin d'être morcelée entre des travailleurs libres, était placée entre les mains de gros propriétaires, qui groupaient leurs ambacts et leurs colons autour de leurs villas. Beaucoup de nos villages actuels remontent à ces agglomérations primitives.

Ainsi établis aux champs, ces grands propriétaires romanisés, parmi lesquels se recrutaient les corps municipaux, devaient avoir sur la population rurale, qui était en contact immédiat et fréquent avec eux, une influence beaucoup plus considérable que ne l'aurait eue une aristocratie citadine sur le paysan isolé dans sa ferme, et des exemples venus à la fois de haut et de près étaient sûrement efficaces et contagieux.

Il ne faut pas oublier non plus que cette population devait être en grande partie composée d'esclaves, le nombre de ceux-ci ayant été plus tard très considérable, sans qu'on puisse attribuer ce résultat à la domination des Germains, qui n'avaient pas pour système de réduire en servitude les populations vaincues. Or, ces esclaves, achetés sur les marchés, et venus de tous les points du monde, faute de s'entendre entre eux dans leur propre langue, apprenaient tous la même, le latin du maître, comme les nègres ont appris en Amérique le français, l'anglais ou l'espagnol.

Enfin toute la plèbe qu'on enrôlait dans les armées des frontières trouvait là l'occasion de se familiariser avec la langue latine. Les femmes que les soldats pouvaient appeler auprès de leurs cantonnements, les enfants qui leur naissaient, et qui souvent devenaient de véritables enfants de troupe, profitaient nécessairement de cette éducation.

Ajoutons que pour ces gens des classes inférieures eux-mêmes, il y avait une utilité incontestable, presque une nécessité à savoir la langue dans laquelle se faisait au moins une partie du commerce, et que parlait l'administration tout entière, y compris les juges et les agents du fisc, avec lesquels il fallut de bonne heure débattre des charges qui devinrent peu à peu écrasantes et réduisirent la population libre à l'esclavage.

Mais, quelque impulsion qu'aient pu donner ces motifs, et quelque favorables qu'aient pu être les circonstances, il ne faut pas exagérer les effets qui ont pu en résulter. On s'explique par là que les populations en soient arrivées à entendre le latin, mais non qu'elles l'aient adopté exclusivement, aux dépens de leur propre langue. Il devait arriver, même dans les corps d'auxiliaires, pour lesquels Rome pratiquait le recrutement régional, ce qui arrive de nos jours entre Bretons incorporés : on apprend la langue du cadre, et on converse dans la sienne. Quant à croire, et c'est là un argument qu'on a quelquefois présenté, que l'infériorité des dialectes celtiques aurait été une des causes de leur disparition, cela peut être, mais nous n'en avons aucune preuve, car nous ne savons à peu près rien de ces dialectes considérés comme moyens d'expression, et rien non plus des besoins intellectuels qui auraient contraint les populations à adopter un autre langage. De plus un idiome, si pauvre qu'il soit, peut s'enrichir par emprunt ; sa pauvreté fait qu'il se laisse envahir, mais non déposséder.

Il est encore beaucoup moins vrai de dire que Rome imposait à ses sujets provinciaux l'abandon de leur parler indigène. Qu'elle n'admît pas, dans les actes publics, d'autre langue officielle que le latin (avant que les circonstances appelassent le grec à une situation égale), cela est certain. Et il n'y a pas lieu d'attribuer grande importance à l'anecdote rapportée par Dion Cassius, d'après laquelle un empereur aurait refusé d'entretenir un envoyé qui n'avait ou pas su ou pas voulu apprendre le latin, et lui aurait ôté le droit de cité. Quand un préteur était obligé de rendre ses jugements en latin, comment le chef de l'État eût-il donné un exemple qu'il était interdit au plus modeste fonctionnaire d'imiter ? et ne devait-il pas considérer comme une faute grave et un manque de respect qu'on prétendît lui parler officiellement autrement qu'en sa langue ? Mais de ce que le roi François Ier, au dire de Ramus, en usa à peu près ainsi à l'égard de députés provençaux, s'ensuit-il qu'il ait jamais interdit aux provinces du Midi de parler leur idiome ? Ce qu'on sait bien, c'est que l'administration impériale, plus clairvoyante en cela que ne semble l'avoir été au début l'aristocratie républicaine, comprit quel avantage la diffusion du latin devait avoir pour l'unification de l'empire ; au reste, dès les derniers siècles de la République, Rome chercha à le répandre et, comme le dit Valère Maxime, à en augmenter le prestige dans le monde entier. Mais jamais elle ne prétendit l'imposer exclusivement par la contrainte. C'eût été là une exigence tout à fait contraire à la politique générale suivie dans les provinces, en Italie même, où l'étrusque et les patois italiques se parlèrent très tard ; or aucun témoignage n'indique qu'on y ait dérogé où que ce soit. Le passage de saint Augustin, qu'on invoque, n'a pas et ne peut pas avoir ce sens. Comment cet évêque eût-il pu prétendre que Rome imposait l'obligation de parler latin, puisqu'il raconte lui-même ailleurs que les prédicateurs parlaient punique à quelques lieues d'Hippone, lorsqu'ils voulaient bien faire comprendre certaines choses, ce qui implique premièrement qu'ils usaient de la langue qu'ils voulaient, et qu'en outre les indigènes avaient quelque chose encore à apprendre en latin?

La disparition du gaulois. — De toutes les considérations qui précèdent, il faut conclure, il me semble, que la substitution du latin au gaulois fut très lente et résulta seulement du long travail des siècles. Plusieurs textes, même en les interprétant avec la critique la plus sévère, semblent appuyer cette opinion, tandis qu'aucun ne la contredit.

Je n'ai point l'intention de les examiner un à un, ce qui a été fait ailleurs. Mettons que nous ne savons rien pour les époques tout à fait basses. J'ai dit en effet plus haut quel cas il fallait faire d'un texte souvent cité de Sidoine Apollinaire. Les autres ont moins de valeur positive encore.

Que Claudien, un Alexandrin, s'étonne dans une épigramme de voir des mules obéir à des mots gaulois et s'en amuse, cela prouve peu. Un lettré de son espèce ferait la même réflexion en regardant « les vaches qui passent le gué », et que le paysan conduit au cri de *Dia* ou *Hot !* S'en moquât-il en un sonnet bien parisien, cela ne prouverait nullement que le paysan parle patois, en dehors de ces cris communs à tous les charretiers d'une région, soit patoisants, soit de langue française.

On a rapporté aussi qu'Ausone, Venance Fortunat, Grégoire de Tours, savaient la signification de mots celtiques, tels que *Divona, Vernemetis, Ulrajectum, Vasso Galatæ. C'est vrai, mais* d'abord ces mots sont des noms considérables de choses ou d'êtres célèbres, et seraient-ils même des mots ordinaires, que le souvenir a pu s'en conserver très longtemps, après la disparition de la langue à laquelle ils appartenaient. J'ai connu des vieillards qui avaient retenu jusqu'en 1885, des mots entendus de la bouche des cavaliers hongrois en 1815 et qui ignoraient totalement le magyar. Le dialecte cornique est éteint depuis un siècle, et aujourd'hui encore on répète dans le pays : Cela se disait ainsi en cornique ; il se conserve dans la mémoire des populations un embryon de vocabulaire.

À première vue il paraît plus étonnant que dans une Pharmacopée, faite pour être répandue, Marcellus, de Bordeaux,

traduise le nom de certaines plantes en celtique. Il semble que dans sa charité veuille faciliter à ses frères l'usage des simples. Mais pourquoi donner le nom vulgaire d'une dizaine à peine, Et non de toutes celles qui sont citées dans son gros recueil ? La vérité est que Marcellus est un plagiaire éhonté, quoiqu'il affecte de parler en son nom personnel. Il a non seulement emprunté à Pline et à ceux qu'il nomme, mais à une foule d'autres, comme la critique moderne l'a montré. Ce n'est donc pas parce qu'il fallait traduire en gaulois les noms de la flore aux gens du temps de Théodose qu'il a cité quelques termes — fort mal identifiés d'ailleurs jusqu'ici, — mais parce qu'il a trouvé ces indications dans quelqu'un des livres qu'il compilait.

Mais, pour le iiie et le ive siècle, nous avons deux témoignages très importants qui prouvent que le gaulois était encore en usage. Le premier est un passage du *Digeste*, qui stipule que les fidéicommis peuvent être faits en celtique. Et on ne saurait douter qu'il s'agisse du celtique de Gaule, sinon Ulpien eût dit *Britannica lingua* et non *Gallicana.*

Le second est une phrase que saint Jérôme a mise en tête du commentaire sur l'épître aux Galates. Comme on lui avait demandé quelle langue parlait ce peuple, s'il avait changé la sienne pour une autre, ou s'il l'avait gardée tout en en apprenant une nouvelle, il répond : Les Galates, tout en ayant adopté la langue grecque, dont on se sert dans tout l'Orient, ont une langue propre, à peu près la même que les Trévires, peu importe s'ils en ont corrompu depuis quelque chose, alors que les Africains aussi ont changé sur quelques points la langue punique, et que la latinité elle-même se transforme tous les jours suivant les pays et sous l'influence du temps.

Il est fâcheux que, moins préoccupé de nous renseigner sur les Trévires que sur les Galates, saint Jérôme ait trop rapidement passé sur le cas des premiers, et négligé de nous apprendre s'ils se servaient du latin comme leurs frères d'Asie du grec. Mais il ne résulte pas moins de ce texte qu'il subsistait à Trêves ou aux environs de Trêves, un dialecte celtique, qui pouvait être en concurrence avec le latin, mais n'avait pas été éteint par lui.

À partir de cette époque, je l'ai dit, nous ne savons plus rien de certain. Cependant s'il m'est permis à mon tour de hasarder une hypothèse, j'estime que c'est à ce moment surtout que la victoire du latin devint définitive. Il paraîtra étrange au premier moment de croire que la langue de Rome triomphe complètement alors que sa puissance va succomber. Mais il importe de se défier des idées fausses que les divisions classiques de l'histoire ont introduites dans nos esprits. Ni la prise de la ville par Alaric, ni la disparition même de l'Empereur d'Occident en 476, ne marquent la fin de l'Empire et de l'idée romaine. De Constantinople, de Rome même, quoique occupée par les barbares, la majesté de la puissance colossale qui avait gouverné le monde pendant tant de siècles continuait à en imposer à tout l'Occident, à ses papes et à ses rois, aussi bien qu'à ses peuples. On en a apporté cent preuves, car les traces de cette influence se font sentir partout et à chaque instant, en attendant qu'elle éclate dans les deux plus grands événements de cette époque : la constitution définitive de la papauté et la restauration de l'Empire d'Occident. En Gaule, en particulier, il fallut bien des générations encore, pour que les nouveaux maîtres se considérassent comme indépendants, quoiqu'on eût secoué, comme dit la loi salique, le dur joug des Romains.

À l'intérieur, si le trouble fut très profond, du moins il ne fut pas fait, comme on est trop porté à le croire, table rase du passé. Les historiens ont montré comment, dans les royaumes des Bourgondions et des Wisigoths, l'administration romaine subsista presque intacte. Chez les Francs aussi, la propriété des Gallo-Romains fut respectée, l'organisation religieuse et sociale conservée, avec des modifications. La vieille civilisation latine elle-même, si elle fut mortellement atteinte, ne périt pas d'un seul coup. Il fallut pour cela la nuit épaisse du viie siècle. Mais en pleine invasion, à quelque distance des Goths ou au milieu des Francs, les lettres de Sidoine Apollinaire en font foi, il y avait encore des écoles, des bibliothèques, des libraires, toute une société élégante et raffinée, qui lisait et écrivait, toute une jeunesse qui étudiait.

On peut donc considérer que les forces qui, de tout temps, avaient contribué à la diffusion du latin, continuèrent jusqu'au viie siècle, tout au moins jusqu'au milieu du vi^e^, à agir dans le même sens, diminuées sans doute considérablement, mais non annihilées par la présence des barbares. Et depuis près de deux cents ans de nouvelles influences étaient venues s'ajouter aux premières pour assurer la victoire.

Un premier événement, capital dans l'histoire, très important aussi dans la question spéciale qui nous occupe, c'est le développement du christianisme. L'église grecque, établie à Lyon au iie siècle, cela est avéré aujourd'hui, malgré les anciennes légendes, avait été presque inféconde, et c'est à partir du iiie siècle seulement que la nouvelle doctrine se répandit dans les trois Gaules. Au ive siècle, le pays comptait au moins trente-quatre évêques, peut-être sensiblement plus.

Il est de toute vraisemblance que, pour propager la parole de Jésus, ses prêtres parlèrent le celtique, s'il le fallut, comme ils le firent plus tard en Irlande, comme ils parlaient déjà ailleurs d'autres langues, qu'ils traduisirent, quand ils le jugèrent nécessaire, dans le vieil idiome de ces paysans, si lents à conquérir (*pagus* < *paganus*), les dogmes et les légendes, mais la langue officielle de la religion n'en était pas moins en Occident le latin, langue universelle de l'église universelle ; c'est en latin que se discutait la doctrine, que se célébraient les rites aux symboles mystérieux et attrayants, que se lisait même la « bonne nouvelle », dont une règle d'origine inconnue, mais qui fut abandonnée seulement au xiie siècle, interdisait de donner une traduction littérale en langue étrangère. Il n'est pas besoin d'y insister, et de montrer quel appoint apportait à la latinisation cette nouvelle force qui entrait en jeu, et ce que gagnait le latin à servir d'organe à une église jeune, ardente, avide de propagande et de conquêtes, qui ne s'adressait plus seulement, comme l'école, surtout au citadin, mais à l'homme de la campagne, à sa femme, à ses enfants, mettait autant de zèle à gagner les « collèges des petites gens » et les cases des esclaves que la maison d'un « clarissime », comme Paulin.

En second lieu, il ne faut pas oublier qu'une grande partie de la population gauloise indigène fut peu à peu chassée des campagnes. En effet, la belle période de prospérité matérielle ne dépassa guère le règne des Antonins ; bientôt après les impôts dont on surchargea le peuple, lui firent abandonner la terre qui ne le nourrissait plus. On vit les paysans, poussés par la misère, entrer dans la voie des violences, comme ces Bagaudes, qui à plusieurs reprises, après avoir porté la dévastation autour d'eux, se firent exterminer. D'autres émigrèrent vers les villes, qui offraient un abri et du travail.

L'arrivée des barbares contribua d'autre part, et puissamment, à cette éviction. Depuis longtemps des esclaves germains, des prisonniers étaient introduits individuellement, des bandes vaincues amenées collectivement, sur le territoire de la Gaule. Quand l'empire prit d'autres barbares à son service, à titre de fédérés et de Lètes, ce fut un usage régulier de les établir, leur service fait, comme laboureurs. Julien cantonna dans le Nord des Francs Saliens battus, Constance Chlore y mit des Chamaves et des Frisons, Constantin des Francs, pour cultiver en esclaves, suivant les paroles d'Eumène, les terrains qu'ils avaient dépeuplés en pillards. La *Notitia dignitatum*, rédigée vers 400, signale des cavaliers saliens, bructères, ampsivariens en Gaule. Il y a des Suèves au Mans, à Bayeux, en Auvergne, des Bataves à Arras, des Francs à Rennes, des Sarmates à Paris, Poitiers, Langres, Valence, d'autres Germains à Senlis et à Reims. Un corps de Sarmates a laissé son nom à Sermaize (Sarmatia) ; un corps de Taïfates, à Tiffauge-sur-Sèvre, dans le Poitou, un corps de Marcomans à Marmagne. Et les invasions qui surviennent amènent les Wisigoths en Aquitaine, les Bourgondions en Savoie et dans la vallée du Rhône. Devant ce flot humain les anciens possesseurs ont dû reculer, là où il en restait encore, et s'enfuir vers les villes et les agglomérations, de sorte que les anciens îlots ruraux, où le celtique se maintenait, ne pouvaient dès lors que disparaître.

On a cru pendant longtemps que la Bretagne, grâce à sa situation péninsulaire, avait offert au vieil idiome un dernier refuge. Il est vrai qu'un dialecte celtique se parle encore aujourd'hui, sous le nom de bas-breton, dans la moitié du Morbihan, des Côtes-du-Nord, et la totalité du Finistère. Mais les dernières recherches ont montré que ce dialecte a été réimporté en France par les Bretons insulaires, qui, fuyant l'invasion saxonne, vinrent s'établir en Gaule, du ve au viie siècle. Peut-être existait-il dans le pays des restes de celtique qui ont facilité cette introduction ; on ne peut ni l'affirmer, ni le nier, faute de faits positifs. Mais il semble bien, d'après le peu que nous savons du gaulois et de ses dialectes, qu'il n'a en rien influé sur le nouvel idiome de la Bretagne, qui, lorsqu'on l'étudie dans ses sources anciennes, apparaît presque identique au gallois d'outre-Manche. Et si nous avions des textes remontant au vi[e] siècle, il est de toute vraisemblance que toute différence disparaîtrait. Le latin a chassé le celtique de l'Armorique, comme de la Gaule tout entière.

III. — *Le latin parlé.*

Les sources. — Quel était ce latin parlé dans les Gaules ? La divergence de vues est complète sur cette question entre les philologues. Les uns, qui étudient le latin à l'époque moderne, quand, modifié profondément, il porte le nom d'espagnol, d'italien, de provençal, de français, y rencontrent dès les origines des nouveautés si grandes, ils sont conduits si souvent par les raisonnements étymologiques à des formes et à des mots étrangers au latin, tel que nous le connaissons, qu'ils concluent à l'existence d'une langue distincte, qui aurait vécu dès l'époque romaine, et se serait parlée à côté de la langue classique qui s'écrivait ; c'est cette langue à laquelle ils donnent généralement le nom de *latin vulgaire*.

Les autres, qui partent au contraire du latin classique, et le suivent dans les différents textes de l'époque romaine, tout en reconnaissant à certains mots, formes, ou tours qu'ils relèvent chez les écrivains et dans les inscriptions, ou que les grammairiens leur ont signalés, un caractère populaire, nient absolument qu'il y ait jamais eu un autre latin que celui des livres, le reste n'étant qu'inventions d'étymologistes dans l'embarras.

La vérité est, autant que l'état actuel de la science permet d'en juger, entre ces deux opinions extrêmes. La difficulté, ici encore, c'est que les sources sont très pauvres. Un traité de « gasconismes ou de gallicismes corrigés », qui remonterait au iie ou au iiie siècle de notre ère, serait pour nous d'un prix inestimable. Malheureusement nous n'avons plus l'ouvrage de Titus Lavinius : *De verbis sordidis*, ni rien qui le remplace. Les grammairiens dont les traités nous sont parvenus notent bien des choses « qu'il ne faut pas dire », mais ils ne nous apprennent pas où on les disait, ni à quelle époque. Quant aux écrivains, c'est en passant, bien entendu, qu'ils signalent quelque particularité du parler commun ou font allusion à son existence. Voilà pour les sources indirectes.

C'est donc le plus souvent directement, que nous devons, sans indication des anciens, et avec le seul secours de la philologie, distinguer et relever dans les textes latins ce qui appartenait au langage vulgaire. Le travail immense et délicat de ce dépouillement n'est pas terminé, et les résultats acquis ne sont coordonnés nulle part. On peut prévoir toutefois qu'ils seront loin d'être ce qu'on pourrait désirer, les œuvres étant presque toutes, même quand les auteurs s'en défendent, essentiellement littéraires.

Un refrain de marche, composé par quelque légionnaire, une chanson de berger, avec moins de mérite peut-être, ferait cependant peu regretter une ode de Sidoine ou une églogue de Calpurnius. Mais, si les Romains blasés ont demandé, comme nos modernes, des plaisirs nouveaux à la poésie des faubourgs ou des hameaux, ce répertoire méprisé ne nous est malheureusement pas parvenu. Les Atellanes elles-mêmes, qui eussent été précieuses, ont disparu jusqu'à la dernière.

Les livres de demi-savants manquent aussi, pour les périodes un peu anciennes ; on ne cite guère que le *Bellum africanum* et le *Bellum hispaniense*. À l'époque chrétienne même, chacun, tout en professant le mépris et la haine de la rhétorique alliée à la philosophie pour la défense du paganisme, s'efforce d'écrire sans fautes, au. moins jusqu'au vi^e^ siècle. Lucifer parle de son *langage rustique*, et il copie Virgile ; Sulpice Sévère, Ruricius, Sidoine Apollinaire sont dans le même cas ; leurs œuvres, la liturgie elle-même, tâchent d'atteindre à la plus grande correction possible, et d'éviter la *rusticitas*.

Quant aux inscriptions, si on excepte quelques graffiti de Pompéi et des catacombes, d'autres inscriptions encore, mais en très petite quantité, elles n'ont pas fourni les renseignements variés et précis, que pouvaient faire espérer leur nombre, la variété des endroits où elles ont été trouvées, et celle des gens qui les ont fait faire. C'est qu'en réalité, comme on n'emploie guère la pierre et qu'on n'emprunte la main du lapicide que pour des objets sérieux et dans des circonstances importantes, la langue des plus humbles s'élève ces jours-là, et là où elle faillirait, l'ouvrier, qui est chargé de la traduire, guidé au besoin par des modèles et des formulaires, la corrige et la transforme. Nous avons peut-être dans les inscriptions des petites gens de l'antiquité leurs pensées et leurs sentiments, nous n'avons ni leur style ni leur langue, pas plus que leur écriture, mais une langue épigraphique à peu près commune, que des ouvriers, dont beaucoup peut-être étaient Italiens ou au moins urbains, comme de nos jours, se transmettaient.

Il faut arriver à l'époque barbare, où toute culture est presque éteinte, pour trouver en abondance des textes pleins de barbarismes et de solécismes, que l'ignorance générale ne permet plus aux scribes ni même aux auteurs d'éviter. Alors des graphies fautives, images plus ou moins fidèles de la prononciation populaire, une grammaire, une syntaxe, un vocabulaire en partie nouveaux envahissent les diplômes, les formulaires, les inscriptions, les manuscrits. Réunis et interprétés, ces faits seront, d'après ce que nous en savons déjà, du plus haut intérêt. Ils nous apporteront, malgré les falsifications que des correcteurs postérieurs ont fait subir aux textes, malgré les efforts que les scribes ont fait pour bien écrire et suivre un reste de tradition, des indications précieuses sur la langue parlée, qu'ils reflètent confusément. Mais ils ne suppléent pas ceux de l'époque précédente, dont nous sommes obligés de reconstituer sur bien des points le langage par induction et par hypothèse.

Latin classique et latin vulgaire. — Un fait certain, c'est qu'en Italie même, et anciennement déjà, le latin parlé et le latin écrit n'étaient pas identiques. On pourrait le supposer avec raison, puisqu'il en est ainsi dans tous les pays qui ont une littérature et un enseignement. Mais nous avons sur ce point mieux que des probabilités ; outre qu'il nous reste quelques inscriptions très intéressantes sous ce rapport, les anciens nous ont parlé à différentes reprises d'un *sermo inconditus, cotidianus, usualis, vulgaris, plebeius, proletarius, rusticus*.

La difficulté est de savoir d'abord quelle valeur positive il faut attribuer à tous ces mots qui ont à peu près en français leurs équivalents : *langage sans façon, sans apprêt, ordinaire, commun, trivial, populaire, populacier, provincial*. L'usage que nous faisons nous-mêmes de ces expressions et d'autres analogues, telles que *langage de portefaix, d'école, de caserne, de corps de garde*, etc., montre combien serait fausse l'idée qu'il coexiste en France un nombre d'idiomes correspondants, tandis qu'il ne s'agit que de nuances variées qui teintent un parler commun, et dont plusieurs sont si voisines qu'on ne saurait établir de limites entre elles.

Le second point, de beaucoup le plus important, est de savoir dans quel rapport ces parlers, qui formaient ensemble le latin dit vulgaire et populaire, étaient avec la langue écrite. Il est certain qu'originairement ils se sont confondus avec elle.

Il se forma ensuite, vers le temps des Scipions, un bon latin, comme il s'est formé en France un bon français, de 1600 à 1650, dans lequel tout le monde s'efforça d'écrire. Ce bon latin ne demeura bien entendu pas immobile et semblable à lui-même : c'est chose impossible à une langue qui vit et sert d'organe à la pensée d'un grand peuple, cette langue ne fût-elle qu'écrite sans être parlée par lui. Le latin classique resta donc accessible aux nouveautés, qu'elles lui vinssent des milieux savants, de la Grèce ou même du monde des illettrés, l'étude comparative des auteurs l'a surabondamment démontré. Quelque peine qu'il ait prise de l'imiter, Ausone ne tenait plus la langue de Virgile, et Constantin ne haranguait plus le Sénat dans le latin de César.

Mais, ces réserves faites, il est incontestable que la langue littéraire est toujours dans une large mesure traditionnelle, et que, « clouée à des livres », elle conserve des mots, des tours, que certains passages rendent « classiques », des prononciations dites élégantes, que l'orthographe protège, restaure même parfois, tandis que l'usage courant les a laissés tomber. Ceci n'a pas besoin d'être démontré. D'autre part, si une langue écrite reste ouverte, comme je viens de le dire, c'est souvent à d'autres nouveautés que celles qui s'introduisent dans la langue populaire. Le français littéraire reçoit annuellement un immense apport de grec et de latin, dont pas un millième peut-être n'entre dans le langage courant, tandis que le français parlé crée ou emprunte à l'argot une foule de termes qui ne pénètrent pas le Dictionnaire de l'Académie. Leurs deux évolutions sont sur bien des points divergentes.

Il dut nécessairement en être de même dans la partie latinisée de l'empire romain où, pendant que les écrivains grécisaient, le langage courant subissait le contact d'idiomes nombreux, et était entraîné par les habitudes linguistiques, physiologiques et psychologiques, de vingt peuples différents, dans des directions multiples.

On peut donc conclure, il me semble, en toute assurance, que, pris aux deux extrémités, dans les livres de l'aristocratie cultivée, d'une part, et de l'autre dans la conversations du petit peuple des paysans ou des esclaves, le latin devait considérablement différer, même à Rome, et d'assez bonne heure. Du quartier de Suburra à la Curie il devait y avoir une assez grande distance linguistique, comme chez nous de la place Maubert à la Sorbonne. Mais il ne faut pas se contenter de regarder à ces deux pôles opposés, ni prendre à la lettre les expressions dont on se sert communément, en opposant le latin vulgaire au latin classique, comme deux idiomes distincts, constitués et organisés chacun à sa façon. Le mot d'*idiomes*, comme celui de *langues*, ne convient pas, il ne peut être question que de *langages*. En outre, quelles que puissent être les séparations de ce genre, le fonds reste commun, et on continue à s'entendre des uns aux autres ; il y a plus, si certaines tendances contribuent à accroître constamment les divergences, une action et une réaction réciproques, qui naissent nécessairement de la vie commune, travaillent en même temps à les effacer. Des éléments populaires montent dans la langue écrite, pendant que des éléments savants descendent et se vulgarisent : il se fait d'une extrémité à l'autre un perpétuel échange et une circulation quotidienne. Qu'elle fût moindre à Rome que dans notre pays, où tant de causes, mais surtout l'imprimerie la rendent si puissante, cela n'est pas douteux, elle s'y exerçait néanmoins. Enfin il n'y a jamais eu un latin classique et un latin populaire. C'est par une série de nuances infinies qu'on passait du grammairien impeccable à l'illettré, et entre le parler des deux, une multitude de parlers et de manières d'écrire formaient d'insensibles transitions, un même individu pouvant présenter plusieurs degrés de correction dans son langage, suivant qu'on l'observait dans un discours d'apparat ou dans l'abandon de sa conversation familiale. Le latin, que les Gaulois apprenaient directement ou indirectement, c'était donc bien pour le fond la langue que nous connaissons, mais diversement modifiée pour le reste, suivant les maîtres et les élèves. Très élégant et très pur quand il sortait de la bouche d'un rhéteur et d'un grammairien, et qu'il était destiné aux oreilles d'un jeune noble, désireux de compter parmi les lettrés, ou ambitionnant les hautes fonctions de l'empire, il se gâtait vraisemblablement au fur et à mesure qu'on descendait de ce puriste au soldat, au colon ou au commerçant, dont les circonstances faisaient un professeur de langue, et que l'élève, de son côté, réduisant ses aspirations et ses besoins, ne visait plus qu'à se faire à peu près entendre. Essayer d'entrevoir, même approximativement, combien de Gaulois ont pu entrer dans l'une ou l'autre de ces catégories, ce serait essayer de déterminer quelle était l'instruction publique en Gaule, chose dont nous ne savons absolument rien. Il est seulement vraisemblable que la possession de la pure latinité était le but auquel tous tendaient, à mesure qu'ils s'élevaient dans l'échelle sociale. Et cela dura ainsi tant qu'il y eut un empire, une littérature et une civilisation.

Le bas-latin. — L'arrivée des barbares, la chute de Rome et les événements politiques qui en résultèrent eurent, sinon tout de suite, comme nous avons déjà eu l'occasion de le dire, du moins au vi[e] et surtout au viie siècle, une répercussion considérable sur le langage. Le bas-latin, c'est-à-dire le latin écrit de cette époque, en donne des preuves suffisantes.

Les écoles qu'Ausone avait vues si florissantes encore, se fermèrent, et le monde, réalisant les tristes appréhensions de Sidoine Apollinaire, tomba dans une ignorance si profonde qu'on a peine à l'imaginer. À Rome même, dans l'Église, dont les écoles s'ouvrirent seulement plus tard, et jusque dans la chancellerie pontificale, on en vint à ce point de ne plus écrire le latin qu'avec d'énormes fautes. Un personnage aussi considérable que Grégoire de Tours, issu d'une grande famille, élevé par des évêques, eux-mêmes de haute naissance, évêque à son tour, laisse passer en écrivant des bévues si nombreuses et si grossières qu'on avait cru longtemps devoir en accuser ses copistes. Vergilius Maro, qui fait profession de grammaire, commet des erreurs qu'on ne pardonnerait pas à un écolier. Et si de ces savants du temps, on descend à des notaires et à des scribes, la langue qu'on rencontre, non seulement sous leur plume, mais dans les formulaires qui leur servent de modèles, devient un jargon presque incompréhensible. Aucun latin de cuisine n'est plus barbare que le bas-latin, souvent plus qu'énigmatique, de l'époque mérovingienne. Voici par exemple quelques lignes d'un modèle de vente, tel qu'on le trouve dans les formules d'Angers : Cido tibi bracile vaiente soledis tantus, tonecas tantas, lectario ad lecto vestito valento soledis tantus, inaures aureas valente soledus tantis… Cido tibi caballus cum sambuca et omnia stratura sua, boves tantus, vaccas cum sequentes tantas… Comparez encore cet acte de libération des formules d'Auvergne (p. 30) : Ego enim in Dei nomen ille et coiuues mea illa pre remedio anime nostræ vel pro æternam retributionem obsolvimus a die presente servo nostro illo una cum infantes suos illus et illus, que de alode parentorum meorum… mihi obvenit a die præsente pro animas nostras remedium relaxamus, ut ab ac die sibi vivant, sibi agant, sibi laboret, sibi nutramenta proficiat, suumque jure commissos eum et intromissus in ordinem civium Romanorun ingenui se esse cognoscant.

Quiconque a des notions de latin remarquera sans peine les fautes de toutes sortes accumulées dans ces quelques lignes. Encore est-ce là, comme je l'ai déjà fait remarquer, du latin écrit, je dirai même du latin de choix, fait pour être transcrit dans des actes. On peut juger par là de ce qu'était la langue parlée par la masse.

Du latin vulgaire au roman. — Au reste les langues romanes ont permis, par comparaison, de reconstituer sinon avec certitude, du moins avec grande vraisemblance, l'ensemble de la physionomie de ce latin vulgaire, et de retrouver au moins les grands traits qui le caractérisaient. Il est aujourd'hui acquis que, au viie siècle et déjà au vi^e^, des différences profondes, qui souvent avaient commencé à s'accuser à une époque bien plus haute, séparaient, sous le rapport de la prononciation, du lexique et de la grammaire, le latin parlé, ou si l'on veut, les latins parlés, du latin classique.

Voici quelques traits — je cite en général de préférence ceux qu'on attribue au latin de Gaule — qui en donneront une idée. Des sons étaient tombés : l'*h* au commencement des mots, l'*m* à la fin ; des voyelles atones placées entre l'accent et la finale (*colpu* = *col(a)pum*, *domnu* = *dom(i)num*) ; quelquefois aussi des consonnes, tel le *b* de *parabola*, devenu *paraula*, le *v* de *avunculum*, devenu *aunclu*, le *g* de *ego* : la nasale placée devant un *s* (comme l'a montré plus haut l'exemple de *poids*, auquel on pourrait ajouter ceux de *costumen* = *consuetudinem*, la coutume, et *costura* = *consutura*, la couture), etc. Des hiatus s'étaient résolus, celui de *quietum, mortuum*, et d'autres, par l'élimination de *i* et de *u (keto, morto)*, celui de *vidua, vinea*, par la consonantification de *u* et *i* : *vedva, vinja*, d'autres part la formation de diphtongues. En outre, et c'est là le fait phonétique le plus important à noter, la distinction des brèves et des longues du latin classique n'existait plus.

À la différence de durée s'était substituée une différence de timbre, et certaines voyelles en avaient changé de nature, ainsi *ĭ* passé à *é*, et *ŭ* passé à *ó*.

La grammaire, en même temps, était profondément atteinte. Le système si compliqué des flexions latines était bouleversé, les déclinaisons mélangées, et leur nombre réduit à trois par une assimilation barbare des substantifs les uns aux autres, par exemple de *fructus, fructus* à *murus, muri*. Le genre neutre était détruit, ses débris dispersés entre des masculins, des féminins en *a* *('gaudia = joie*), et des indéclinables (*corpus = corps*) ; de nouveaux pronoms démonstratifs se construisaient par l'agglomération de *ecce*, le comparatif synthétique était compromis par le développement des formes analytiques avec *magis* ou *plus* ; les articles *unus* et *ille (ipse)* se dégageaient déjà des pronoms qui leur avaient donné naissance.

Les anciennes conjugaisons subsistaient, mais avec une nouvelle répartition des verbes entre elles et un progrès marqué de l'inchoative ; en outre à l'intérieur de chacune, une véritable révolution avait eu lieu. Le passif à flexions spéciales avait disparu, et avec lui les verbes déponents, assimilés à des actifs ; des anciens temps de l'indicatif, seuls le présent, l'imparfait, le parfait et le plus-que-parfait subsistaient ; du subjonctif il ne restait que le présent, le plus-que-parfait et l'imparfait (ce dernier même était abandonné en Gaule) ; le supin, le participe futur, l'infinitif passé, étaient éteints ; les temps ou les modes disparus étaient remplacés, quand ils l'étaient, par des formes analytiques composées d'auxiliaires, dont quelques-unes avaient des analogues en latin écrit, mais dont les autres constituaient de véritables monstres par rapport au latin classique.

Enfin une syntaxe plus analytique, appuyée sur un développement jusque-là inconnu des prépositions, et des particules conjonctives, annonçait déjà quel tour allait prendre celle des langues romanes.

Le lexique, de son côté, s'était profondément modifié. Il suffit de comparer quelques pages d'un dictionnaire latin aux pages correspondantes du *Lateinisch-romanisches Wœrterbuch* de Kœrting pour mesurer la grandeur de l'écart. Aussi bien il était impossible, à y réfléchir un instant, qu'une société entièrement renouvelée et presque retournée à la barbarie, conservât le vocabulaire du latin littéraire. Une foule de mots, représentant des idées ou des choses désormais tombées dans l'oubli, devaient périr, d'autres, représentant des idées nouvelles, devaient naître, en beaucoup moins grand nombre toutefois. Mais le changement essentiel ne consiste pas seulement ici dans une différence de quantité. C'est moins encore l'étendue respective des deux lexiques que leur composition qu'il importe de considérer. Et de ce point de vue ils apparaissent encore plus différents, quoique avec beaucoup de mots communs.

En effet, nombre des mots du latin populaire, tout en étant aussi du latin classique, jouent dans le premier un tout autre rôle, plus restreint ou plus étendu. Ainsi *porta, pavor, pluvia, bucca*, plus familiers que *janua, formido, imber, os*, les ont supplantés, et sont seuls chargés d'exprimer les idées autrefois représentées aussi par leurs concurrents.

D'autres mots, changeant de sens, sont parvenus à éliminer ceux dont cette métamorphose les a faits synonymes. Tel *gurges*, passé du sens de *gouffre* à celui de *gouffre où s'avalent les aliments ; quiritare*, qui a étendu sa signification propre d'appeler les *quirites*, à celle toute générale de *crier ; caballus*, qui ne désigne plus un *cheval de fatigue*, mais un cheval quelconque ; *guttur, clamare, equus* ont désormais cédé à leurs empiétements.

Et on pourrait citer une quantité de ces substitutions, qui ont eu pour cause première le désir toujours en éveil dans les langues populaires de donner à la pensée une forme plus vive, plus imagée, ou tout simplement nouvelle. Mais il est temps d'ajouter que ce n'est pas seulement en choisissant dans le fonds latin que la langue parlée s'était fait son vocabulaire.

Elle avait, comme c'est naturel, beaucoup créé : d'abord en altérant des mots classiques par changement de suffixe et de préfixe : *annellum* (anneau), pour *annullum* ; cosuetumen (coustume), pour *consuetudinem ; barbutum* (barbu), pour *barbatum ; adluminare* (allumer), pour *illuminare*. Ensuite en allongeant, par dérivation, des simples trop courts et trop peu consistants. D'où *æramen* (airain), pour *æs ; aveolum* (aïeul), pour *avum ; soleculum* (soleil), pour *sol ; avicellum, aucellum* (oisel, oiseau) pour *avem ; diurnum* (jour), pour *dies*.

En outre elle avait formé des mots entièrement nouveaux sur des primitifs anciens : *abbreviare* (abréger), sur *brevis* ; *aggenuculare* (agenouiller), sur *ad* et *genuculum ; captiare* (chasser), sur *captus ; circare* (chercher), sur *circa ; corrotulare* (crouler), sur *cum* et *rotulus ; excorticare* (écorcher), sur *ex corticem ; companio* (compagnon), sur *cum* et *panis ; hospitaticum* (otage), sur *hospes ; longitanum (lointain), sur* longus, *etc. Tous les jargons,* tous les argots de métier avaient fourni là plus ou moins : *adripare* venait des bateliers, *carricare* des voituriers, *minare* des pâtres, ainsi de suite. Et la nouvelle formation ne pouvait que se développer, les anciens composés ayant été décomposés, de sorte que les procédés et les éléments dont ils étaient issus restaient distincts et sensibles, très aptes par conséquent à fournir de nouveaux produits à tous les besoins.

Enfin il y avait en latin vulgaire un grand nombre de mots pris aux peuples avec qui les Romains avaient été en contact. J'aurai à revenir un peu plus loin sur les emprunts faits au celtique et au germanique. Je rappelle seulement ici que la langue parlée, tout en étant beaucoup moins hellénisée que la langue écrite, n'en avait pas moins reçu quantité de mots grecs. On cite, et avec raison, ceux qui avaient pénétré par l'Église, à commencer par ce mot même d'*église*, et qui sont devenus en français : *bible, évangile, idole, aumône, prêtre, évêque, erme* (d'où *ermite*), *paroisse, parole*.

Il faut en ajouter d'autres, de toute nature, qui ne semblent jamais avoir été acceptés dans la langue latine littéraire ; ex. : *bocale* (fr. bocal), βαύκαλις ; *cara* (fr. chère, faire bonne chère), κάρα ; *buxida* (boîte), πυξίδα ; *borsa* (bourse), βύρσα ; *excharacium* (échalas), χάρακίον ; *fanfaluca* (fanfreluche), πομφόλυξ ; *mustaceus* (moustache), μύσταξ ; *cariophyllum* (girofle), καρυόφυλλον ; *zelosus* (jaloux), ζῆλος ; etc.

Sous ces nouveautés de toute sorte le latin, dans la bouche des ignorants, se trouvait singulièrement altéré. Or bientôt il n'y eut plus que des ignorants, et alors leur langue, abandonnée à elle-même, sous l'action de la force révolutionnaire qui précipite les idiomes vers les transformations, sitôt que l'autorité grammaticale qui les contenait, de quelque manière qu'elle s'exerçât, cesse d'exister, évolua si rapidement et si profondément qu'en quelques siècles elle devint méconnaissable. Mais le chaos n'y était qu'apparent et transitoire, et sous l'influence des lois instinctives qui dirigent l'évolution du langage, l'incohérence s'organisa et ce chaos se régla de lui-même. Des langues nouvelles se dégagèrent du latin dégénéré ; au lieu d'aller vers la mort, il se retrouva transformé, rajeuni, capable d'une nouvelle et glorieuse vie, sous le nom nouveau de *roman.* Aussi bien le nom primitif ne lui convenait plus. Le vieux latin avait pu venir d'une contrée d'Italie et fournir la matière sur quoi on avait travailler, mais il avait été élaboré à nouveau par les peuples dont l'empire avait fait des Romains, il était leur œuvre et portait leur caractère.

IV. — Le latin de la Gaule.

Les dialectes du latin. — Est-ce à cette époque romane, est-ce au contraire plus tôt, à l'époque romaine elle-même, que le latin de la Gaule commença à se particulariser, et à présenter quelques-uns de ces caractères qui, en se développant et en devenant toujours plus nombreux, ont Uni par faire du latin parlé en deçà des Alpes et des Pyrénées le français et le provençal, tandis que celui d'au delà devenait l'espagnol et l'italien ? On devine, par ce qui a été dit plus haut des ressources insuffisantes que nous offre l'étude du latin vulgaire, qu'il est impossible de répondre à cette question par des faits. L'absence de données positives, la quasi-identité des dérogations que les monuments écrits de tous les pays présentent par rapport à l'usage classique, ont porté un certain nombre de savants à conclure à l'unité du latin populaire dans toutes les provinces. Il était, selon eux, en Afrique et en Espagne ce qu'il était en Gaule.

Mais il faut considérer d'abord que l'accent, cette marque si distinctive, qui fait reconnaître du premier coup un Picard d'un Marseillais et un Comtois d'un Gascon, à plus forte raison un Allemand d'un Anglais, quand ils parlent français, ne s'écrit pas, et qu'on ne pourrait rien en saisir, ni dans leurs livres, ni dans les actes écrits par leurs notaires, ni dans les inscriptions de leurs tombes.

Les autres particularités des langages provinciaux ne se retrouvent non plus dans les monuments écrits que d'une manière très incomplète. Il n'y a donc pas lieu de s'étonner que la moisson de ceux qui sont allés à la recherche du latin gaulois n'ait pas été très abondante. Il serait faux, du reste, de dire qu'ils sont revenus les mains absolument vides. Et quelques faits suffisent pour que le principe de la distinction des parlers provinciaux ne puisse plus être attaqué au nom de la science positive.

En outre, le nier, comme le dit fort bien M. Bonnet, équivaut à l'affirmation d'un miracle. Quand nous apprenons une langue, même à fond, nous avons une tendance invincible à y transporter nos habitudes de prononciation, nos expressions, nos tours de phrase. Comment des paysans illettrés n'eussent-ils pas fait de même ? Le temps atténue considérablement cette empreinte primitive au fur et à mesure que les générations se succèdent, j'en conviens. Mais où est l'exemple qui montre qu'il les efface toutes chez une population entière, fixée sur le sol, pour la majorité de laquelle il n'y a pas d'enseignement, mais seulement une tradition orale, quand même on supposerait cette population en rapports quotidiens avec des gens au parler pur ?

Au reste on ne peut nier le fait postérieur de la division des parlers romans. Admettons que les forces de différenciation qui ont alors agi se soient trouvées, à partir du vi[e] siècle, favorisées par les circonstances historiques, la destruction de l'empire, la naissance des États modernes ; en tout cas elles ne sont pas nées de ces circonstances, elles n'auraient pas reparu aussi vivaces et aussi puissantes, si elles avaient été détruites par une unification linguistique absolue, elles n'auraient pas surtout produit les mêmes effets. D'ailleurs ces forces-là ne se détruisent pas ; tout au plus peut-on les contenir. Et on n'arrive pas même à imaginer — je ne dis pas à montrer — quelle aurait été l'autorité qui les contenait. Ce n'était pas l'école, encore moins le contact des colons, des fonctionnaires, des soldats, des commerçants, des prêtres, car il est puéril de supposer qu'ils offraient des modèles de latinité, alors que la plupart ne venaient ni de Rome, ni d'Italie, et qu'en fussent-ils venus, ils auraient eu sur les parlers provinciaux l'influence qu'a aujourd'hui un voyageur de Paris, qui passe ou qui s'établit dans un bourg. Il me paraît, je l'avoue, tout à fait étrange que les mêmes hommes qui admettent que la langue écrite de Rome n'a jamais pu éteindre le parler populaire ni régler son développement, croient que ce parler populaire, sans appuis d'aucune sorte, par une vertu inexplicable, est parvenu, lui, à unifier son évolution dans les provinces, et à étouffer les tendances vers des développements particuliers, que la diversité des lieux et des hommes devait nécessairement faire naître. Il y a entre ces deux conceptions une contradiction évidente.

Encore moins peut-on supposer que les nouveautés nées en Gaule, par exemple, se répandaient en Afrique et s'y imposaient, ou inversement. Évidemment ces nouveautés circulaient par les mille canaux de communication de l'immense empire, et quelques-unes passaient dans la langue commune : la Gaule exportait des gallicismes et recevait des hispanismes directement ou indirectement; son langage ne s'identifiait pas pour cela avec celui des contrées voisines. Le parler populaire n'avait pas fondu tous ces éléments divers. Nulle province n'avait son parler distinct, mais il est vraisemblable qu'il n'y en avait pas non plus qui ne donnât à la langue commune quelques caractères propres.

Dans cette mesure, on peut dire que la théorie que je soutiens ici est appuyée par les témoignages des anciens eux-mêmes. Ils ont fait plusieurs fois allusion à ces accents de terroir, si tenaces que des empereurs eux-mêmes arrivaient difficilement à s'en défaire. Quintilien dit qu'ils permettent de reconnaître les gens au parler comme les métaux au son, et saint Jérôme cherche encore de son temps les moyens de les éviter, ce qui prouve qu'ils n'avaient pas disparu. Consentius en parle à plusieurs reprises, il cite des défauts de prononciation africains, grecs, gaulois, et spécifie qu'on peut en observer non seulement de particuliers aux individus, mais de généraux, communs à certaines nations. Et saint Jérôme, généralisant plus encore, affirme que la latinité s'est modifiée suivant les lieux comme suivant le temps.

En ce qui concerne la Gaule, nous manquons malheureusement de textes particuliers. Un seul est explicite, c'est celui de Cicéron qu'on cite souvent, mais il est bien ancien ; pour les derniers siècles les allusions aux fautes que font les Celtes, si elles ne manquent pas, nous l'avons vu, sont d'interprétation incertaine et contestable. En tout cas, on ne voit aucune raison pour laquelle le latin se serait répandu et développé en Gaule dans d'autres conditions qu'ailleurs. Il y a dû avoir, je ne dis pas un latin gaulois, l'expression impliquant une fausse idée de mélange, mais un latin de la Gaule, qui différait peut-être surtout par l'accent de celui des pays voisins, mais qui avait néanmoins d'autres particularités qui nous échappent, faute de documents ; nous ne le connaîtrons sans doute jamais, on n'en est pas moins en droit d'affirmer son existence, en observant bien entendu qu'il n'était pas une langue dans la langue, mais constituait une simple variété ou plutôt une série de variétés, car il devait présenter, du Rhin à la Garonne, des phénomènes assez différents.

On devine les causes qui, par la suite, vinrent accentuer les divisions et quelquefois marquer des contrastes, là où originairement il n'y avait que des nuances. La chute de l'empire et la destruction de l'unité romaine au profit d'États indépendants coupaient des liens linguistiques, que l'Église, longtemps tenue en échec par l'arianisme, et du reste barbare elle-même, ignorante aussi à cette époque de la langue catholique qu'elle voulait maintenir, ne pouvait pas renouer. Il se fit alors un obscur travail d'où les langues néo-latines sortirent comme les nations elles-mêmes, sinon toutes faites, du moins séparées pour toujours et orientées vers une direction définitive et qui, sur certains points, leur sera propre, aussitôt qu'elles nous apparaîtront dans les textes. La période principale de cette élaboration est sans doute — mais c'est là une hypothèse — celle qui va du vi^e au xe siècle.

Influence du celtique. — Le facteur principal, dans ce travail mystérieux de différenciation, à quelque époque qu'il ait commencé, fut sans aucun doute cette influence des milieux qui modifie les langues suivant l'organisation et les habitudes psychologiques ou physiologiques des populations qui les parlent. Donc, si on considère les choses avec cette généralité, ce sont les influences indigènes qui ont donné aux parlers de la Gaule leurs caractères spécifiques.

Mais depuis longtemps les linguistes ont été tentés de rechercher d'une manière plus précise ce qui, dans cette action, pouvait se rattacher aux souvenirs celtiques, autrement dit si la langue celtique qu'on abandonnait, n'avait pas laissé dans les cerveaux et les organes vocaux des instincts, dont on retrouverait l'effet dans l'empreinte même que le latin reçut en Gaule. Sur le principe, pour les raisons que nous avons déjà données plus haut, il est difficile d'être en désaccord, c'est sur l'importance à attribuer à cette action directe ou indirecte du celtique que les opinions diffèrent. L'école actuelle s'efforce de la réduire autant que possible, et des faits jusqu'ici à peu près unanimement rapportés à cette origine, sont aujourd'hui expliqués par le seul développement du latin.

En voici un exemple. On sait que *u* latin, qui se prononçait *ou* à Rome à l'époque latine, se prononce en français *ü*, ex. : *murum* (*mourum*), le *mur*. Comparez *purum* = *pur* ; *virtutem* = *vertu*, *consuetudinem* = *coutume*, etc.). Comme ce phénomène apparaît presque exclusivement dans des pays où des Celtes étaient établis : France, Haute-Italie, Rhétie, que ce développement vocalique est très ancien et prélittéraire, qu'il présente une analogie frappante avec le développement de *u* en kymrique, on avait attribué cette mutation à une disposition des bouches celtiques.

Aujourd'hui cette conclusion est discutée, quelquefois même écartée sans discussion. Les principales raisons qui font rejeter l'hypothèse d'Ascoli sont qu'on a signalé le son *ü* en Portugal, et sur la côte sud de l'Italie, en outre que les Grecs l'ont transcrit ou, par exemple Λούγδουνον = Lugdunum, que l'*u* des noms propres en *dunum*, s'il est resté *u* dans Verdun, Liverdun, Issoudun, Embrun, est devenu *o* dans *Lyon, Laon*, enfin que le son *ü* ne paraît pas très ancien en celtique, ni en roman, sur bien des points où il existe aujourd'hui.

Ce n'est pas le lieu de discuter ici ces objections qui sont loin d'être irréfutables. J'ai tenu à les citer, pour montrer à quel degré la science contemporaine, désireuse de réagir contre la celtomanie, est devenue difficile et scrupuleuse. Il est même à craindre, à mon sens, qu'elle ne s'égare par peur des chemins inconnus et hasardeux.

On pose en principe qu'un fait ne doit être rapporté à l'influence celtique, que s'il se retrouve dans les dialectes celtiques qui ont subsisté, s'il y est ancien, enfin s'il ne se rencontre pas dans des pays où le celtique n'a pu avoir aucune influence. Ce sont des précautions excellentes pour éviter les erreurs d'un Bullet, et ne plus s'exposer à croire emprunté au breton ce que le breton tout au contraire a pris au roman.

Mais on risque, avec cette méthode, ce qui est grave aussi, de croire la part du celtique beaucoup plus petite qu'elle ne l'est réellement. Rien de plus naturel, semble-t-il, si on ne veut s'exposer aux pires mécomptes, que d'exiger tout au moins qu'un mot, prétendu celtique, ait des correspondants dans les idiomes de même famille, tels que nous les trouvons quatre ou cinq siècles plus tard. Et cependant à quelles conclusions absurdes n'arriverait-on pas, si on soutenait qu'un mot n'était pas français au xive siècle, sous prétexte qu'il est étranger au provençal et à l'italien du xixe, ou si on prétendait reconstituer la grammaire française de cette époque d'après des notions incomplètes sur la grammaire du gascon ou du picard actuels ! J'accorde que la suppression de cette règle entraînerait à admettre toutes les fantaisies sans fondement, et cependant, à l'appliquer strictement, on s'expose à refuser parfois d'examiner des hypothèses qui peuvent être exactes.

En second lieu, le fait qu'un élément linguistique quelconque se rencontre en dehors du domaine celtique, ne prouve nullement que, dans ce domaine, il ne soit pas d'origine celtique. D'abord un mot a pu pénétrer du celtique dans le latin populaire et de là se perpétuer en italien et en espagnol, dans des dialectes sur lesquels les Celtes n'ont eu aucune influence directe. *Alauda* est dans ce cas, les anciens nous l'ont signalé, mais est-on sûr qu'ils ont observé tous les mots analogues, et que d'autres n'ont pas pu suivre le même chemin et avoir la même fortune, sans que nous en ayons été avertis ?

En outre les langues, même sans avoir des rapports de filiation entre elles, ont de singulières rencontres, témoin le grec et le français. Une construction peut donc être de provenance grecque sur les côtes du sud de l'Italie, et latine ou celtique en France. Dans la plupart des cas la conformité des effets est due à l'unité de la cause, soit ; la chercher en dehors est un danger, soit encore ; il n'en est pas moins vrai que conclure systématiquement de l'identité des effets à l'identité de la cause est un sophisme.

Dans ces conditions, il s'en faut que la science actuelle apporte dans l'examen de ces questions une méthode à l'abri de toute critique, et qu'elle possède un critérium sûr des faits particuliers. Elle s'honore et s'assure en refusant d'admettre des hypothèses impossibles à contrôler, mais en revanche cette prudence l'expose peut-être à pécher d'un autre côté par une hardiesse excessive dans ses négations.

Quoi qu'il en soit, voici un certain nombre de points où des rapprochements ont été faits entre les idiomes celtiques et le roman de France.

Comme l'on sait, le français va plus loin qu'aucune langue romane dans la destruction ou l'affaiblissement des consonnes médianes. Il laisse tomber par exemple le *t* de *dotare = douer* et le *g* de *augusto = août*. Or le *g* gaulois, au moins dans certains dialectes, était tombé dans la même position. Quant au *t*, plusieurs dialectes celtiques l'ont affaibli, l'irlandais l'a de bonne heure changé en *th* ou même laissé tomber (*l'the et láa*, jour). M. Windisch, à qui j'emprunte la remarque précédente, en ajoute quelques autres de même ordre. Ainsi le traitement de *ct* latin, en portugais, en provençal et en français, a depuis longtemps attiré l'attention des philologues, comme étant très analogue à celui que le même groupe de consonnes a reçu en celtique. Il a passé à *it*, vraisemblablement par l'intermédiaire de *cht* : *lactem = lachtem = lait*. Le kymrique, empruntant le même mot, en fait *laith*. L'irlandais réduit *octo* à *ocht* (kymrique, *uyth*). Il est assez vraisemblable que le gaulois connaissait déjà ce *cht*. Une inscription écrit *Luchterius* = Lucterius. *Il est plus remarquable encore que la substitution de ct* à *pt* latin, qu'on constate dans *captivum = cactivo = chaitif* = chétif, *se retrouve dans l'irlandais qui, empruntant* acceptum, *en* fait *aicecht*. Encore que ces rapports et quelques autres ne soient pas si particuliers qu'on ne puisse les expliquer par les tendances générales qui dominent l'évolution phonétique des langues romanes, toujours est-il qu'ils s'expliquent plus naturellement encore, si on les attribue en France aux instincts et aux habitudes de prononciation que la langue indigène avait laissés. Ce n'est pas la seule explication possible, puisqu'il en faut donner une autre, quand les mêmes faits se retrouvent dans un domaine soustrait à l'influence du celtique, ce n'est même pas la plus vraisemblable, elle n'est néanmoins pas antirationnelle, même dans ce dernier cas, l'identité des faits n'étant, je le répète, nullement une preuve de l'identité de la cause. En dehors de ces faits, il en est un encore, et très important, pour lequel M. Meyer-Lübke admet, sans trop de scepticisme, une origine celtique, c'est la tendance générale des voyelles françaises à la nasalisation. Non pas, bien entendu, que les voyelles latines aient été du premier coup infectées toutes ensemble ; l'histoire de la nasalisation est fort longue. Il n'en Paraît pas moins visible, par la géographie même du domaine où il se rencontre, que ce phénomène, si important dans notre histoire phonétique, est limité aux pays celtiques, et qu'il a commencé sous l'influence des parlers indigènes.

En ce qui concerne le vocabulaire, la provenance celtique de certains mots, du reste peu nombreux, est assurée. Les anciens nous en ont signalé qui avaient pénétré en latin, et que les langues romanes ont conservés. *Alauda* = v. fr. *aloe*, d'où *alouette* (prov. : *alauza*, esp. *aloa, aloeta* ; ital. : *allodola, lodola, alodetta) ; arepennis* = fr. *arpent* (prov. : *arpen-s* ; v. esp. : *arapende) ; becco* = fr. *bec* (prov. : *bec-s, beca* ; ital. : *becco* ; catal. : *bech) ; benna* = fr. *benne* (ital. : *benna, benda) ; braca*, fr. *braie* (prov. : *braya* ; ital. : *braca* ; esp. : *braga*); *cervisia* = fr. *cervoise* (prov. : *cerveza*, ital. : *cervigia* ; esp. : *cerveza* ; port. : *cerveja*), *leuca* = fr. lieue (prov. : *legua, lega* ; cat. : *llegoa* ; esp. : *legua* ; port. : *legoa*). On pourrait en citer quelques autres : *bras* (d'où *brassin, brasser), palefroi, vautre*, d'où *vautrait*.

En outre, nous avons en français d'autres mots, tels que *breuil, camus, combe, dune, dru, grève, jambe, jarret, lie, mine, roie, petit, pièce, tarière, truand, vassal*, dont l'origine celtique, sans être attestée, peut être considérée comme à peu près établie.

Je rangerais volontiers dans une troisième catégorie ceux qui, comme *briser, broche, bruyère, dartre, gober, jante, claie, trogne*, ont été rapportés au même fonds avec beaucoup de vraisemblance. Et il est fort probable que les listes, que nous ne saurions donner ici, quoique fort courtes, ne sont pas closes, le dépouillement des parlers rustiques n'étant pas terminé, et le français lui-même présentant encore pas mal de mots — et beaucoup très usuels — dont l'étymologie reste jusqu'à présent ou inconnue ou incertaine.

La grammaire, elle aussi, a conservé quelques rares souvenirs du gaulois. Diez, après Pott, a signalé un des principaux, c'est le mode de numération par *vingt*, qui a été si répandu en ancien français. Nous ne disons plus que *quatre-vingts*, mais le xviie siècle même comptait encore par *trois-vingts, six-vingts*, etc., et c'est assez tard que l'hospice des *Quinze-vingts* a pris son nom. Cet usage de multiplier vingt par d'autres nombres, est tout à fait inconnu au latin et commun au contraire dans les idiomes celtiques. (Comparez le vieil irlandais : *tri fichit = 60 ; cóic fichit = 100.*) Le même savant tenait pour celtique l'emploi de *à* marquant la possession, qu'on trouve déjà dans les inscriptions, et qui s'est maintenu jusqu'aujourd'hui dans le langage populaire, malgré les prohibitions des grammairiens.

Thurneysen a remarqué que la manière d'exprimer la réciprocité à l'aide de *entre*, composé avec les verbes, ex. : *s'entr'aimer*, a eu en français et en provençal une fortune toute particulière, et que les langues celtiques ont un procédé analogue ; il est donc vraisemblable que *inter* a été appelé à jouer dans le latin gaulois, à défaut d'une autre préposition directement correspondante, le rôle de la préposition indigène *ambi*.

Ebel note la relation entre le développement de la formule française : *cent moi, c'est toi qui*, et les formules celtiques correspondantes. Rien (d'analogue en latin ; au contraire, dans certains dialectes celtiques, le tour est si usuel qu'on ne conjugue plus sans son aide et qu'au lieu de : *je mange*, on en vient à dire : *c'est moi qui mange*.

On cite quelques traits encore, et le nombre s'en accroîtra peut-être quand l'étude de la syntaxe française et dialectale sera plus avancée. En tout cas l'élément celtique est et demeurera une quantité infime en proportion des éléments latins. Le français doit beaucoup moins au gaulois qu'à l'italien, moins surtout qu'au germanique.

L'influence germanique. — Nous avons déjà eu l'occasion de faire plusieurs fois allusion à l'invasion des barbares dans l'empire, et de dire que, si elle amena des transformations profondes et des catastrophes violentes, elle ne commença pas un monde nouveau sur les ruines de l'ancien.

En ce qui concerne la langue, nous savons de science certaine que la présence des Goths, des Bourgondions et des Francs sur le sol de la Gaule n'amena pas une nouvelle révolution ; le latin fut troublé, mais non menacé dans sa conquête. En effet, comme on l'a dit souvent, pour que l'idiome d'un peuple vainqueur se substitue à celui d'un peuple vaincu, il ne suffit pas que le premier prenne possession de la terre, il faut ou bien qu'il élimine les anciens occupants, comme cela est arrivé de nos jours en Amérique, ou bien qu'il réunisse à la supériorité militaire une supériorité intellectuelle et morale, telle que Rome l'avait montrée. Ici ni l'une ni l'autre de ces conditions ne fut remplie. Il est démontré aujourd'hui de façon évidente que les Gallo-Romains gardèrent, même dans le pays des Francs, tout ou partie de leurs biens, et que les deux populations vécurent côte à côte et ne tardèrent même pas à se fondre ; il n'y eut pas substitution, sauf peut-être sur certains points particuliers. D'autre part, la civilisation germanique, de quelque couleur qu'un patriotisme dévoyé ait parfois essayé de la peindre, ne pouvait entrer en parallèle avec la civilisation de la Gaule romanisée et christianisée, quelque atteinte que celle-ci eût déjà pu recevoir.

Les barbares subirent l'ascendant qu'ils ne pouvaient exercer. Ils entrèrent dans la culture romaine, comme dans l'Église romaine, et apprirent le latin, organe de l'une et de l'autre. L'administration même leur en donnait l'exemple. Non seulement chez les Bourgondions, mais même chez les Wisigoths et les Francs, elle ne prétendit longtemps que continuer l'administration romaine, et elle en garda tout naturellement la langue. La *loi Gombette*, le *bréviaire d'Alaric*. la *loi Salique* furent rédigés en latin, les diplômes, les chartes de même.

Cela ne veut pas dire, bien entendu, que les différences de langages s'éteignirent dès le début. Malgré les compliments de Fortunat, il est à supposer que Caribert parlait assez mal le latin, même le roman. Et s'il en était vraiment autrement, il devait faire contraste parmi les siens, qui certainement ne le savaient pas du tout. J'ai dit plus haut que je ne croyais pas aux conversions subites ; mais ici, nous le savons positivement, il fallut, pour que le latin triomphât de l'amour-propre, des habitudes et de l'ignorance des vainqueurs, des siècles de vie commune.

Si les clercs de la chancellerie mérovingienne rédigeaient déjà en latin, en revanche Charlemagne lui-même était encore fort attaché à son idiome, dont il avait commencé une grammaire. Louis le Pieux semble aussi l'avoir parlé, quoiqu'il eût appris le latin. Et si les derniers Carolingiens, Louis IV et Charles le Simple, savaient le roman, ce qui est probable, il faut descendre jusqu'à Hugues Capet pour trouver un roi qui ait sûrement ignoré le francique. Les rois étaient-ils, sous ce rapport, en avance ou en retard sur leurs barons ? L'absence de documents ne permet pas de répondre avec certitude. Ce qui est sûr cependant, c'est que, dès 842, c'est en roman que Louis le Germanique doit prêter son serment à Charles pour être compris de l'armée de celui-ci, qui jure aussi en roman. Dès le même temps, l'abbé Loup, de Ferrières en Gâtinais, tout en parlant de l'allemand comme d'une langue indispensable à connaître, envoie son neveu avec deux jeunes gens vers l'abbé Marquart, de Prün, près de Trêves, pour qu'il apprenne le germanique. C'est signe qu'on ne le parlait guère autour du jeune homme. Sous Charles le Simple, l'armée, au témoignage de Richer, se prend de querelle avec l'armée germanique, à propos de railleries que des deux côtés on avait échangées sur la langue du voisin. En 939, les troupes d'Othon Ier à la bataille de Birthen se servent d'un stratagème pour triompher des Lorrains. Quelques hommes « sachant un peu la langue » de ceux-ci, leur crient en français de fuir.

Assurément il faut se garder de généraliser et d'étendre la portée de ces témoignages ; ils sont assez significatifs pourtant, puisqu'ils sont relatifs à des armées, où nécessairement des descendants des

Germains jouaient un rôle considérable. En somme il est vraisemblable que, dès le commencement du ixe siècle, la décadence du tudesque était profonde, et qu'il ne vécut guère plus tard, en deçà du Rhin, hors du pays qu'il occupe encore.

Le francique, le bourgondion, le gothique étaient en train de disparaître, lorsque les Northmans établirent définitivement leur pouvoir sur une des provinces de la Gaule (911) et y réimportèrent un dialecte voisin des premiers, le danois (*lingua dacisca* ou *danica*). Ce nouvel idiome partagea quelque temps, avec le roman, la possession du pays, mais son déclin, conséquence fatale de la complète transformation des Northmans, semble avoir été très rapide. Au xiie siècle, si on en croit Benoît de Saint-More, il s'entendait encore sur les côtes ; mais, dès le règne du second duc, il avait reculé considérablement devant le roman à l'intérieur. La victoire de celui-ci fut complète, et quand Guillaume le Bâtard passa la mer, ce ne fut pas le danois qu'il porta en Angleterre, mais un dialecte du roman de France, qui y devint l'anglo-normand.

Toutefois l'arrivée des barbares, si elle ne chassa pas le latin, eut sur ses destinées une influence considérable. D'abord il perdit, malgré tout, quelques provinces de son domaine, et la limite du roman recula bien en deçà du Rhin.

En second lieu, ce qui est de beaucoup plus important, le trouble que le changement de maîtres, l'invasion et les catastrophes qui l'accompagnèrent jetèrent dans le monde, l'état d'inquiétude et de barbarie qui en résulta amena, comme j'ai déjà eu l'occasion de le dire, la ruine des lettres et des études ; dès lors, en l'absence de toute autorité et de toute tradition grammaticale, le moyen comme le désir de parler correctement étant supprimés, le latin des illettrés triompha et, comme il évoluait désormais librement, sans contrôle ni retenue, il se précipita dans les voies où il était déjà engagé, ou s'en ouvrit de nouvelles. Fustel de Coulanges a dit : « L'invasion a mis le trouble dans la société, et c'est par cela même qu'elle a exercé une action considérable sur les âges suivants. En faisant tomber l'autorité romaine, elle a supprimé, non pas d'un seul coup, mais insensiblement, les règles sous lesquelles la société était accoutumée à vivre. Par le désordre qu'elle a jeté partout, elle a donné aux hommes de nouvelles habitudes, qui, à leur tour, ont enfanté de nouvelles institutions. » Je n'ai pas à discuter si cette appréciation est historiquement tout à fait exacte, et si les faits sont présentés ici avec leur vraie portée. Mais, transposée et appliquée aux événements linguistiques de l'époque, la phrase est d'une grande justesse, et exprime à merveille ce qui résulta de plus considérable de l'établissement des barbares en Gaule.

Néanmoins, il importe de le signaler aussi, un nombre assez considérable d'éléments germaniques, s'introduisirent dans le gallo-roman, et si l'ancien français en a peu à peu éliminé une partie, le français moderne en possède encore un contingent important.

La difficulté n'est pas en général de les reconnaître comme germaniques, c'est de déterminer leur âge et leur provenance. Des très anciens dialectes germaniques, des Germains établis en Gaule, le gothique seul nous est bien connu directement, et il n'a eu sur le français qu'une influence négligeable. Du bourgondion nous ne savons presque rien, mais à peine a-t-il agi sur le provençal ; au français il n'a quasi rien donné. Malheureusement le francique, qui a eu l'influence la plus considérable sur notre idiome, ne peut être non plus étudié qu'à travers mille difficultés. Quelques diplômes, des monnaies, les noms propres, des mots glissés dans le texte latin de la loi salique, voilà à peu près les éléments dont dispose la philologie germanique pour observer directement cet idiome. Il en résulte qu'on doit beaucoup abandonner à l'induction et même à l'hypothèse dans les reconstructions qu'on en fait. Toutefois il reste certain — et l'histoire générale mettrait au besoin ce point hors de doute — que la masse des mots d'origine germanique de la première époque vient de cette source. Après cela, le nordique des Normands, l'anglo-saxon, le « dutsch » des Pays-Bas, appelé depuis néerlandais, l'ancien haut-allemand ont apporté aussi chacun leur contingent.

Voici, à titre d'exemples, quelques-unes des attributions faites par les germanistes :

Germanique en général : *anche, banc, bedeau, bleu, bourg ; braise, bramer, branc, bride, bru, choisir, cracher, écaille, échevin, éclater, épervier, étal, étriller, fauve, feutre, fief, gâcher, gagner, garde, gris, guérir, guerre, guet, guise, hareng, honnir, honte, jaillir, laid, lapin, latte, loge, marche, maréchal, marri, riche, rosse.*

Germanique de l'est : *barde* (d'où *bardeau*), bur (d'où *buron*, hutte), *butin, carcan, crique, douber* (d'où *adouber), esquif, frapper, gab, haler* (d'où *halage), hait* (d'où *souhait), hune, joli, limon* (p. e. angl. sax.), *targe, tille* (d'où *tilleul), varech.*

Germanique de l'ouest : *bande, baud* (d'où *baudet), bière* (cercueil), *gelde*, v. fr. : *treschier* (danser).

Vieux-nord-francique : *affre, beffroi, bouc, buer, canif, clenche, cruche, échec (butin), écrou, épeler, frimas, gaspiller, gauche, guerpir, guiper* (d'où *guipure), haie, halle, happe* (d'où *happer*), *herberge, haire, hargner, haïr, hêtre, houx, horde, lodier* (couvre-lit), *morne, plege, poche, rauge, rouir, salle, tas, taudis.*

Anglo-saxon : *crabe, est, guimpe, havre, nord, ouest, sud.*

Néerlandais : *affaler, amarrer, beaupré, caille, chaloupe, digue, échasse, échoppe, écoute, étayer, étayer, layette, plaque, vacarme.*

Ancien haut-allemand : *baudre* (d'où *baudrier), brèche, crèche, coiffe, danser, défalquer, drille, échine, écrevisse, épier, escremir, (dé)falquer, fanon, fauteuil, gaffe, gai, galoper, garant, gerbe, grincer, guinder, haro, hulotte, hutte, stuc, tanner.*

L'influence des idiomes germaniques sur la phonétique française a été en général tout à fait nulle, elle est très nette cependant sur deux points. D'abord elle a fait apparaître une prononciation nouvelle, ou tout au moins oubliée, celle de *h,* dite aspirée : *haine, hauhert, heaume, hauban, houx, honte*, etc., avaient cette *h.* Elle entra avec ces mots dans l'usage, si bien qu'elle en vint à s'introduire dans des mots latins, ou qui l'avaient perdue, ou qui même ne l'avaient jamais eue (*altum* = *haut*). Elle s'y est prononcée jusqu'au xviie siècle et, quoique muette, y garde cependant une valeur, aujourd'hui encore. D'autre part le *w* de mots comme *warjan* (guérir), *wandanjan* (gagner), influença le *v* latin initial, qui se fit précéder, comme le *w* germanique, d'un *g* en français. On eut de *vespa, wespa* = *guespe* (la guêpe) ; de *vastare, wastare* = *guaster* (gâter), comme on avait *guarder* de *wardan.*

La forme de déclinaison de l'ancien français, qui nous a laissé des formes telles que *nonne, nonnain*, était aussi, a-t-on dit, d'origine germanique. Le type *Hugues, Hugon*, est regardé de même par beaucoup comme étant d'origine germanique, mais ces rapprochements sont très contestables.

Il n'est pas impossible que les progrès de la science établissent encore des rapports nouveaux entre les deux grammaires. Par exemple, le développement de la formule *on + un verbe actif* me semble bien parallèle au développement de la formule correspondante en allemand, tandis que rien de semblable ne se rencontre en latin.

Mais quoi qu'il en soit, c'est le vocabulaire surtout — comme il est naturel — qui a gardé les traces les plus nombreuses de germanismes. L'analogie des mots allemands a introduit dans la dérivation deux suffixes, *alt* (auj., *aud*) et *ard*, qui ont servi à former une foule de noms propres et communs, et dont un au moins est encore en plein usage.

En outre, un grand nombre de mots dont on vient de voir quelques-uns sont restés comme des témoins de la conquête. Diez, sans tenir compte des dérivés et des composés, en comptait près d'un millier, et de nouvelles identifications ont été faites depuis sa mort. En ancien français le nombre en était plus considérable encore. L'ensemble de ce fonds germanique, entré anciennement dans le lexique français, est curieux à considérer, sous le rapport de la composition, et on comprend que plusieurs de ceux qui ont eu à en traiter aient classé les mots selon les catégories d'idées qu'ils expriment. En effet, une grande quantité de ces mots, comme on peut s'y attendre, se rapportent à la guerre et à la marine (*éperon, épieu, étrier, flamberge, gonfanon, guerre, halte, haubert, heaume, blesser, fourbir, navrer, écoute, havre, hune, mat, nord, ouest, sud, cingler, haler*) ; d'autres, ce qu'on attend aussi, à la chasse, distraction favorite des nouveaux venus (*braque, épervier, leurre*) ; d'autres enfin aux institutions politiques et judiciaires (*ban, chambellan, échanson, échevin, fief, gage, garant, loge ; maréchal, saisir, sénéchal*) ; mais il s'en trouve plusieurs séries qui ne rappellent d'aucune façon le rôle politique ou militaire des Germains, et sont relatifs à des choses de la vie ordinaire. Ce sont des termes de construction : *bord, faite, loge* ; de jardinage : *haie, jachère, jardin* ; d'ameublement : *banc, fauteuil* ; de cuisine : *bière, rôtir* ; d'habillement : *écharpe, gant, guimpe, robe* ; des noms désignant des plantes et des arbres : *framboise, gazon, hêtre. houx, mousse, roseau* ; des animaux aussi : *épervier, hareng, héron, mouette* ; des parties mêmes du corps de l'homme : *échine, hanche, nuque, rate* ; enfin des adjectifs, des substantifs ou des verbes marquant des idées abstraites, comme *gai, hardi, morne, orgueil, honte, choisir, honnir*, etc.

Je ne veux pas étendre cette liste au delà du nécessaire. Telle qu'elle est, elle suffit à montrer que les mots germaniques sont dispersés à travers tout le lexique. Et il est visible que si quelques-uns d'entre eux expriment des idées nouvelles, étrangères à l'ancienne société, tout au contraire, dans grand nombre de cas, la fortune des vocables étrangers ne s'explique pas par le besoin qu'on en avait, mais par l'influence que donnaient aux Germains vainqueurs leur nombre et l'importance de leur rôle. Certains adjectifs ou verbes mettent mieux encore que les noms cette vérité en lumière. Il est évident qu'on n'a pas attendu les barbares pour distinguer le blanc du bleu, un riche d'un pauvre, une femme laide d'une jolie femme et un homme gauche d'un homme adroit. Aucune supériorité linguistique non plus ne recommandait ces nouveaux adjectifs. De même les verbes *blesser, briser, glisser, choisir, guérir, guider*, et tant d'autres n'avaient aucune valeur propre, qui pût les faire préférer à leurs correspondants latins, souvent multiples, et capables de noter les diverses idées avec différentes nuances.

Il n'y a donc pas eu des emprunts du roman au germanique, mais dans une certaine mesure une véritable pénétration de l'un par l'autre. Il ne faudrait, je crois, en tirer aucune conclusion, dans le débat qui divise les historiens, au sujet de l'importance à attribuer aux invasions dans la constitution de notre France. La pénétration dont je parle a pu se faire lentement. Il importe toutefois de retenir qu'elle a été plus profonde et plus générale qu'aucune autre.

V. — Les premiers textes.

Les Glossaires. — Quoiqu'on ait vraisemblablement écrit d'assez bonne heure en roman de Gaule, sinon des livres et des actes authentiques, du moins des notes, des comptes, et d'autres choses encore, aucun texte du VIIe ni du VIIIe siècle n'est parvenu à échapper aux multiples causes de destruction qui menaçaient les œuvres littéraires, et à plus forte raison les écrits considérés comme étant sans importance.

De temps en temps seulement un mot jeté en passant nous apprend que le roman vit et se parle à côté du germanique, en face du latin qui s'écrit. En 659, saint Mummolin est nommé évêque de Noyon et successeur de saint Éloi ; une des raisons qui décident de ce choix est qu'il parle à la fois bien le teutonique et le roman. Les livres, les formulaires, les diplômes de cette époque reflètent aussi la langue parlée, et nous apportent des mots et des tours auxquels on essaie en vain de donner un air latin : tels sont, pour me borner à quelques termes : *blada* pour *ablata* (la moisson), *menata* pour *ducta* (mené), *rauba* pour *vestis* (robe), *soniare* pour *curare* (soigner).

Au VIIIe siècle, les renseignements sont un peu plus nombreux. Plusieurs personnages nous sont encore cités pour leur connaissance du roman : Ursmar, abbé de Lobbes, sur la Sambre et saint Adalhard († 826), qui le possédait « au point qu'on eût dit qu'il ne parlait que cette langue », quoiqu'il fût encore plus éloquent en allemand et en latin. À partir de ce moment du reste les sources diplomatiques, actes et modèles d'actes, ne sont plus les seules où nous puissions suivre les traces de la langue parlée. On voit apparaître des Glossaires latins-romans, ou romans-germaniques, dans lesquels des mots romans, qu'on a malheureusement trop souvent déformés et latinisés, sont placés en face des mots de la langue qu'ils traduisent. Il s'en faut de beaucoup, bien entendu, que ces Glossaires soient complets et fidèles ; ils n'en restent pas moins des documents d'une haute valeur.

Les deux principaux sont ceux de Reichenau et de Cassel. Le premier, ainsi nommé de l'abbaye dont il provient, a été rédigé sans doute en France. Il comprend deux parties, l'une (f° 1 à 20) destinée à expliquer les termes de la Vulgate que l'auteur jugeait les plus difficiles, l'autre formée d'une liste alphabétique de termes de toutes sortes. Ainsi qu'on va le voir, sous leur air latin, les mots trahissent déjà le français qui va naître :

Sculpare : intaliare (entailler) ; *sarcina : bisatia* (besace) ; *gratia : merces* (merci) ; *sindone : linciolo* (linceul) ; *mutuare : impruntare* (emprunter) ; *jecore : ficatus* (foie) ; *singulariter : solamente* (seulement) ;

da : dona (donne) ; *meridiem : diem medium* (midi) ; *in foro : in mercato* (en marché) ; *oves : berbices* (brebis) ; *epulabatur : manducabat* (il mangeait) ; *caseum : formaticum* (fromage).

Le Glossaire de Cassel, rédigé sans doute par un clerc de Bavière, où germanique et latin étaient alors contigus, est de la fin du VIIIe siècle ou du commencement du IXe. Il donne, avec leur traduction allemande, une liste de mots latins classés par catégories d'objets ; quelques-uns d'entre eux ont une forme toute romane (probablement ladine plutôt que française) :

Mantun : chinni (menton) ; *talauun : anchlao* (cheville, talon) ; *figido : lepara* (foie) ; *va : canc* (va) ; *laniu vestid : uillinaz* (vêtement de laine, lange).

Au IXe siècle, l'Église, qui, nous venons de le voir, appréciait chez ses membres la connaissance de plusieurs langues, si précieuse quand il fallait parler à ces populations bigarrées, prit, pour faciliter l'enseignement du dogme et de la morale, une mesure décisive. Elle recommanda de traduire clairement les homélies en allemand et en langue rustique romane, pour que tous pussent comprendre plus facilement ce qui était dit.

Cette décision du concile de Tours (813) ne constituait pas une nouveauté; elle ne faisait sans doute qu'autoriser et généraliser une pratique que beaucoup de prêtres devaient suivre déjà : si elle a été prise, c'est qu'il devenait alors nécessaire de se prononcer ; les langues romanes étaient déjà très loin du latin, et la renaissance des lettres, qui épurait celui-ci, élargissait de jour en jour le fossé. Or, tandis que la liturgie ne pouvait sans danger abandonner l'usage d'une langue universelle et bien réglée, les besoins de la prédication exigeaient l'emploi des idiomes locaux ; le clergé, un peu plus instruit, redevenu capable de distinguer latin et roman, pouvait hésiter et avait besoin d'être fixé. Le concile régla la question. Quoi qu'il en soit, ni des homélies qui ont précédé, ni de celles de cette époque, rien ne nous est parvenu.

Les Serments de Strasbourg. — En revanche nous avons de l'an 842 un texte précieux, dont les premiers philologues qui se sont occupés de l'histoire de notre langue avaient déjà aperçu toute la valeur, c'est celui des *Serments de Strasbourg*.

On sait dans quelles circonstances ces serments furent échangés. Deux des fils de Louis le Pieux († 840), Louis le Germanique et Charles le Chauve, révoltés contre les prétentions de leur frère Lothaire, venait de gagner sur lui la bataille de Fontanet (841). La guerre n'étant pas terminée, ils se rencontrèrent à Strasbourg le 14 février 842, pour resserrer leur union, et se jurèrent alliance. Afin que les armées présentes fussent témoins de ce pacte solennel, Louis le Germanique jura dans la langue de son frère et des Francs de France, c'est-à-dire en roman français ; Charles répéta la même formule que son aîné en langue germanique. Et les soldats, chacun dans leur langue, s'engagèrent à leur tour.

Un historien du temps, Nithard, lui-même petit-fils de Charlemagne par sa mère Berthe, a recueilli ces serments, dont il a peut-être eu l'original sous les yeux, dans son *Histoire des divisions entre les fils de Louis le Débonnaire*, et comme, en pareille matière, suivant l'observation très judicieuse de M. Pio Rajna, les termes mêmes importaient, il s'est abstenu heureusement de les traduire en latin, langue dans laquelle il écrivait. Nous donnons ci-contre un fac-similé de la page du manuscrit unique (fin du Xe ou commencement du XIe siècle), qui nous a conservé, avec la chronique de Nithard, ces premières lignes écrites de français.

Voici lettre pour lettre, et en laissant subsister les abréviations, la teneur du manuscrit :

Pro dõ amur et p Xpian poblo et nro cõmun saluament dist di en auaut. inquantds sauir et podir me dunat. sisaluaraieo cist meon fradre Karlo. et in ad iudha et in cad huna cosa. sicu om p dreit son fradra saluar dift. Ino quid il mialtresi fazet. Et abludher nul plaid nũquã prindrai qui meon uol cist meonfradre Karle in damno sit…

Silodhuuigs sagrament. que son fradre Karlo iurat conseruat. Et Karlus meossendra desuo partu lofranit (?). si ioreturnar non lint pois, neio neneuls cui eo returnar int pois, in nulla aiudha contra lodhuuuig nunli iuer.

En voici la lecture, que j'accompagne, pour faciliter la comparaison, de diverses traductions, soit en latin, soit en français.

Latin classique.
*Per Dei amorem et per christiani populi et nostram communem salutem, ab hac die, quantum Deus scire et posse mihi dat, servabo hunc meum fratrem *Carolum, et ope mea et in quacumque re, ut quilibet fratrem suum servare jure debet, dummodo mecum idem agat, et cum Clotario nullam unquam pactionem faciam, quæ mea voluntate huic meo fratri Carolo damno sit.*
*Si *Clotavigus sacramentum quod fratri suo juravit observat, et Carolus dominus meus pro parte sua suum frangit, si cum non avertere possum, nec ego nec ullus quem ego avertere possim, ullam opem adversus Clotavigum ei feremus.*

Latin parlé hypothétique
(de l'époque de transition).

Pro deo amore et pro christiano popolo et nostro commune salvamento de esto die in abante, in quanto deos sapēre et potēre me donat, sic salvaraio eo eccesto mem fratre Karlo et in (adjuta[re]) et in catuna causa sic qomo omo per drecto som fratre salvare debet, in o qued elle me altero sic faciat, et ab Luthero nullo placito nunquam prenderaio, qui mem (vol[ero]) eccesto mem fratre Karlo in damno sit.
Si Lodovicos sacremento qued som fratre Karlo jurait, conservat, et Karlos mes senior de soa parte ellom som frangit, si eo retornare non ello ende potio nec eo nec neullos cuico retornare ende potio, en nulla (adjuta[re]) contra Lodovico non ellui ero.

Texte.
Pro deo amur et pro christian poblo et nostro commun saluament, d'ist di en avant, in quant Deus savir et podir me dunat, si salvarai eo cist meon fradre Karlo, et in aiudha et in cadhuna cosa, si cum om per dreit son fradra salvar dift, in o quid il mi altresi fazet, et ab Ludher nul plaid nunquam prindrai, qui meon vol cist meon fradre Karle in damno sit.
Si Lodhuvigs sagrament, que son fradre Karlo jurat, conservat, et Karlus meos sendra de suo part lo suon franit, si io returnar non l'int pois, ne io ne neuls cui eo returnar int pois, in nulla aiudha contra Lodhuwig non lui ier.

Français du XIe siècle.
(époque du Roland).
Por dieu amor et por del crestiien poeple et nostre comun salvement, de cest jor en avant, quant que Dieus saveir et podeir me donet, si salverai io cest mien fredre Charlon, et en aiude, et en chascune chose, si come on par dreit son fredre salver deit, en ço que il me altresi façet, et a Lodher nul plait oncques ne prendrai, qui mien vueil cest mien fredre Charlon en dam seit.
Si Lodevis lo sairement que son fredre Charlon jurat, conservet, et Charles, messire, de soe part lo soen fraint, si jo

retorner ne l'en puis, ne io ne nuls cui io retorner en puis, en nulle aiude contre Lodevic ne li ier.

<u>*Moyen français*</u>
(com. du XVe *siècle).*
Pour l'amour Dieu et pour le sauvement du chrestien peuple et le nostre commun, de cest jour en avant, quant que Dieu savoir et pouvoir me donet, si sauverai je cet mien frere Charle, et par mon aide et en chascune chose, si comme on doit par droit son frère sauver, en ce qu'il me face autresi, et avec Lothaire nul plaid onques ne prendrai, qui, a mon veuil, à ce mien frere Charles soit à dan.
Si Loys le serment que a son frere Charle il jura, conserve, et Charle mon seigneur, de sa part le sien enfraint, si je retourner ne l'en puis, ne je, ne nul que j'en puis retourner, en nulle aide contre Loys ne lui serai.

<u>*Français contemporain*</u>
Pour l'amour de Dieu et pour le salut commun du peuple chrétien et le nôtre, à partir de ce jour, autant que Dieu m'en donne le savoir et le pouvoir, je soutiendrai mon frère Charles de mon aide et en toute chose, comme on doit justement soutenir son frère, à condition qu'il m'en fasse autant, et je ne prendrai jamais aucun arrangement avec Lothaire, qui, à ma volonté, soit au détriment de mondit frère Charles.
Si Louis tient le serment qu'il a juré à son frère Charles, et que Charles, mon seigneur, de son côté viole le sien, au cas où je ne l'en pourrais détourner, je ne lui prêterai aucun appui, ni moi ni nul que j'en pourrais détourner.

Comme on peut le voir par la comparaison de la lecture que nous donnons et de l'original, avec quelque soin que le texte des Serments ait été transcrit, soit déjà par la faute de celui qui l'a pris dans l'acte original, soit par la faute du copiste qui nous a laissé le manuscrit que nous possédons, il a fallu y faire quelques changements. Les *Serments* ont été copiés par quelqu'un qui ne les comprenait pas exactement, puisque des mots se trouvent réunis, qui devaient être séparés, et inversement ; quelques autres passages ont été gâtés et n'offraient pas de sens satisfaisant avant qu'on les eût corrigés, prudemment. Mais l'ensemble de la transcription, sauf quelques taches, presque toutes faciles à effacer, constitue un document philologique d'une incomparable valeur. Sous la graphie qui s'essaie à fixer une langue nouvelle et n'y parvient parfois qu'en altérant la prononciation, le document garde pourtant à peu près sa vraie figure, et reste la seule source où on saisit en voie d'accomplissement des transformations que les textes postérieurs présentent déjà tout accomplies.

En 860, la paix fut proclamée à Coblentz en roman français et en germanique, mais la formule de la déclaration ne nous est pas parvenue, pas plus que les harangues françaises de Haymon, évêque de Verdun, au concile de Mouzon-sur-Meuse (995). Toutefois nous possédons, de la fin du IXe siècle, une composition pieuse, écrite dans l'abbaye de Saint-Amand en Picardie, qui a été retrouvée en 1837 dans un manuscrit des œuvres de saint Grégoire de Nazianze, déposé aujourd'hui à la bibliothèque de Valenciennes (ms. n° 143). C'est une prose ou séquence de vingt-cinq vers en l'honneur de sainte Eulalie, vierge et martyre, généralement citée sous le nom de *Cantilène de Sainte Eulalie*.

La même bibliothèque de Valenciennes conserve en outre, sur un morceau de parchemin qui a servi autrefois à couvrir un manuscrit de saint Grégoire de Nazianze et qui est aujourd'hui en fort mauvais état, un texte du Xe siècle, découvert par Bethman en 1839, et publié pour la première fois par Génin dans son édition de la *Chanson de Roland* (1850). Les caractères sont presque d'un bout à l'autre ceux des *notes tironiennes*. Quant à la langue, c'est un mélange étrange de latin et de français. Le tout forme un commentaire de la légende de *Jonas*, que quelque prédicateur a dû écrire à la hâte avant de monter en chaire. Je n'en citerai qu'une seule phrase ; elle suffira à donner une idée de ces notes :

Jonas profeta habebat mult laboret et mult penet a cel populum co dicit et faciebat grant iholt et eret mult las… un edre sore sen cheue quet umbre li fesist e repauser si podist. Et lætatus est Jonas super ederam lætitia magna.

La *Passion* et la *Vie de saint Léger* sont deux poèmes beaucoup plus étendus et d'une plus grande importance. Ils sont contenus tous deux dans un manuscrit de la bibliothèque de Clermont (n° 189). Le premier, dont plusieurs traits sont empruntés à l'évangile apocryphe de *Nicodème*, est composé de 516 vers octosyllabiques, divisés en strophes de quatre vers. Écrit vers la fin du Xe siècle, il ne représente pas cependant l'état du français à cette époque, car il appartient à un dialecte, qui mêle les formes de la langue du Nord à celles du Midi.

La *Vie de saint Léger*, dont nous possédons la source latine, composée par le prieur Ursinus, est composée de quarante strophes de six vers octosyllabiques. C'est le récit de la lutte entre l'évêque et Ébroïn, et du martyre qu'il subit. Ce poème, lui non plus, ne nous donne pas l'état du français de l'Île-de-France au Xe siècle. L'auteur est probablement un Bourguignon, le scribe un Provençal. Néanmoins, j'ai tenu à indiquer ces textes, dont l'intérêt philologique est considérable, et qui nous acheminent par leur caractère à la fois religieux et littéraire vers la première composition du siècle suivant, la *Vie de saint Alexis*, par laquelle s'ouvre à proprement parler l'histoire de la littérature française.

Chapitre II

Origines de la littérature française.

POÉSIE NARRATIVE RELIGIEUSE[3].

I. — Origines. La « Vie de saint Alexis ».

Origines. — À quelle époque naquit en France la littérature ? Est-elle aussi ancienne que la langue ? Mais c'est perdre temps que de chercher la date de naissance de la langue française. Les langues ne naissent pas ; elles se transforment, et continuellement, avec plus ou moins de rapidité. Ce que nous appelons naissance d'une langue nouvelle, est seulement une phase de transformation plus rapide dans la vie d'une langue ancienne. Ce que nous nommons le français n'est autre chose que du latin prolongé à l'état vivant ; tandis que le latin des livres s'est perpétué à l'état mort.

Dans cette série de transformations successives d'un idiome toujours vivant, il est impossible de déterminer celle qui pourrait constituer l'éclosion d'une langue nouvelle : les contemporains, d'ailleurs, l'ont accomplie, ou subie, sans en avoir aucune conscience. Mais il est moins malaisé, peut-être, de fixer à peu près l'époque où naquit la littérature dans ce latin transformé, qui fut la langue d'oïl ou le français du moyen âge. Car langue et littérature sont deux choses séparées et distinctes. Un peuple ne saurait se passer de langue ; mais il peut fort bien exister sans littérature ; et tous les peuples

[3] Par Louis Petit de Julleville (1841-1900)

commencent même par s'en passer. Les Romains ont été puissants et redoutés avant d'avoir seulement l'idée de la littérature.

Tant que les hommes parlent, ou même écrivent, seulement pour communiquer leurs idées et se faire entendre, leur langue n'a rien, pour cela, de littéraire. Dès qu'ils désirent plaire et toucher, non seulement par les choses qu'ils disent, mais par la manière dont ils les disent, dès qu'un sentiment d'art, si simple qu'il soit, se mêle à la parole et à l'écriture, la littérature existe.

Les *Serments* des petits-fils de Charlemagne, et même la *Cantilène de sainte Eulalie*, quoique versifiée, ne sont pas des textes littéraires, car tout sentiment d'art en paraît absent. La *Vie de saint Léger*, la *Passion*, dite de Clermont, textes du Xe siècle, renferment déjà quelques traits où s'accuse un timide effort pour toucher l'âme d'un lecteur ou d'un auditeur, non seulement par les choses racontées, mais encore par la manière de les raconter. Il y a comme une lueur de style dans ces vers du *Saint Léger* : le farouche Ebroïn a fait couper la langue et crever les yeux au martyr :

Sed il nen at langue a parler,
Dieus exodist les sons pensers ;
Et sed il n'en at ueils carnels,
En cuer les at esperitels ;
Et sed en corps at grand torment,
L'anme ent avrat consolement.

Mais ces premières lueurs sont rares ; et dans le *Saint Léger* comme dans l'*Eulalie* la forme est, littérairement, insignifiante — quelque valeur qu'aient d'ailleurs ces documents, précieux comme textes de langue. Au contraire la *Vie de saint Alexis*, dont nous avons une rédaction écrite au milieu du XIe siècle, témoigne, dans la forme et dans le rythme comme dans la composition et l'ordonnance générale de l'œuvre, l'effort d'un art naïf sans doute et inconscient peut-être, mais réel, avec un dessein suivi d'obtenir certains effets par certains moyens. Affirmer que la littérature française au moyen âge est née avec le *Saint Alexis*, ce serait oublier à tort tout ce que nous avons perdu peut-être. Mais nous pouvons dire au moins que nous ne possédons rien décrit en français qui ait quelque valeur littéraire antérieurement au *Saint Alexis*.

En France, comme en Grèce, comme dans tous les pays et dans toutes les langues où le développement de la littérature a été primitivement spontané, au lieu d'être (comme à Rome) le produit d'une imitation étrangère, la poésie précéda la prose. La poésie vit surtout d'imagination, et les peuples jeunes, comme les enfants, en sont mieux doués que de raisonnement. Le talent d'écrire en prose avec art exige plus d'effort et de maturité ; tant que l'esprit de la race ne peut se prêter à cet effort, la prose ne paraît bonne qu'aux usages familiers de la vie journalière ; la prose littéraire n'existe pas.

D'ailleurs le nombre des sentiments que la poésie elle-même était capable d'exprimer devait être bien restreint au commencement du XIe siècle. N'oublions pas que le domaine de la langue vulgaire, seul étudié ici, était loin d'embrasser tout entière l'œuvre intellectuelle du temps. Au XIe siècle et pendant tout le moyen âge (quoique le domaine du latin ne cessât point de se restreindre), la nation vécut partagée entre deux sociétés, deux idiomes séparés. Alors le monde ecclésiastique parle une langue que le peuple ignore : il traite, en latin, des idées que le peuple ne conçoit pas. L'empire de ce latin, limité dans l'avenir, est bien plus vaste dans le présent que celui de la langue vulgaire. Des hommes tels que Gerbert, Abélard, saint Bernard surpassent infiniment par la hauteur des pensées et par l'étendue des connaissances nos ignorants trouvères. Mais ils ont pensé, ils ont écrit en latin ; et, quoique nés en France, ils n'appartiennent pas proprement à notre littérature nationale, mais à l'histoire littéraire commune de la chrétienté latine.

La poésie en langue vulgaire, au XIe siècle, n'était capable encore d'exprimer que deux sentiments, assez simples pour être accessibles à la foule, assez puissants pour l'enthousiasmer : le sentiment religieux et la passion guerrière. Dans cette société farouche encore, l'amour n'existait pas, en tant que passion poétique, et la femme tenait bien peu de place dans les imaginations. Quant aux idées morales et philosophiques, elles dépassaient la portée de l'esprit populaire et les ressources de sa langue, encore rude et bien pauvre.

L'expression de ces deux sentiments, la religion, et la bravoure militaire, inspira les poèmes sur la vie des saints et les chansons de geste. L'un et l'autre genre naquirent ensemble, et se développèrent simultanément. Mais puisque le hasard seul, peut-être, a fait que nous possédons un texte de la *Vie de saint Alexis* antérieur d'une trentaine d'années à la plus ancienne rédaction connue de la *Chanson de Roland*, parlons d'abord des vies des saints.

Vies des saints. — La poésie narrative religieuse, dont nous allons traiter, est certainement moins originale, au moyen âge, que la poésie narrative profane (les chansons de geste, par exemple). Elle a pour auteurs, presque exclusivement, des prêtres, des clercs, des moines, animés d'intentions édifiantes, plutôt que littéraires. Elle est en grande partie la traduction, la paraphrase ou l'imitation d'une littérature latine antérieure ; de la Vulgate, ou des Évangiles apocryphes, des Actes des martyrs, ou de la Légende des Saints. Son originalité est ainsi réduite à l'invention et à la mise en œuvre des détails ajoutés au récit primitif ; et à l'emploi de la langue vulgaire substituée au latin. Ce serait assez, toutefois, pour que les vies des saints racontées en vers offrissent encore un vif intérêt littéraire, si les auteurs eussent été plus souvent de vrais poètes, des hommes de talent et d'imagination. On verra qu'il n'en fut ainsi que trop rarement et que l'inspiration alla toujours en déclinant, à mesure que la production devint plus abondante. Un très petit nombre d'œuvres ont vraiment une valeur poétique, qu'elles doivent surtout à la sincérité du sentiment religieux qui les remplit et à la simplicité vigoureuse de l'expression que revêt ce sentiment. Quant à l'intérêt historique de ces poèmes, il est très grand, parfois dans les plus médiocres. La religion au moyen âge était si étroitement, si familièrement mêlée à tous les actes, même les plus terrestres, de la vie journalière, qu'il n'est pas rare qu'une vie de saint nous renseigne mieux que beaucoup de chroniques sur les idées et les sentiments, les coutumes et les mœurs de la société même civile et profane.

Nous aurons bientôt à nous demander comment est née la chanson de geste. Aujourd'hui, plus aisément, nous pouvons dire comment la poésie narrative religieuse, cette chanson de geste des saints prit naissance, à peu près en même temps que la chanson de geste des chevaliers. Nous verrons plus tard si les origines de l'une peuvent nous éclairer, par analogie, sur les origines de l'autre. Mais le moyen âge avait fait de curieuse façon le rapprochement de ces deux genres. Les vies de saints et les chansons de geste étaient débitées par les mêmes jongleurs, mieux réglés dans leur vie que les jongleurs ordinaires (faiseurs de cabrioles ou diseurs de facétie) ; aussi l'Église exceptait ces privilégiés de la censure sévère portée par elle contre toutes les autres classes de jongleurs. Une *Somme de Pénitence* écrite au XIIIe siècle veut qu'on admette aux sacrements les jongleurs « qui chantent les exploits des princes et les vies des saints (*gesta principum et vitas sanctorum*) et se servent de leurs instruments de musique pour consoler les hommes dans leurs tristesses et dans leurs ennuis. »

De même qu'une épopée plus courte (que nous appelons vaguement cantilène) a dû précédé la chanson de geste, la cantilène sur la vie d'un saint a précédé le récit, de plus en plus développé, de cette vie. *Sainte Eulalie*, en vingt-neuf vers, conduit au *Saint Léger*, qui en renferme deux cent quarante ; le *Saint Léger*, au *Saint Alexis* qui en renferme six cent vingt-cinq. Plus tard viendront les longs poèmes en quelques milliers de vers. C'est la marche naturelle. Ainsi le genre commence par de courts fragments, très sobrement narratifs dans un cadre à demi lyrique ; il s'enhardit, se développe, s'épanche en narrations de plus en plus abondantes ; se perd enfin dans une prolixité banale et dans d'insignifiantes redites. L'évolution de la chanson de geste n'a pas été beaucoup différente. Au dernier jour, l'un et l'autre genre aboutit à la prose, où la longueur et la diffusion semblent toujours moins lourdes au lecteur que dans les vers. Comme dit le traducteur en prose d'un poème sur la croisade : « Rime est molt plaisans et molt bele, mais molt est longe. » L'un et l'autre genre a donné d'abord son chef-d'œuvre. La *Chanson de Roland* est infiniment supérieure à toutes les chansons de geste qui nous sont parvenues. La *Vie de saint Alexis* est la meilleure entre les vies des saints en vers (si l'on veut bien mettre à part la vie de saint Thomas Becket par Garnier de Pont-Sainte-Maxence, poème historique plutôt que vraiment hagiographique).

Vie de saint Alexis. — La *Vie de saint Alexis* est un des textes les plus précieux de notre ancienne littérature, pour sa valeur rythmique et littéraire, et pour sa valeur historique. Par un heureux hasard, nous avons conservé, avec la rédaction primitive du texte, les rajeunissements qui en furent faits au XIIe, au XIIIe, au XIVe siècle, pour l'ajuster au goût du jour ou plutôt pour le gâter selon le goût du jour. Rarement nous possédons d'une façon aussi complète les états successifs d'un thème poétique plusieurs fois remanié.

Le manuscrit, découvert il y a cinquante ans à Hildesheim, en Hanovre, dans l'église de Saint-Godoard, nous offre un poème de 625 vers décasyllabiques partagés en 125 couplets de cinq vers chacun. Les cinq vers de chaque couplet présentent la même assonance. L'assonance est une rime élémentaire qui consiste dans l'identité de la voyelle tonique finale, sans tenir compte des consonnes qui la précèdent ou qui la suivent. L'assonance, rendue sensible par la répétition prolongée, paraissait suffisantes pour marquer l'unité rythmique du vers. D'ailleurs les poètes avaient l'oreille délicate ; ils n'eussent jamais fait *assoner* (comme font trop souvent nos modernes) des sons fermés avec des sons ouverts.

La légende de Saint Alexis est syriaque d'origine, et fut rédigée d'abord à Édesse, d'après des fait récents qui peuvent fort bien être authentiques dans leurs traits essentiels. Plus tard elle passa d'Édesse à

Constantinople, et de Constantinople à Rome où fut placée la mort du saint, quoiqu'il n'ait jamais vu cette ville. Les phases de cette migration curieuse sont aujourd'hui bien établis.

D'ailleurs elle n'intéresse pas notre sujet, parce que l'auteur du poème français n'a eu, en réalité, sous les yeux que la rédaction latine de la légende, et n'a rien connu ni même rien soupçonné au delà. Il nous suffit donc d'étudier son œuvre en elle-même et dans ses rapports avec la légende latine, source unique où il a pu puiser.

La légende latine se lit au Recueil des Bollandistes, tome IV du mois de juillet (saint Alexis est fêté le 17 juillet). Je la résume en quelques mots : Saint Alexis est le héros presque surhumain de la continence et de la pauvreté volontaire. Fils d'un très riche comte romain nommé Euphémien, marié à une fille de haute naissance, il s'est enfui le soir de ses noces du palais de son père et s'est allé à Édesse en Syrie où il vit plusieurs années parmi les mendiants. Plus tard, il revient méconnaissable, chez ses parents, et y est hébergé par charité ; il y demeure dix-sept ans en butte au mépris et aux injures de la valetaille et bénissant Dieu d'être méprisé. Il meurt enfin ; son nom, sa pénitence (d'autant plus héroïque qu'il n'avait nulle faute à expier), sa sainteté, son humilité sont reconnus ; son corps, après sa mort, est recueilli avec les plus grands honneurs : et son intercession est suivie d'éclatant miracle.

Telle était la légende latine où dut puiser l'auteur inconnu de notre poème : prêtre ou moine, sans doute. Avec une certaine vraisemblance, on a même essayé de le désigner plus précisément. Un moine de Fontenelle raconte la guérison miraculeuse d'un chanoine de Vernon, nommé Tedbalt, affligé de cécité, guéri en 1053 par l'intercession de saint Vulfran; il ajoute : « C'est ce Tedbalt de Vernon qui traduisit du texte latin les faits (*gesta*) de beaucoup de saints ; entre autres de saint Wandrille ; les refondit (*refudit*) en langue vulgaire avec assez d'éloquence (*facunde*) et en tira des chansons élégantes (*cantilenas urbanas*) d'après une sorte de rythme tintant (*ad quamdam tinnuti rythmi similitudinem*). » Cette expression singulière semble désigner le balancement régulier de strophes égales et monorimes. Rien ne prouve que Tedbalt soit l'auteur d'*Alexis*, rien n'empêche qu'on le lui attribue.

Un prologue en prose, en tête du poème, semble rattacher l'œuvre à la liturgie, à l'office même du saint, et indique, à ce qu'il semble, que le poème était lu (ou plutôt chanté), après cet office, mais probablement dans l'église, et devant le peuple assemblé.

Il s'ouvre par un gémissement du poète sur la décadence de la loi et des mœurs, présage de la fin prochaine du monde :

Bons fut li siecles al tens ancienor,
Quer feit i ert e justise et amor,
Si ert credance, dont or n'i at nul prot.
Toz est mudez, perdude at sa color ;
Ja mais n'iert tels com fut als ancessors.

Ainsi ces plaintes sur la corruption du siècle et la décadence de la foi retentissaient déjà au XIe siècle ! En général, les auteurs des vies de saints rimées, comme au reste presque tous les écrivains religieux du moyen âge, sont profondément pessimistes ; très persuadés que le monde va de mal en pis ; et ne comptant guère, pour l'améliorer, sur le bon effet de leurs pieuses compositions. À les entendre, on ne se soucie plus d'admirer les saints, et encore moins de les imiter.

Pierre, auteur inconnu d'une *Vie de saint Eustache* (dédiée probablement à Philippe de Dreux, évêque de Beauvais de 1180 à 1217), se plaint ainsi que les saints deviennent bien rares :

Cui voit on mais si contenir
Qu'on le voie saint devenir ?
Ce souloit on véoir assez
Au tans qui est piéça passez !

L'esprit mondain dit un autre, a tout infecté ; on craint d'être singulier si l'on ne fait comme tout le monde ; voilà pourquoi il n'y a plus de saints :

Se vuelent tos jors escuser,
Quant en l'an se vont confesser
(Une fois, au plus tart qu'ils puent),
Pour çou que de tout ne se puent
Jecter ne issir du commun,
De cent, a paines i a un.
Quant ses confessors le reprent,
Qui reconoisse apertement
Son peccié ; ançois vuelt mostrer
Raisons, et paroles larder
Por soi partir legierement.

Ainsi les mêmes plaintes remplissent nos *vies* rimées, depuis la plus ancienne jusqu'aux plus récentes.

Après ce préambule, le poète raconte la grandeur d'Euphémien, père d'Alexis, la naissance tardive de ce fils unique, longtemps désiré. Dès qu'il atteint l'âge d'homme, son père veut le marier pour prolonger sa race. « Il achète pour lui la fille d'un noble franc. » Ce souvenir curieux des anciens usages barbares où l'épouse est livrée contre une somme payée au père, a disparu plus tard dans les remaniements du poème.

Mais Alexis, dont l'âme est toute à Dieu, médite de se dérober par la fuite. Le mariage est célébré avec pompe : les deux époux sont laissés ensemble. Dans les remaniements postérieurs, Alexis adresse à la jeune fille un interminable et ennuyeux sermon. Ici le poète a bien plus habilement sauvé l'étrangeté de la situation par la rapidité du récit : « Jeune fille, tiens pour ton époux Jésus qui nous racheta de son sang. En ce monde il n'est point de parfait amour ; la vie est fragile et l'honneur éphémère ; et toute joie se tourne en tristesse. » Il lui remet l'anneau conjugal ; et s'enfuit, à travers l'ombre de la nuit, sans, retourner la tête en arrière. Il fuit jusqu'à Laodice, de là jusqu'à Édesse ; il distribue aux mendiants tout l'argent qui lui reste, et, quand il n'a plus rien, prend place parmi eux.

Cependant son père, sa mère, la jeune épouse s'abandonnent à un désespoir que le poète a su peindre avec une force émouvante. Ils envoient des serviteurs par tous pays chercher le fugitif. Deux d'entre eux viennent à Édesse et donnent l'aumône à leur jeune maître, sans l'avoir reconnu. Ainsi nourri par ses serviteurs, Alexis bénit Dieu de cette humiliation.

Quand toutes les recherches sont restées vaines, les malheureux parents s'abandonnent au désespoir. La mère fait détruire les ornements de la chambre nuptiale ; « elle l'a saccagée comme eût pu faire une armée ennemie ; elle y fait pendre des sacs et des haillons déchirés ». L'épouse abandonnée s'attache aux deux vieillards, et veut vivre auprès d'eux, fidèle « comme la tourterelle ».

Cependant le bruit de la sainteté d'Alexis s'est répandu à Édesse, son humilité s'en épouvante ; il reprend de nouveau la mer ; une tempête le jette en Italie. Il rentre à Rome tremblant d'être reconnu. Mais il rencontre son père ; et son père ne le reconnaît pas. Enhardi, Alexis l'implore, et au nom de son fils perdu il lui demande l'hospitalité. Sans lui faire aucune question, avec cette confiance magnanime de l'hospitalité ancienne (que nos mœurs ne connaissent plus), Euphémien fait entrer chez lui ce mendiant, et le loge sous un escalier de son palais. Son père, sa mère, sa femme l'ont vu sans le reconnaître et sans l'interroger. Lui-même il les a vus cent fois pleurer douloureusement son absence. Mais Alexis, tout en Dieu, reste inflexible à ce spectacle et ne se découvre pas. Dix-sept années s'écoulent ; le mendiant, nourri des reliefs de la table paternelle, a supporté dix-sept ans les injures et le mépris des esclaves de son père qui s'amusent à jeter sur lui les eaux de vaisselle.

Il a tout supporté patiemment ; « son lit seul a connu ses douleurs. » Mais la fin de son pèlerinage approche. Il se sent malade à mourir : il demande à un serviteur un parchemin, de l'encre et une plume ; et il écrit toute son histoire ; mais il garde en sa main ce papier pour n'être pas trop tôt décelé. Cependant une voix miraculeuse a retenti dans Rome par trois fois, disant : « Cherchez l'homme de Dieu. » Le pape Innocent, les empereurs Arcadius et Honorius, le peuple entier s'émeut, implorant Dieu pour qu'il les conduise. La voix se fait entendre de nouveau : « Cherchez l'homme de Dieu dans la maison d'Euphémien. » On y court, on arrive au moment où Alexis vient d'expirer. Serait-ce lui que la voix désigne ? Le pape arrache de la main du mendiant le papier qu'il a écrit, et toute l'histoire de sa vie est enfin découverte. La douleur des malheureux parents se réveille à cette nouvelle, et le poète a su de nouveau le peindre avec une remarquable vigueur : le père gémit sur sa maison éteinte ; ses grands palais n'ont plus d'héritier ; ses grandes ambitions sont déçues !

« Au bruit du deuil que menait le père, la mère accourut, hors de sens, heurtant ses mains, criant, échevelée ; elle voit ce cadavre, et tombe à terre pâmée ; elle bat sa poitrine ; elle se prosterne ; elle arrache ses cheveux ; elle meurtrit son visage ; elle baise son fils mort, elle le serre dans ses bras. » Il y a des traits humains, vrais et profonds dans la lamentation qu'elle exhale : « Mon fils, comment n'as-tu pas eu pitié de nous !... » L'épouse abandonnée joint ses larmes et ses plaintes à celles des deux vieillards ; elle pleure encore la beauté disparue du jeune époux qu'elle avait aimé, qu'elle a fidèlement attendu. Elle lui jure de nouveau de n'avoir d'autre époux que Dieu. Ainsi dans l'Iliade, Priam, Hécube, Andromaque, Hélène tour à tout s'avancent pour gémir sur le cadavre d'Hector. La même exubérance dans le deuil, les mêmes cris, les mêmes violences, communes à toutes les races jeunes et immodérées, se retrouvent ici dans un cadre bien différent.

Cependant le peuple s'amasse autour du palais ; au bruit qu'un saint vient de mourir, sa joie éclate ; il veut rendre honneur au corps de ce protecteur nouveau de la cité romaine.

Cette fin du poème nous fait comprendre à merveille le rôle du saint dans la vie sociale au moyen âge. Nous n'avons plus l'idée de rien de semblable, aujourd'hui que le sentiment religieux tend de plus en plus à s'enfermer dans la conscience individuelle.

Au Xe siècle, le saint est avant tout un protecteur ; son corps ou ses reliques matérialisent, pour ainsi dire, cette protection. S'en assurer la garde, c'est assurer sa prospérité. De là cet attachement passionné, un peu charnel, à la possession des reliques d'un saint vénéré ; ces luttes pour les disputer ; ces expéditions militaires accomplies pour les ravir ou les reprendre. Heureuse la cité qui renferme les reliques d'un saint et qui les honore ! Ce n'est pas le lieu de sa naissance ni même le lieu de sa mort qui détermine les limites de son patronage ; c'est le lieu de sa sépulture. Voilà pourquoi on vient de si loin s'agenouiller sur ses reliques ; invoqué à distance, le saint n'est pas si puissant, ou il n'est pas si favorable.

Ainc puis que li cors saint Germer
Dedenz Biauvais aporté fu,
N'i art nus de dolereus fu,
Dedenz deux lieues environ.
Pour ceste grant garantison,
I doit courre touz li païs.
Vos qui estes de Biauvoisis,
Moult vos devez eleescier,
Son cors chierir et tenir chier.

Ainsi Rome possède le corps d'Alexis ; elle veut le garder ; la foule grossit, encombre les rues ; roi ni comte ne les peut percer. Comment transporter le corps saint ? Le pape et les empereurs s'effraient : « Jetons, disent-ils, jetons de l'or au peuple pour qu'il nous ouvre passage. » Ainsi font-ils, et l'or et l'argent pleuvent sur la populace. Mais ce peuple dédaigne de se baisser pour le prendre : « Nous n'avons souci, crie-t-il, d'or ni d'argent ; mais nous voulons voir et toucher le corps saint. » Car déjà les miracles se multiplient parmi ceux qui ont pu approcher ; il n'est infirme ou malade, qui, en le touchant, ne soit aussitôt guéri :

Qui vint pleurant, chantant s'en est tourné.

Enfin à force de patience et de prières et de menaces, le pape et les empereurs parviennent à transporter la précieuse dépouille dans l'église de Saint-Boniface, où elle repose dans un cercueil de marbre, revêtu d'or et de pierres précieuses. « Ce jour il y eut cent mille pleurs versés. »

Les vieux parents d'Alexis et son épouse ne se séparèrent jamais ; et par les prières du saint, leurs âmes sont sauvées.

Sainz Alexis est el ciel senz dutance ;
Ensemble ot Deu, en la compaigne as Angeles,
Od la pulcele dunt il se fist estranges,
Or l'at od sei ; ensemble sunt lur anemes.
Ne vus sai dire cum lur ledice est grande.

Ainsi les derniers vers de ce poème austère semblent une concession à humanité ; l'amour n'est pas condamné ; mais c'est au ciel qu'il faut aimer ; cette terre est un lieu de passage ; attendons la mort, c'est-à-dire la vie véritable, pour permettre à nos âmes une tendresse enfin épurée.

Tout cela nous emporte un peu loin des choses réelles ; mais on ne peut y contredire : il y a là beaucoup de poésie et d'élévation morale. Et puis, ne craignons rien. Cet excès ne va pas loin ; la chair et la terre ont bientôt repris leurs droits. Il est puéril de s'indigner. Il n'y a pas de danger qu'il se trouve beaucoup de maris pour quitter ainsi leurs femmes le jour de leurs noces et beaucoup de riches pour s'en aller mendier par humilité. Héroïsme ou folie, l'un et l'autre est loin de nous.

Mais cette tendresse discrète des derniers vers explique peut-être un des traits singuliers de cette légende ou plutôt nous fait entendre comment notre poète a voulu l'expliquer. Pourquoi donc Alexis s'enfuit-il le soir du mariage plutôt que la veille ? Pourquoi abandonner cette épouse vierge et veuve au lieu de la laisser libre ? C'est qu'il l'aime lui-même comme il en est aimé ; c'est qu'il veut la conquérir au ciel par violence et mériter pour elle et pour lui la réunion éternelle par la vertu d'un double sacrifice. Il dit, avant Polyeucte :

Je vous aime
Beaucoup moins que mon Dieu, mais bien plus que moi-même…
C'est peu d'aller au ciel ; je vous y veux conduire.

La légende latine était muette sur la réunion céleste des deux époux. Ce raffinement de tendresse mystique est une invention du trouvère.

Cet admirable poème fut gâté de diverses façons, au XIIe siècle, au XIIIe, au XIVe. Nous en avons trois remaniements successifs. Au moyen âge, le respect des textes (sentiment d'ailleurs tout moderne) est absolument inconnu. Plus un ouvrage est en faveur, plus on croit devoir le maintenir au goût du jour en le transformant suivant ce goût. De là, double travail des copistes : si le livre est ancien on en rajeunit la langue ; s'il est dans un dialecte différent, on le transpose, bien ou mal, dans le dialecte du scribe.

Ainsi l'auteur anonyme d'une Vie de sainte Catherine déclare avoir suivi et corrigé un texte « normand » en le francisant. « Un clerc, dit-il, l'avait translatée (c'est-à-dire traduite du latin). Mais pour ce que ce clerc était Normand, la rime (le poème) qui fut faite d'abord ne plaisait pas aux Français (aux gens de l'Île-de-France) ; c'est pourquoi un ami me l'a transmise, afin qu'elle fût mise en français (en dialecte de l'Île-de-France). »

Un texte normand déplaisait aux Français ; mais un texte vieilli déplaisait à tout le monde. Voilà pourquoi *Saint Alexis* fut interpolé au XIIe siècle ; allongé (de 625 vers à 1356) par force chevilles et redites banales ; puis rimé au XIIIe siècle ; puis ramené au XIVe siècle à une forme plus analogue à l'original, au quatrain monorime ; mais cet étranglement d'un texte d'abord tiré en longueur, n'a fourni qu'une rédaction gauche, plate et affreusement prosaïque.

II. — Récits bibliques ; vies des saints.

Récits bibliques. — La poésie narrative religieuse se partage entre trois branches, qui, pour ainsi dire, dérivent l'une de l'autre ;

1° Les récits bibliques ou évangéliques, tantôt d'après les sources canoniques, tantôt d'après les récits apocryphes, presque aussi populaires au moyen âge que les textes canoniques ; et, parmi la foule au moins, presque aussi respectés ;

2° Les vies des saints, depuis les apôtres et leurs disciples jusqu'aux saints les plus récents, jusqu'à des contemporains, comme saint Thomas Becket et saint Dominique ;

3° Les récits de miracles ou de faveurs extraordinaires obtenus par l'intercession des saints, et surtout de Notre-Dame. Ce genre se lie au précédent, mais il s'en distingue par une variété plus grande encore des lieux, des temps, des personnages ; n'y ayant aucun pays, aucun état qui ne crût avoir été gratifié de faveurs miraculeuses. Ce sont ces récits qui forment le genre appelé *contes dévots* ou *contes pieux* dans la littérature du moyen âge.

Des trois branches, la moins féconde est la première. La Bible fut plusieurs fois traduite au moyen âge en français, en prose et en vers, partiellement ou intégralement ; mais ces traductions qui intéressent l'histoire de la langue et celle de l'exégèse, n'intéressent pas la littérature. Les traductions des évangiles canoniques sont peu nombreuses, et, n'offrant rien d'original, quant au fond, n'ont guère non plus de valeur de forme.

Un poème sur la *Passion*, en vers de huit syllabes, rimant deux par deux, et disposé en quatrains, remonte au Xe siècle ; mais le mélange des formes méridionales et des formes françaises ne permet pas qu'on le considère comme appartenant vraiment à la langue d'oïl.

On serait tenté de croire que la Bible mise en vers était exclusivement débitée au peuple par des clercs, et dans l'église ; il n'en est rien, et, quelque danger que le clergé pût trouver à livrer le texte sacré à des mains populaires, il est certain que la Bible rimée faisait partie du répertoire des jongleurs, aussi bien que les chansons de geste, et dans les mêmes conditions. L'un d'eux interrompt ainsi le pieux récit pour faire appel à la générosité des auditeurs, rassemblés autour de lui :

Del son me done qui mès voldrat oïr.

Ailleurs il menace de s'arrêter, si on ne l'encourage en mettant la main à la poche :

Sanz bon luer ne voil avant rien dire.

Les récits apocryphes : l'*Évangile de l'Enfance* (du Sauveur), *de Nicodème* (qui raconte la Résurrection), légendes de *Judas*, de la *Croix*, de *Pilate* ; histoire complète de la Vierge Marie (depuis ses grands-parents jusqu'à l'Assomption), ces récits, où l'imagination des auteurs s'était donné plus libre carrière, sont par là même plus intéressants. On s'étonne de l'indulgence avec laquelle l'Église, gardienne vigilante du dogme, laissa longtemps circuler, et trouver créance et faveur, des récits aussi complètement romanesques et qui touchaient d'aussi près aux mystères de l'Incarnation et de la Rédemption, c'est-à-dire aux bases de la foi chrétienne. Mais l'avide piété des fidèles ne voulait pas se contenter du trop sobre récit des Évangiles canoniques. L'Église dut tolérer, pour les satisfaire, des récits fabuleux, qu'au fond elle désapprouvait, que désapprouvaient du moins les membres les plus éclairés du clergé.

Nous possédons ainsi trois traductions en vers de l'*Évangile de Nicodème* ; les légendes rimées de *Judas*, de *Pilate* ; de la *Vengeance du Sauveur* (destruction de Jérusalem). L'histoire de la Vierge Marie fut longuement racontée en vers, par plusieurs poètes ; entre autres Wace, l'auteur du *Brut* et du *Rou* ; Gautier de Coinci, l'auteur des *Miracles de Notre-Dame*, dont nous parlons plus loin.

En général toutes ces paraphrases des récits évangéliques, soit canoniques, soit apocryphes, ont peu de valeur littéraire. Il arrive cependant que l'ardente sincérité de la foi élève et soutienne un moment la faiblesse du talent. Ainsi, qui ne sent le charme de cette humble prière, qu'on lit à la dernière page d'une très médiocre compilation sur la Conception de Notre Dame :

Jhesu sire, le roi de gloire,
Aiez en sens et en mémoire
L'ame pécheresse chetive.
Que o vos soit, et o vos vive.
Vrais sauvere, de douceur plains,
Recevez mei entre vos mains,

Qu'il vos plot en la croiz estendre
Por pecheours, le grant divendre.

Sire, qui toutes noz dolours,
Et noz pechiez et nos langours
Preïtes seur vostre biau corps
Et toutes les portastes hors,
Et lavastes par vostre sanc,
Qui vint de vostre destre flanc,
Lavez mei, sire, par cele onde
Dont vous sauvastes tout le monde.

Vies des saints. — Livrer la Bible et l'Évangile aux fantaisies des poètes n'était pas sans danger pour la pureté de la foi. L'inconvénient était moindre, mais la liberté fut égale dans la façon de traiter de la vie des saints. À aucune époque du moyen âge, les vies des saints ne furent présentées comme s'imposant à la foi des fidèles. Elles étaient toujours sur ce point nettement distinguées des dogmes. Même l'indignation avec laquelle certains auteurs de vies des saints s'élèvent contre ceux qui mettraient en doute la véracité de leur récit, témoigne, à mon sens, du grand nombre d'incrédules que ces récits rencontraient, et par conséquent de la liberté qu'on gardait de les admettre ou de les rejeter. Jamais, dans le même temps, un traducteur des Évangiles canoniques n'aurait osé supposer qu'il pût se rencontrer des chrétiens pour les mettre en doute.

L'intérêt dogmatique étant ainsi écarté, cela n'alla pas sans inconvénient pour la bonne foi des pieux narrateurs. Puisqu'on n'était pas absolument obligé de les croire, ils ne se crurent pas eux-mêmes absolument obligés de dire toujours la pure vérité. Ils donnèrent une assez libre carrière à leur imagination. Ils s'en défendent le plus souvent : on en pourrait citer maint témoignage.

Ainsi, au début des *Évangiles de l'Enfance*, le poète affirme sa véracité :

Et si, ne vous veul rien monstrer
Que ne puisse prouver en leitre ;
Sans mençonge ajouster ne mettre ;
Si com en latin trouvé l'ai,
En françois le vous descrirai,
Mot a mot, sans rien trespasser.

Témoignage deux fois inexact. D'abord il n'est pas un poète qui, traduisant ou imitant un original, n'y ajoute plus ou moins du sien. Le vers, si l'on ose dire, est menteur de sa nature. Il y a toujours de la fiction dans la poésie. On le sentait moins au moyen âge où l'on prétendait écrire l'histoire en vers ! On le savait un peu toutefois. Un certain Pierre, auteur de nombreux poèmes, s'excuse ainsi, au-devant d'un *Bestiaire* en prose de n'avoir pas rimé cet ouvrage : « Et pour ce que rime se vient afaitier de mots concueillis hors de verité, mist il sans rime cest livre, selon le latin. »

Mais quand même le poète français eût toujours suivi fidèlement (comme il arriva quelquefois) son original latin, si c'est assez pour garantir sa bonne foi, c'est trop peu pour établir la véracité de son récit. Les plus anciennes vies de saints latines furent respectables par leur sincérité ; ceux qui les rédigeaient pouvaient avoir été crédules ; mais ils ne furent jamais menteurs. Il n'en fut plus tout à fait de même lorsque le succès du genre en amena, pour ainsi dire, l'abus et la décadence : on voulut, à tout prix, satisfaire la curiosité toujours plus excitée des fidèles. Les vies de saints alors foisonnèrent, comme les romans à une autre époque. Vers le Xe siècle, les vies de saints orientaux, jusque-là peu connues en

Occident, se répandirent en France par des rédactions latines, et l'imagination émerveillée en reçut une vive secousse. On commença dans mainte abbaye d'écrire la vie d'un saint patron, dont on s'était contenté jusque-là de savoir le nom et de vénérer les reliques. Les documents faisaient défaut ; on s'en passa, on se contenta des traditions les plus vagues et les plus lointaines ; quelquefois peut-être on se passa de traditions comme de documents, et l'imagination fit tous les frais. Il y eut certainement de grands abus dans ce zèle hagiographique ; et les contemporains ne furent pas sans le dire, et sans le blâmer sévèrement.

On a cité souvent une page vraiment curieuse de Guibert de Nogent dans son traité *sur les reliques des Saints* (*De pignoribus Sanctorum*) : « Celui qui attribue à Dieu, ce à quoi Dieu n'a jamais pensé, autant qu'il est en son pouvoir, fait mentir Dieu... Il y a des écrits sur certains saints qui sont choses pires que des niaiseries (*næniis*), et qui ne devraient pas être offertes même aux oreilles des porchers (*subulcorum*). En vérité, beaucoup de gens, tout en attribuant à leurs saints la plus haute antiquité, veulent en faire écrire la vie par nos contemporains. On m'a fait à moi-même souvent la même demande. Mais moi qui me trompe aux choses qui tombent sous mes yeux, que puis-je avancer de vrai sur des choses que personne n'a jamais vues ? Si je répétais seulement ce que j'ai ouï dire (*c'est justement ce que le moyen âge appelait écrire l'histoire*), car souvent on m'a pressé de faire l'éloge de ces inconnus, et même d'en prêcher au peuple, moi, en faisant ce qu'on m'a demander, et les autres, en me suggérant de le faire, nous serions dignes également d'être publiquement flétris (*cauterio*). »

Assurément cette page fait honneur à Guibert de Nogent, et nous montre en lui un homme supérieur à son époque, par une rare probité historique et par un goût sincère et délicat de la vérité.

Encore faudrait-il ajouter que lui-même, en d'autres écrits, ne s'est pas montré si scrupuleux, ou du moins n'a pas fait preuve d'un jugement critique aussi solide.

Mais, à le juger seulement sur cette page, qui (je le répète) lui fait honneur, je voudrais encore, dans une certaine mesure, prendre un peu contre lui la défense de son époque, et plaider au moins pour les conteurs de légendes pieuses, les circonstances atténuantes. Il me paraît injuste ou beaucoup trop sévère en les taxant indistinctement de mensonge, et de mensonge intéressé.

Il n'y a pas mensonge, à bien dire, lorsqu'on n'a pas conscience que l'on ment. C'est ce qui arrive souvent, au moyen âge, aux auteurs les moins véridiques. En effet le moyen âge n'a jamais distingué sérieusement l'histoire de la légende. Écrire l'histoire, pour eux, c'est raconter ce qu'on a ouï dire. Mais la légende aussi peut se définir de la même façon. La légende n'est pas toujours la fiction ; ce n'est jamais la fiction pure ; la légende c'est ce qu'on raconte ; mais l'histoire non plus n'est pas toujours pure vérité. La définition de l'histoire et celle de la légende ne diffèrent pas au moyen âge. C'est affaire au jugement de les distinguer l'une de l'autre, ou plutôt de rejeter de l'histoire ce qu'elle renferme de faux et d'extraire de la légende ce qu'elle contient de vérité. Mais le moyen âge, qui manque tout à fait d'esprit critique, accueille et répète tout, pêle-mêle, histoire et légende.

Il est absolument invraisemblable qu'un intérêt grossier, lucratif ait seul inspiré les poètes, qui racontaient la vie des saints. La plupart eurent un but plus noble que les profits de leur couvent ; ils croyaient, ils voulaient édifier les âmes, et faire imiter les saints en les célébrant. Ce désir d'édifier pouvait même les égarer quelquefois ; la fin justifiait les moyens. Tout paraissait assez vrai pourvu qu'il fût de bon exemple. On voulait lutter contre la popularité des récits profanes et, pour y réussir, on imitait leurs procédés, avec des intentions différentes. Combien de fois n'a-t-on pas opposé les aventures des saints à celles des preux et des chevaliers !

S'avès oï asez souvent
Les romans de diverse gent,
Et des mençonges de cest monde,
Et de la grant Table Roonde,
Que li rois Artus maintenoit,
Ou point de vérité n'avoit.

Mais pour lutter contre ces romans profanes, on écrivit des romans religieux : et les fameux *voyages de saint Brendan* ne diffèrent pas beaucoup au fond des voyages de Perceval. Des deux côtés, à peu près mêmes défauts et mêmes agréments. Quelquefois les auteurs aussi furent les mêmes, dans ces deux genres moins différents qu'ils ne paraissaient. André de Coutances, qui mit en vers, non sans élégance, l'*Évangile de Nicodème* au commencement du XIIIe siècle, avoue (au début de son poème) qu'il a longtemps goûté la poésie profane, et que c'est seulement l'âge qui l'avertit de donner à Dieu au moins ses derniers vers :

Seignors, mestre André de Coutances
Qu'a mout amé sonez et dances,
Vos mande qu'il n'en a mès cure,
Quer son aage, qui maüre,

Le semont d'aucun bien traitier
Qui doie plere et profitier.

Ainsi, au XVIe siècle, au XVIIe, nous eûmes quantité de traductions des *Psaumes* en vers par des poètes pénitents. Les premiers vers de Desportes avaient été tout pleins d'une veine épicurienne et sensuelle ; les derniers furent édifiants, mais médiocres. Il ne suffit pas de vieillir pour qu'une âme voluptueuse et frivole devienne religieuse et grave.

Mais la sincérité des bonnes intentions fut, quoi qu'on ait pu dire, ce qui manqua le moins aux auteurs des vies de saints.

Lisez les derniers vers de la *Vie de sainte Euphrosine.* Est-ce qu'on peut se méprendre à cet accent de parfaite bonne foi, de candeur et de simplicité ?

Eüfrosine, dame, Deu espose et amie,
Ne te nom ne ta geste ne conisoie mie :
En un livre d'armare vi escrite ta vie ;
Simplement astoit dite, d'ancienne clergie.
Ore, cant je l'ou liute, reciu t'avouerie ;
Por t'amor ai ta vie en romans recoilhie,
Non por li amender par major cortesie,
Mais por ce ke je vulh qu'ele plus soit oïe.
S'atres t'aimet o moi je n'en ai nule envie,
Tot le siècle en voroie avoir a compagnie.

N'est-ce pas là le langage d'un homme de bonne foi ? Et cependant l'auteur n'avait guère eu souci de l'authenticité du récit qu'il traduisait. Mais un récit jugé utile aux âmes semblait toujours véridique.

Les *vies de saints* rimées étaient lues au peuple, à l'église, comme un moyen d'édification, non moins efficace que le sermon. Les premiers vers de la *Vie de saint Nicolas*, versifiée par Wace, attestent cet usage, et en font une loi au clergé :

A ceus qui n'unt lettres aprises,
Ne lor ententes n'i unt mises,
Deivent li clerc mustrer la loi,
Parler des sainz, dire pur quoi
Chacune feste est controvée.

Et cet usage était si fortement établi que l'on a pu trouver, dans les anciens registres de l'archevêché de Paris, la preuve qu'on lisait encore, en 1632, dans les églises de Paris, des *vies des saints* en vers français, rajeunies sans doute, quant à la forme, mais probablement fort analogues, quant au fond, à celles qu'on récitait devant le peuple au XIIe et au XIIIe siècle.

Je crois avoir assez plaidé, pour le moyen âge, les « circonstances atténuantes ». Mais enfin, tout mis en compte et en balance, après qu'on a adouci autant qu'il est juste les reproches faits si souvent à la crédulité de cette époque, il reste que cette crédulité fut excessive et que, par son avidité indiscrète, elle-même encouragea l'impudence des fabricateurs de légendes. Les Bollandistes, ces respectables auteurs de l'immense recueil des vies des saints, ne se sont jamais piqués d'une critique trop rigoureuse. Ils ont avec raison admis dans leur *Corpus* tout ce qui pouvait se réclamer d'une antiquité respectable, et d'une authenticité relative. Ils ont dû toutefois condamner sévèrement la légende de sainte Marguerite, tant le merveilleux leur en a paru grossièrement fabuleux et de pure fantaisie. Ce qui n'empêche qu'aucune légende ne fut plus populaire que celle-là au moyen âge. On en connaît huit versions différentes en rimes françaises, dont l'une est l'œuvre d'un poète illustre, Wace (l'auteur des grands romans en vers le *Brut* et le *Rou*). Bien plus, c'est la seule légende à laquelle était attachée, dans la foi populaire, une vertu surnaturelle propre, non pas à l'invocation de la sainte, mais au voisinage du récit de sa vie et de son martyre. Les femmes en couches se la faisaient lire, et l'on posait sur elles le livre lui-même pour soulager leurs douleurs, et en hâter la fin. Il n'y a rien là de bien coupable et Rabelais, après tout, n'avait pas besoin de s'en indigner si fort. Quand il fait dire à la mère de Gargantua qu'il vaut bien mieux lire l'Évangile selon saint Jean, fait-il pas une belle découverte ? Il n'en est pas moins vrai qu'il est fâcheux de constater que ce respect particulier s'attachait précisément à la légende la plus absolument fabuleuse qui eût cours sur la vie des saints.

Les hommes du XIIe siècle voyaient les saints d'autres yeux que les plus croyants ne les voient aujourd'hui. Ils les sentaient plus près d'eux, pour ainsi dire ; et leur vénération, pour être singulièrement plus enthousiaste, n'en était pas moins plus familière, leur vision plus immédiate, leur confiance plus abandonnée. Ni la sainteté ni le miracle ne les étonnent ; et quand ils posent le pied sur le terrain des vertus ou des faits surnaturels, ils se croient encore chez eux. Rien d'analogue ne subsiste plus dans les âmes de nos jours. Un saint nous impose, et nous effraie un peu. Saint Louis n'effrayait pas Joinville, et cependant Joinville déjà voyait le saint chez le roi. « Je ne suis pas pressé de baiser vos os », lui disait-il naïvement, sûr d'ailleurs qu'il les baiserait un jour.

De cette familiarité de l'âme du moyen âge avec le surnaturel, il résulte dans le genre des vies des saints en vers une qualité avec un défaut. Cette qualité, c'est la vie. Ce défaut c'est trop souvent la platitude du style. Rien ne leur paraissant plus naturel que le miracle, ils le racontent sans émotion parce qu'ils sont sans étonnement. Le contraste est blessant, de ces merveilles qu'ils entassent avec la bonhomie de leur récit. Un mysticisme exalté est au fond des sentiments ; et ce mysticisme se meut dans un cadre et dans un milieu brutalement réaliste, et quelquefois trivial.

En revanche il y a certainement dans beaucoup de vies des saints rimées un certain agrément de détails joliment contés. Les auteurs sont beaucoup moins secs que la plupart des originaux latins : ils ne se contentent pas d'exposer le fait, tout cru ; ils le mettent en scène, quelquefois avec assez de grâce, trop souvent d'une façon prolixe ; mais toujours d'une façon vivante. Ils décrivent les lieux de l'action ; ils analysent les caractères des personnages principaux ; ils les font s'expliquer dans de longs discours ou dans des dialogues suivis. Dans presque toutes les vies de saints, une partie considérable de l'œuvre est placée directement dans la bouche d'un personnage ; ce qui donne au récit une allure de drame. Ainsi la narration pieuse préparait la voie aux futurs *mystères*, et d'avance leur fournissait une matière déjà presque à demi traitée.

Classement des vies de saints en vers. — Il n'est pas venu jusqu'à nous plus d'une cinquantaine de vies de saints en vers français : sans doute nous avons perdu quelques ouvrages de ce genre ; mais il paraît certain qu'un grand nombre de saints, même illustres et vénérés, n'ont jamais été célébrés par la poésie populaire. Il y a toujours une certaine part de caprice et de hasard dans ces faveurs de la poésie. Pourquoi Roland est-il devenu le héros d'un développement épique intarissable, alors que tant de preux beaucoup plus célèbres dans l'histoire sont oubliés dans la poésie ?

La plupart des vies de saints en vers français sont en vers de huit syllabes, à rimes plates ; au moyen âge, c'est le rythme préféré des romans bretons, des fabliaux, de la poésie narrative en général, hors les chansons de geste, qui ont adopté un rythme plus solennel. Celui-ci est aisé, coulant, léger, un peu effacé, un peu monotone, par sa facilité même ; on le supporte et même on le goûte assez dans les fabliaux qui sont brefs. Dans les longs poèmes il devient ennuyeux. Nos vies de saints n'ont aucune longueur déterminée ; les plus courtes ont quelques centaines de vers ; les plus étendues dépassent dix mille vers.

D'autres rythmes ont servi aux auteurs des vies de saints. Les plus anciens semblent avoir préféré les couplets réguliers, à une seule assonance ou à une seule rime. *Sainte Eulalie* est en couplets de deux vers ; *Saint Léger* en couplets de six ; *Saint Alexis, Saint Thomas Becket* (par Garnier) en couplets de cinq ; *Sainte Thaïs* en couplets de quatre ; *Sainte Euphrosyne* en couplets de dix. La longueur des vers varie : vers de huit syllabes dans *Saint Léger*, de dix dans *Saint Alexis*, de douze dans *Saint Thomas, Sainte Thaïs, Sainte Euphrosyne, Saint Jean l'Évangéliste*. La Bibliothèque de l'Arsenal possède une rédaction interpolée de *Sainte Euphrosyne* où l'égalité des couplets a disparu. Qui sait si telle chanson de geste, à laisses inégales, n'est pas ainsi une rédaction interpolée d'un texte primitif à couplets uniformes ? Car tel fut certainement le cadre primitif de la poésie en France.

On peut partager les vies de saints rimées en trois groupes principaux, et reconnaître dans chaque groupe un caractère saillant qui, sans lui être exclusivement propre, y domine toutefois. Le premier groupe est celui des saints nationaux, qui ont vécu en France au temps des rois mérovingiens ou carolingiens, dont la mémoire populaire a conservé le souvenir et dont la piété populaire vénère les tombeaux. Tel fut saint Léger, évêque d'Autun, et victime d'Ébroïn, le farouche maire du palais. Le poème qui raconte sa vie et son martyre est, comme on l'a vu, le plus ancien poème en vers réguliers ; et il est vieux de plus de neuf siècles. Seul, le cantique de sainte Eulalie, qui a mille ans de date, est plus ancien que le *Saint Léger*.

Telles sont les vies rimées de saint Bonet, évêque de Clermont ; de saint Éloi ; de sainte Geneviève ; de saint Gilles ; de saint Martin, de saint Remi. Tous ces personnages sont historiques, et ils ont joué un rôle que la légende a pu grossir, mais qu'elle n'a nullement inventé. C'est un utile et très attrayant objet de recherche historique que ces vies de saints qui furent mêlés aux affaires de leur temps. M. Kohler s'est ainsi attaché à reconnaître dans les vies latines de sainte Geneviève l'élément strictement historique, et l'élément légendaire. Il serait à souhaiter que de tels travaux fussent faits sur toutes les vies de nos saints nationaux.

La valeur historique de ces documents ne doit pas d'ailleurs être exagérée. Ils abondent en erreurs, et en anachronismes dont quelques-uns sont énormes. Prenons saint Gilles, dont Guillaume de Berneville, un chanoine du XIIe siècle, a raconté la vie en vers français. MM. Gaston Paris et Bos ont donné, il y a douze ans, une excellente édition de ce poème, qui n'est pas sans valeur littéraire et poétique. Historiquement, que vaut-il ? Juste autant que l'original latin qu'il traduit ; c'est-à-dire peu de chose, à s'en tenir aux faits. Saint Gilles avait vécu au VIIe siècle : il avait fondé en Languedoc un célèbre monastère, vers 680 ; il était mort avant 719. Cependant la légende le fait vivre au temps de Charlemagne et l'associe étroitement à la vie du grand empereur, mort en 814. Il y a donc dans le récit des contradictions irréductibles.

Aussi, est-ce beaucoup moins l'époque de saint Gilles que Guillaume de Berneville a bien dépeinte, que la sienne propre ; et il ne faut pas tant chercher dans son poème le VIIIe siècle que le XIIe. M. Gaston Paris a très bien dit le genre d'intérêt qu'il peut offrir aux érudits : « Nous apprenons dans ses vers la manœuvre des marins du XIIe siècle et la construction de leurs bateaux ; la composition d'une riche cargaison de marchandises orientales ; le train des chasses royales, l'organisation des monastères ; nous entendons les discours des princes ; des chevaliers, des moines, des petites gens ; nous assistons à la conversation quotidienne de nos aïeux d'il y a sept siècles dans ce qu'elle avait de plus libre et de plus naturel. » Ce n'est pas seulement la peinture des mœurs qui est curieuse dans les vies des saints rimées ; la censure des ridicules et des vices y occupe une grande place, presque autant que chez les sermonnaires ; la *Vie de sainte Léocadie*, par Gautier de Coinci (écrite vers 1220), est en maint passage une véritable satire du siècle.

Le même genre d'intérêt ne peut se rencontrer, au moins au même degré, dans les vies de saints entièrement étrangers à notre pays et à notre histoire ; tels sont les saints orientaux, dont la merveilleuse histoire, à peu près inconnue en Occident jusqu'au Xe siècle, y fut apportée vers ce temps, et, malgré son étrangeté, passionna les imaginations. Tel ce *Saint Alexis* dont la vie, écrite au milieu du XIe siècle, est incontestablement le plus ancien texte écrit dans une langue romane, qui ait un réel mérite, poétique et littéraire. Telles sont les vies de sainte Catherine, sainte

Euphrosyne ; saint Eustache ; saint Georges ; saint Grégoire ; saint Jean Bouche d'Or ; saint Josaphat ; sainte Marguerite ; sainte Marie l'Égyptienne, sainte Thaïs ; la légende des Sept Dormants.

Toutefois il ne faudrait pas croire que les vies des saints orientaux ne nous apprennent rien sur notre propre histoire. D'abord c'est la loi commune à toutes les littératures naïves, qu'elles sont incapables de peindre et même de se figurer une civilisation entièrement différente de celle du pays et du temps où vivent les auteurs ; en racontant une action qui se passe en Orient, ils y mêlent ainsi force traits qu'ils puisent autour d'eux. Mais quelle littérature est entièrement exempte de ce défaut (si c'est un défaut) ? Dans la *Légende des siècles*, combien y a-t-il de vers que le XIXe siècle seul a pu penser, et inspirer à Victor Hugo ! En outre nos auteurs ne s'abstiennent nullement, on l'a vu, de libres réflexions, faites à tout propos, sur les mœurs de leur temps. Ainsi l'auteur de la *Vie de sainte Thaïs* (pénitente égyptienne, morte vers 350) nous renseigne curieusement sur les artifices de coquetterie des Françaises du XIIe siècle « si étroitement lacées, qu'elles ne peuvent plier leur corps ni leurs bras. »

Néanmoins les vies des saints orientaux intéressent surtout l'histoire des idées et des doctrines, et non pas seulement chrétiennes. La célèbre légende de Barlaam et de Joasaph traduit en français la traduction latine d'un roman moral écrit en grec, mais dont la source est bouddhique.

Un roi de l'Inde haïssait les chrétiens. Son astrologue lui prédit que son fils Joasaph serait chrétien un jour, et, pour prévenir ce malheur, le roi emprisonne son fils, et lui ménage une vie d'ailleurs délicieuse. Ainsi l'enfant, ne sachant rien des misères de ce monde, n'aura point l'idée d'en demander le remède au christianisme. Mais un jour Joasaph s'échappe de sa prison dorée ; il rencontre un mendiant, puis un lépreux, puis un vieillard chancelant, chez qui la vie va s'éteindre ; ainsi le voile se déchire ; en un moment il a connu les misères de ce monde ; et la pauvreté, la maladie et la mort ne sont plus un secret pour lui. Il prend le monde en dégoût et se réfugie dans l'ascétisme. Cette belle légende est dans la vie du Bouddha. Les chrétiens d'Orient l'ont adaptée sans peine au christianisme. Trois poètes, l'un anonyme, l'autre appelé Gui de Cambrai, un troisième, anglo-normand, Chardri, l'ont traduite du latin en vers français au XIIIe siècle. Barlaam est un saint ermite, qui visite, exhorte et convertit Joasaph ; il lui adresse des exhortations bien longues (le poème de Gui de Cambrai, publié par MM. Meyer et Zotemberg, renferme onze mille vers ! !). Le poète a tiré bon parti de quelques belles paraboles bouddhiques ; celle-ci, par exemple, qui prend si facilement un accent tout chrétien :

Un puissant roi avait un ministre qu'il avait chargé d'administrer une province. Cet homme s'y fit trois amis : les deux premiers, qu'il aima trop et pour qui il dissipa follement les biens du souverain ; le troisième, qu'il n'aimait guère, et pour celui-là il fit bien peu de chose. Après quelques années, le roi l'appelle à la cour pour rendre compte de son gouvernement. Il s'effraie, et va trouver le premier ami. Il lui rappelle que c'est pour lui qu'il a commis des malversations et le conjure de venir le défendre devant le roi. L'ingrat le repousse impitoyablement sans lui offrir d'autre présent qu'un pauvre drap pour se couvrir. Le malheureux, très confus, s'en va trouver son second ami, qui le reçoit moins brutalement, mais s'excuse de ne pouvoir l'accompagner à la cour. « Il lui répond : « N'y puis rien faire. — Je suis pris par une autre affaire. — Dans un peu t'accompagnerai — et puis après je reviendrai ; — car j'ai besoin en ma maison. »

Le pauvre homme tout affligé va trouver son troisième ami, celui qu'il n'obligea jamais, et, la tête basse, il lui dit sa peine. Mais voici que ce bon ami l'embrasse tendrement : « J'irai avec toi, lui dit-il, jusque devant le roi ; aie bon espoir ; quoique tu aies fait peu pour moi, je te défendrai devant ton juge. »

Le premier ami, ce sont nos richesses, pour qui nous faisons tout ici-bas et, à la mort, elles ne nous fournissent rien qu'un linceul. L'autre ami, ce sont nos familles : un homme meurt :

« Jusqu'à la fosse, ils le convoient. — Quand jusque-là l'ont convoyé, — c'est fini de leur amitié ; — elle va jusqu'à l'enfouir, — et quand vient l'heure de partir — chacun retourne à son affaire, — sans plus vouloir pour lui rien faire. — Le troisième ami, c'est le bien, — qu'en ce monde fait un chrétien. — Il en fait peu en tous ses jours, — mais ce peu fait son seul recours. — Et quand tous ses autres amis — lui sont dans le besoin faillis, — celui-là jusqu'à Dieu le mène, — et le délivre de la peine. »

Les vies des saints orientaux abondent en belles paraboles, écrites, comme celle-ci, avec une simplicité assez ferme. L'ascétisme est le trait dominant et comme l'inspiration fondamentale de ces poèmes ; la plupart des saints qu'ils mettent en scène, sont des héros de la pénitence ; les uns après de grands crimes ; les autres, comme Joasaph ou Alexis, sans avoir rien à expier. La crainte et l'aversion du monde est le caractère commun de leur sainteté ; la plupart sont des ermites.

Un troisième groupe de saints, aussi étrangers à notre histoire, moins étrangers à notre race, sont les saints d'origine celtique ; eux aussi furent peu connus en France jusqu'au XIe siècle ; la bataille d'Hastings (1066) qui livra l'Angleterre à Guillaume le Conquérant, duc de Normandie, ouvrit en même temps la France à l'invasion de la poésie celtique. Elle s'y déversa tout entière avec une étonnante rapidité. Les légendes pieuses entrèrent chez nous, même avant Artus et la Table Ronde. Dès 1125 un moine appelé Benoît écrivait pour la reine Aélis de Louvain, femme de Henri Ier, roi d'Angleterre, un poème en vers de huit syllabes sur les voyages de saint Brendan à la recherche du paradis terrestre. Les poèmes sur le purgatoire de saint Patrice, sur la vision de Tungdal, la vie de saint Edmond, de sainte Modvenne sont du même siècle.

Le caractère dominant du cycle religieux celtique est non pas l'ascétisme oriental, mais un mysticisme d'un genre particulier, un mysticisme doux, rêveur, et même aventureux. Tandis que les saints d'Orient s'enfuient au désert et se font ermites, les saints du pays celte sont voyageurs ou pèlerins.

Saint Brendan part sur une barque, avec vingt moines, et des vivres pour quelques jours. Il fait voile hardiment vers l'ouest ; et s'en va, d'île en île, à travers les merveilles. Il visite des républiques d'oiseaux, qui rendent un culte à Dieu en chantant aux heures liturgiques ; l'île des Brebis, où ces doux animaux se gouvernent selon leurs lois pacifiques ; l'île Silencieuse, qu'aucun bruit ne trouble ; où les lampes s'allument d'elles-mêmes à l'heure des offices, et ne se consument jamais. Il célèbre la Pâque sur le dos complaisant des baleines. Il entrevoit l'enfer et le paradis céleste ; il visite le paradis terrestre ; il rencontre Judas, qui, une fois par semaine, sort de l'enfer, en récompense d'une bonne action qu'il a faite un jour.

Renan a écrit une page bien séduisante à propos de ces légendes celtiques. Il donne peut-être une idée trop favorable de l'œuvre (car la faiblesse du style en diminue beaucoup la valeur littéraire), mais il décrit bien l'état des imaginations d'où cette poésie est sortie ; combinaison singulière « du naturalisme celtique avec le spiritualisme chrétien ». Quel rêve charmant que cette « terre de promission » où règne « un jour perpétuel ; toutes les herbes y ont des fleurs ; tous les arbres des fruits. Quelques hommes privilégiés l'ont seuls visitée. À leur retour on s'en aperçoit au parfum que leurs vêtements gardent pendant quarante jours. Au milieu de ces rêves apparaît, avec une surprenante vérité, le sentiment pittoresque des navigations polaires, la transparence de la mer, les aspects des banquises et des îles de glace fondant au soleil, les phénomènes volcaniques de l'Islande, les jeux des cétacés, la physionomie si caractérisée des *fiords* de la Norvège ; les brumes subites, la mer calme comme du lait ; les îles vertes couronnées d'herbes qui retombent dans les flots. Cette nature fantastique créée tout exprès pour une autre humanité, cette topographie étrange, à la fois éblouissante de fiction et parlante de réalité, font du poème de *Saint Brendan* une des plus étonnantes créations de l'esprit humain et l'expression la plus complète peut-être de l'idéal celtique. Tout y est beau, pur, innocent ; jamais regard si bienveillant et si doux n'a été jeté sur le monde.» Je ne dis pas que le tableau ne s'embellisse un peu sous la plume complaisante de l'écrivain, et que le Celte du XIXe siècle ne prête quelque chose de sa richesse aux Celtes du IXe. Mais toutefois, quelle poésie dans ces vieilles légendes qui peuvent encore, après mille ans, suggérer ces pages lumineuses et charmer ainsi l'imagination d'une société si différente de celle qui les avait conçues !

Vie de saint Thomas Becket. — Il semble que les vies des saints contemporains, racontées presque au lendemain de leur mort par des témoins oculaires, doivent présenter des caractères particuliers d'authenticité, et se rapprocher de l'histoire plus que les autres poèmes hagiographiques. Il n'en est pas toujours ainsi, l'intention édifiante ayant presque toujours dominé dans l'esprit des auteurs sur le souci de l'exactitude. La *Vie de sainte Élisabeth de Hongrie*, morte en 1231, par Rutebeuf ; celle de saint Dominique, mort en 1221 (par un auteur anonyme, qui écrivait au milieu du XIIIe siècle), sont faiblement traduites des vies latines des mêmes personnages, et offrent peu d'intérêt historique ou littéraire. Tout autre est la valeur de la *Vie de saint Thomas Becket*, par Garnier de Pont-Sainte-Maxence, un des poèmes les plus personnels et les mieux écrits que nous ait transmis le moyen âge.

Garnier de Pont-Sainte-Maxence, né dans cette petite ville de l'Île-de-France, aux confins de la Picardie, ne nous est connu que par son œuvre, et les rares témoignages qu'elle renferme sur sa personne. Quoique clerc, il mena la vie de beaucoup de trouvères laïques ; errant d'abbaye en abbaye, en France et en Angleterre ; tantôt bien, tantôt mal accueilli ; tantôt riche, tantôt misérable. Impitoyable censeur des mœurs de son temps ; sévère aux rois qu'il accuse d'empiéter sur les droits de l'Église ; et plus sévère encore aux prélats, qui lui semblent prêts à pactiser avec les rois ; son franc parler lui fit sans doute beaucoup d'ennemis, et beaucoup d'admirateurs. Lorsqu'au jour de Noël 1170, Thomas Becket, archevêque de Cantorbéry, fut massacré devant l'autel, dans sa cathédrale, par quatre meurtriers qui se couvraient du consentement, au moins tacite, du roi Henri II, ce tragique événement causa dans l'Europe entière une émotion profonde. Garnier, qui avait connu l'archevêque en France, pendant son exil, et qui avait admiré, avec une sorte d'enthousiasme, l'énergie de sa résistance contre le pouvoir royal, voulut écrire la vie de celui que l'Église et le peuple proclamaient un martyr. Peu satisfait d'un premier essai, il passa en Angleterre, et y commença une enquête approfondie sur toute l'histoire de Thomas Becket. Il interrogea tous les témoins de sa vie ; en particulier l'abbesse sœur de l'archevêque. Il visita les lieux où Thomas avait vécu, ou passé ; il consulta les actes officiels et les récits qui commençaient à circuler, nombreux et contradictoires, sur la vie du saint. Au siècle suivant, Froissart devait composer sa chronique par les mêmes procédés d'information, sur les témoignages vivants et immédiats, mais recueillis peut-être avec moins de soin et de patience.

Au bout de trois ans, Garnier eut achevé son poème : il le récita publiquement, devant le tombeau du saint, aux milliers de pèlerins qui de toutes les parties de l'Angleterre et de la France accouraient pour toucher ses reliques. La langue française était si répandue en Angleterre au XIIe siècle, que beaucoup d'Anglais, sans parler des Normands, pouvaient goûter le charme de cette poésie vivante, où respiraient toutes les passions du jour. Le 12 juillet 1174, Henri II, nu-pieds et dépouillé du vêtement royal, était venu faire pénitence et recevoir les coups de verges sur son dos nu, devant la tombe de celui qu'il avait laissé tuer. Plusieurs de ceux qui virent passer ce jour-là le roi humilié, avaient peut-être entendu la veille Garnier réciter au même lieu ses vers, tout brûlants d'imprécations contre le persécuteur.

Il ne faut pas en effet demander à Garnier qu'il juge les deux adversaires avec l'équité d'un véritable historien. Défenseur acharné lui-même des privilèges ecclésiastiques, il voit dans Thomas Becket un martyr de la justice et du droit ; et son poème, d'un bout à l'autre, peut s'appeler une apologie du héros qu'il a choisi et qu'il admire passionnément. Mais cette apologie n'a rien de la fadeur ordinaire au genre ; c'est un récit très animé, d'allure tout historique, où l'auteur ne dissimule aucun des faits que d'autres pourraient juger moins favorablement. Il ne pallie ou n'adoucit rien dans la vie de son personnage ; il étale franchement les parties tout humaines, violentes et obstinées, de son caractère. Il l'admire tel qu'il fut ; mais le montre aussi tel qu'il fut ; et, par cette sincérité, jointe à la sûreté de son information, le récit, quoique ardemment partial, demeure un document historique de premier ordre. Il est même piquant d'observer que des historiens modernes, comme Augustin Thierry, ont recueilli, sur Thomas Becket, des légendes assez fabuleuses (telles que sa naissance, demi-saxonne, demi-sarrasine) que Garnier de Pont-Sainte-Maxence a ignorées ou rejetées.

La plupart des ouvrages, au moyen âge, pèchent par la composition, lâche et décousue ; par le style trop peu personnel. Un petit nombre, dont est celui-ci, font exception. Le poème ne renferme pas moins de six mille vers ; et, sauf quelques longueurs, çà et là des détails insignifiants, et un certain abus des réflexions morales et religieuses, il s'avance, en général, d'une marche aisée, naturelle et vive ; il suit l'ordre des temps, mais sans servilité ; en rapprochant les faits qui se lient, et en disposant les tableaux dans le meilleur jour, pour les faire bien ressortir. Tous les personnages sont vivants, non seulement le héros, mais le roi, ses serviteurs, le clergé, jusqu'aux moindres acteurs. Les dialogues, fort nombreux, ont une vérité qui les rend presque dramatiques.

La langue est excellente ; et Garnier savait bien qu'il était un écrivain ; il s'en vante même crûment, avec sa franchise habituelle :

Mes languages est bons, car en France sui nez.

Ailleurs, il se préfère avec candeur à tous ses rivaux :

Onc mais mieldre romanz ne fu faiz ne trovez.

Rien n'est plus rare dans la poésie du moyen âge que des vers bien faits, pleins, sentencieux ; ce mérite de facture abonde chez Garnier : et le couplet de cinq vers monorimes, qui est le cadre adopté par lui, est souvent remarquable par l'ampleur et la solidité de la période poétique qu'il renferme :

Fait-il : « De voz menaces ne sui espoentez,
Del martire sofrir sui del tot aprestez ;
Mais les miens en laissiez aler, nes adesez,
Et faites de mei sol ce que faire devez. »
N'a les suens li bons pastre a la mort obliez.

Souvent même le vers isolé revêt, chez Garnier, une force, une majesté singulière : saint Thomas répond à un conseiller qui le presse de céder :

La nef vei totes parz en tempeste gesir ;
J'en tieng le governail ; tu me roves dormir!

Il affirme l'autorité de l'Église supérieure à celle des rois :

Li prelat sont serf Deu, li reis les deit chérir ;
E il sont chies des reis ; li reis lor deit flechir.

Garnier n'a pas moins de vigueur et d'énergie quand il fait parler les ennemis du saint. Henri II s'emporte avec fureur contre l'ingratitude de son ancien favori :

Uns hom, fait lor li reis, qui a mon pain mangié,
Qui a ma cort vint povres, e molt l'ai eshalcié,
Pur mei ferir a denz a son talon drecié ;
Trestot mon lignage at e mon regne avilié ;
Li duels m'en vat al cuer ; nuls ne m'en a vengié !

On accorde à Chrétien de Troyes, l'illustre contemporain de Garnier, plus de grâce et de variété dans le style ; mais Garnier lui est bien supérieur par la force et par l'éloquence. Avant Alain Chartier, il est le seul écrivain du moyen âge (sans distinguer les prosateurs des poètes) qui ait eu quelquefois le mérite du *nombre* ; j'appelle ainsi cette harmonie pleine et majestueuse (distincte de la douceur des sons) qui charme l'oreille et satisfait l'esprit, dans une belle strophe de Malherbe ou une période de Bossuet.

III. — Contes pieux.

Gautier de Coinci. — Nous réunissons sous un nom commun et conventionnel, celui de contes pieux, ou contes dévots, une centaine de petits poèmes, directement inspirés d'un sentiment religieux, mais qui ne sont, ni des traductions des livres saints, ou des Évangiles apocryphes, ni des vies de saints proprement dites : nous y comprenons les récits de miracles, obtenus par l'intercession de Notre-Dame ou des saints. Les recueils de miracles sont nombreux au moyen âge. La foi complaisante du temps acceptait le surnaturel avec une facilité docile ; ou plutôt le sollicitait avec une sorte d'avidité. Il n'est pas douteux qu'on n'ait quelquefois multiplié les récits miraculeux par des vues intéressées, pour accréditer un pèlerinage, et grossir la foule autour d'un tombeau vénéré. Mais dans la plupart des cas, le dessein des auteurs fut honorable ; et leur objet fut vraiment l'édification des âmes. Il est impossible de lire, par exemple, l'immense recueil des miracles versifiés par Gautier de Coinci, sans être persuadé de l'absolue sincérité du poète. Il nous choque souvent par l'excès de sa crédulité ; ailleurs par certaines licences de peinture et de langage. Lui-même convient qu'il a la plume un peu vive, et s'en excuse assez franchement :

S'aucunes fois chastes oreilles
S'esmerveillent de tiex merveilles,
Raison depri que me deffende ;
Car dire estuet si qu'on l'entende.

Mais quels que soient ses défauts, qu'on lui a durement reprochés, sa bonne foi est hors de soupçon, et ses bonnes intentions, certaines.

Gautier de Coinci, probablement originaire du bourg de ce nom, entre Soissons et Château-Thierry, naquit vers 1177, se fit moine à quinze ou seize ans, en 1193, à Saint-Médard-lez-Soissons, abbaye bénédictine ; devint en 1214 prieur de Vic-sur-Aisne, en 1233 grand prieur de Saint-Médard, et mourut trois ans plus tard, le 25 septembre 1236, ayant passé presque toute sa vie dans le cloître. Ses poésies sont exclusivement religieuses : contes pieux, récits de miracles, hymnes en l'honneur de la Vierge et des Saints. Comme poète lyrique, sa valeur est nulle ; comme conteur, il est meilleur écrivain, et beaucoup plus intéressant. Il avait sous les yeux des recueils latins de miracles (par Hugues Farsit, par le prêtre Herman), qu'il traduit le plus souvent, mais d'une façon libre ; et en joignant au récit, qu'il emprunte, force digressions, qu'il invente, et qu'il appelle des *queues*. Il les distingue des récits miraculeux, et veut qu'on puisse lire séparément les uns et les autres :

Que cui la *queue* ne plaira,
Au paragraphe la laira ;
Et qui la *queue* vuet eslire,
Sans le miracle la puet lire.

Ces *queues*, ces digressions (aussi étendues que les récits), tantôt sont des effusions religieuses prolixes et banales ; tantôt renferment des peintures très curieuses des mœurs du temps, et surtout des vices, des travers et des ridicules. Gautier de Coinci, comme beaucoup de moralistes, ne voit pas le monde en beau ; le tiers au moins de son livre est une satire, et qui n'épargne personne. Il est très dur pour les grands ; et il ne l'est pas moins pour le peuple et les vilains. Il maltraite fort le siècle ; mais ne ménage pas les gens d'Eglise, ni même ceux du cloître. Il a si mauvaise opinion des chrétiens qu'on serait tenté de croire qu'il est doux aux incrédules ; mais la vérité m'oblige à dire qu'il les traite encore bien plus mal.

Il hait furieusement les Juifs, et les motifs de sa haine sont politiques autant que religieux. Sans doute, il leur reproche de n'avoir pas reconnu le Messie ; avec une certaine éloquence, verbeuse, mais énergique, il montre la nature entière s'émouvant à la mort du Sauveur ; les Juifs seuls restent insensibles : « ils sont plus durs qu'acier ne fer. » Mais il les maudit encore pour d'autres griefs plus récents. Leur richesse l'épouvante, et leur pouvoir l'indigne. C'est la faute des grands, « des hauts hommes » qui, par avarice, ont vendu la chrétienté aux Juifs, et leur ont livré une seconde fois Jésus-Christ, plus traîtreusement que ne fit Judas. « Par les Juifs, le monde ils épuisent. » Pauvres chrétiens languissent dans les chaînes de fer du Juif usurier ; comtes et rois ne s'en soucient guère, pourvu qu'ils aient part au butin. Nous connaissons ces clameurs. Ainsi les mêmes colères soulevaient déjà il y a sept cents ans les mêmes malédictions.

Il dit crûment que s'il était roi, il ne laisserait pas un Juif en France :

S'estoie roys, pour toute roie,
Un seul durer je n'en lairoie.

Il n'est pas beaucoup plus tendre à l'endroit de ceux qui osent mettre en doute les merveilles qu'il nous raconte :

Que clerc ne lai douter n'en doit,
Et s'il en doute, de son doit
Li deit chascun les yeux pouchier.

Mais ce sont là colères de poète, et je suis sûr qu'en prose, il était plus accommodant. Il se plaint amèrement que ses contemporains aiment bien mieux ouïr le roman de Renart que la vie des saints :

Aiment mès mieus atruperies,
Risées, gas et truferies,
Sons et sonnez, fables et faintes,
Que vies de sainz ne de saintes.

Ils hochent la tête en écoutant les récits miraculeux :

Adès i treuvent a redire,
Et adès les vont biquetant ;
Aucune fois dient que tant
N'en est mie com on en dit.

Classement des contes pieux. — Mais Gautier de Coinci est peut-être trop exigeant. Le grand nombre des manuscrits atteste le succès de son livre. Les autres recueils de miracles ou de contes pieux compilés au moyen âge eurent beaucoup moins de réputation, excepté celui qu'on appelle improprement *Vies des Pères*, parce qu'il est censé se rattacher au célèbre recueil appelé « Vies des Pères du désert ». En fait, il doit peu de chose à cette source, et renferme un grand nombre de contes pieux et de récits de miracles qui n'ont rien du tout d'oriental. Plusieurs se confondent même avec ceux de Gautier de Coinci. Les mêmes faits ont été racontés plusieurs fois, plus ou moins diversement. On connaît plus de trente manuscrits des *Vies des Pères*, sans parler de nombreux fragments, dont plusieurs peuvent représenter des manuscrits distincts. De Gautier de Coinci, on a une quinzaine au moins de manuscrits. Un recueil général du genre vaudrait bien la peine qu'on essayât de le rassembler. Le nombre des contes, en éliminant tout ce qui ferait redite ou double emploi, ne serait pas infini ; je l'évalue à une centaine. Bien des pages sembleraient un peu fades, j'en conviens ; et les sentiments, trop bizarres, auraient quelquefois peine à nous intéresser. Mais d'autres passages sont exquis, et recèlent la plus fine et la plus pure poésie du moyen âge. Enfin nous n'avons pas de témoignage plus naïf de l'état du sentiment religieux dans les âmes simples au XIIe et au XIIIe siècle. Tout ne nous y plaît pas, mais la valeur de ce document historique est indéniable.

S'il fallait ramener tous ces petits poèmes à une idée fondamentale, à un sentiment commun qui semble, plus ou moins, les avoir inspirés tous, je dirais qu'au fond de tous ces contes pieux on trouve l'idée très établie, le sentiment très enraciné, de la faiblesse humaine : l'homme est une créature très chétive et très impuissante, incapable de tout bien si Dieu ne l'assiste, et ne soutient sa volonté chancelante.

En d'autres temps, l'homme s'est cru très fort, et s'est montré très fier de sa force. Cette philosophie orgueilleuse n'est pas celle du moyen âge. L'homme y est très humble, et la première vertu que la religion lui enseigne et qu'elle commande avant toutes les autres, c'est l'humilité.

Sans doute au moyen âge, comme à toute autre époque, il y a des orgueilleux, des violents, des ambitieux : il y a des conquérants insatiables et des vainqueurs arrogants. Mais s'ils croient à la force de leur épée, ils doutent de leur force morale. Un stoïcien disait : « Que Jupiter me donne la vie, la richesse ; pour la justice, je me la donnerai à moi-même. » Un chrétien au moyen âge est persuadé que c'est surtout la vertu qu'il faut que Dieu nous donne.

L'humilité chrétienne étant ainsi le sentiment fondamental qui a inspiré presque toutes nos légendes pieuses, elle s'y est exprimée de plusieurs façons, qu'on peut ramener pour la plupart à ces trois chefs : l'exaltation des simples ; la justification des innocents ; le pardon des pécheurs. Les simples sont glorifiés ; les innocents sont vengés ; les pécheurs sont sauvés. De toutes façons, l'humilité triomphe.

Les simples sont glorifiés. C'est la pensée qui est au fond d'un très grand nombre de récits pieux. Voici le pauvre clerc, qui, faute de mémoire, ou d'intelligence, n'a jamais rien pu retenir de l'office que cinq psaumes, qu'il sait par cœur et récite, un peu machinalement, mais du fond du cœur. Il meurt, et quand on vient pour l'ensevelir, on trouve cinq roses dans sa bouche, « fraîches, vermeilles et feuillues, comme si l'on venait de les cueillir ». Un prêtre très pieux mais très borné, ne sachant pas lire son bréviaire, célébrait tous les jours la messe de Notre-Dame qu'il savait de mémoire, mais il n'en savait pas d'autre. Son évêque, indigné, interdit cet ignorant. La nuit suivante, Notre-Dame se présente au prélat, et le somme de rétablir son serviteur ; car la piété vaut mieux que la science.

N'est-ce pas ce même dessein d'humilier l'orgueil humain qui a fait, au moyen âge, le succès du conte de *l'Ange et l'Ermite* (inséré tardivement dans la *Vie des Pères*). Un ange, caché sous les traits d'un jeune homme, accomplit plusieurs actions, très sages selon la pensée divine, mais qui semblent très insensées à la courte sagesse humaine. Ainsi nous apprenons à nous fier à la Providence et à croire que tout est pour le mieux dans le monde, malgré les succès qu'obtiennent souvent les méchants, et les épreuves que les bons traversent. On sait que Voltaire a exposé la même idée dans *Zadig* ; il la puisait chez le poète anglais Parnell, qui lui-même avait hérité, par divers intermédiaires, de la tradition du moyen âge. D'où venait celle-ci ? Il semble que cette légende est d'origine juive, et Mahomet, qui l'a fait entrer dans le Coran, l'avait sans doute empruntée aux Juifs.

Non moins frappante et plus poétique est la légende de l'*Empereur Orgueilleux*, plusieurs fois mise en vers, en dernier lieu par Jean de Condé au XIVe siècle. Pendant que l'empereur est au bain, un ange, pour humilier son orgueil, prend ses vêtements, et sa figure même ; il est partout salué pour le vrai souverain ; le misérable empereur est chassé comme un vagabond et un fou. Après une longue pénitence, il s'humilie, reconnaît son fol orgueil, et rentre en grâce auprès de Dieu qui lui rend son trône et son visage.

« Le tombeur de Notre-Dame. » — Mais voici bien la perle de ces contes, écrits pour abaisser l'orgueil et exalter l'humilité.

Un ménestrel, après avoir longtemps couru le monde, las du siècle, entra au couvent de Clairvaux, plein de bonne volonté, mais fort dénué de science. Hormis sauter, danser, et faire des tours de force et d'adresse, il ignorait tout et ne savait aucune prière, ni même *Pater noster* ou *Credo*. Il en fut tout triste et confus ; chacun autour de lui faisait ses devoirs et vaquait à sa besogne ; les prêtres disaient la messe et les diacres lisaient l'Évangile ; les plus petits clercs chantaient les psaumes ; les plus ignorants récitaient leurs prières. Lui tout seul n'était bon à rien. Tout honteux, il confie sa peine à la Vierge Marie, la priant qu'elle lui vienne en aide. Il s'en va se cacher dans une grotte écartée, où un autel était dressé, dédié à Notre-Dame. Il lui dit sa honte en pleurant.

> Et jo sui ci un bues en laisse,
> Qui ne fas ci fors que broster
> Et viandes por nient gaster.

Quoi ! lui seul ne fera rien pour honorer Dieu et sa mère :

Par la mere Dieu, si ferai
Ja n'en serai ore repris :
Jo ferai ce que j'ai apris,
Si servirai de mon mestier
La mere Dieu en son mostier.
Li autre servent de canter,
Et jo servirai de tumer.

Là-dessus dépouillant sa robe de moine, il reste en simple cotte et, s'agenouillant devant l'image :

Douce roïne, douce dame,
Ne despisiés ce que jo sai,
… Je ne vos sai canter ne lire
Mais certes je vos voil eslire
Tos mes biaus gieus a esliçon…
Lors li commence a faire saus
Bas et petits, et grans et haus.
Primes deseur, et puis desos,
Puis se remet sor ses genols,
Devers l'ymage et si l'encline :
« He, fait-il, tres douce roïne,
Par vo pitié, par vo francise,
Ne despisiés pas mon servise. »

Son ardeur redouble ; il exécute l'un sur l'autre les plus beaux tours de son ancien métier :

Et regarde mout humblement
L'ymage de la mere Deu.
« Dame, fait-il, ci a beau geu :
Je ne le fas se por vos non… »
Lors tume les piés contremont
Et va sor ses deus mains et vient,
Que de plus a terre n'avient,
Bale des piés, et des ex plore :
« Dame, fait-il, je vous aore

Del cuer, del cors, des piés, des mains,
Car jo ne sai ne plus ne mains.
…Por Deu, ne me voillés despire. »
Lors bat sa cope, si sospire
Et plore mout tres tenrement
Que ne sot orer altrement.
Lors torne ariere, et fait un saut.

Et il ne cessa de danser et de sauter, jusqu'à ce qu'enfin épuisé, la tête en feu, le corps en sueur, il tombe au pied de l'autel. Le lendemain, les jours suivants, il revient dans la grotte, et recommence ses exercices ; se cachant bien de tous ; car il craint, s'il est vu, d'être chassé du couvent. Mais Dieu qui voit d'un œil favorable la foi naïve de ce simple cœur, Dieu ne veut pas qu'elle reste ignorée.

Et por ce que cascuns seüst
Et entendist et coneüst
Que Dieu ne refuse nului
Qui par amors se met en lui,
De quel mestier qu'il onques soit,
Mais qu'il aint Deu et face droit.
Quidiès vos or que Dex prisast
Son servise, s'il ne l'amast.
Nenil, ne quant que il tumoit ;
Mais il prisoit ce qu'il l'amoit,
Assés junés, assés veilliés,
Assés plorés et sospirés,
Et gemissiés et aorés,
Assés soiés en diciplines,
Et a meses et a matines,
Et donés quanque vos avés,
Et paiés quanque vos devés,
Se Deu n'amés de tot vo cuer,
Trestot cil bien sont geté puer,

En tel maniere, entendés bien,
En plain salu ne valent rien :
Car sans amor et sans pité
Sont tot travail por nient conté.
Dex ne demande or ne argent
Fors vraie amor en cuer de gent.

Cependant un moine jaloux ou soupçonneux épiait notre ménestrel ; il découvrit le mystère et, tout indigné, le rapporta à l'abbé. Celui-ci, homme sage, lui répondit : « Ne vous scandalisez pas sans savoir ; et conduisez-moi à la grotte. » Ils y vont et surprennent le ménestrel au plus beau de ses exercices ; au moment où n'en pouvant plus, il tombe, défaillant au pied de l'autel. Alors que voient l'abbé et son compagnon ? Merveille ! de la voûte une dame descend, vêtue d'habits glorieux, suivie d'une foule d'anges ; et le divin cortège s'approche du pauvre ménestrel :

Et la douce roïne france
Tenoit une touaille blance
S'en avente son menestrel,
Mout doucement devant l'autel ;
La france dame deboinaire
Le col, le cors et le viaire
Li avente por refroidier :
Bien s'entremet de lui aidier,
La dame bien s'i abandone.
Li bons hom garde ne s'en done,
Car il ne voit si ne set mie
Qu'il ait si bele compaignie.

Les moines émerveillés se retirent en silence, adorant Dieu qui glorifie les humbles. Nul n'osa troubler les pieux exercices du ménestrel de Notre-Dame. Il vieillit en paix et mourut saintement. Lui mort, l'abbé révéla ce qu'il savait, ce qu'il avait vu ; tout le couvent rendit gloire à Dieu pour ce triomphe de la simplicité.

De l'esprit des contes pieux. — Dans beaucoup d'autres récits, le Ciel, Dieu, plus souvent Notre-Dame, quelquefois un saint patron se plaît à justifier l'innocence calomniée et persécutée. Ainsi le long poème de *la Chaste Impératrice* par Gautier de Coinci n'est qu'un vaste tableau de l'innocence aux prises avec la méchanceté humaine ; elle triomphe cependant par l'active intervention du Ciel. Un tel conflit est de tous les temps ; il a formé le fond de tous les mélodrames populaires qui passionnaient la foule au commencement du siècle et aujourd'hui la captivent encore. Mais de notre temps dramaturges et romanciers ont essayé de compliquer l'intérêt en attribuant une habileté infernale aux personnages des traîtres. Au moyen âge, les traîtres ne sont que méchants ; ils ne seraient guère dangereux sans la stupidité des puissants, rois ou juges. La poésie, non pas seulement ici, mais dans presque tous les genres, les peint crédules à l'excès, et violents jusqu'à la fureur ; toujours l'oreille ouverte aux calomnies de leurs flatteurs, et l'âme livrée à des emportements effroyables. C'est une autre expression de ce sentiment général de défiance à l'égard des vertus humaines. Le poète (et, à n'en pas douter, il est ici l'interprète des préventions populaires) ne croit pas à la justice des hommes, ni surtout à celle des grands ; et les innocents, exposés à leur rage ou à leurs soupçons, lui semblent perdus sans remède, si Dieu ou la Vierge ne les vient secourir.

Mais je crois que le plus grand nombre de nos contes pieux est de ceux qui mettent en scène un pécheur repentant, sauvé même après de grands crimes. Ce sont ceux-là qui ont le plus étonné, disons le mot, scandalisé la piété plus éclairée d'une autre époque. Certes le repentir est une si belle chose qu'il n'en est même pas de plus belle ; et l'Évangile nous l'apprend. Mais dans les recueils de miracles, les repentis sont quelquefois de bien étranges pénitents. Voici la nonne qui s'enfuit de son abbaye pour aller courir le monde, et y vivre dans le désordre ; après bien des années, elle revient au couvent ; nul ne s'y est aperçu de son absence ; pendant tout ce temps Notre-Dame a tenu sa place et rempli son office. Voici le larron dévot qui n'allait jamais en campagne, sans invoquer la Vierge Marie. À la fin on le prend, on le juge, on le pend ; Notre-Dame arrive à son secours et soutient ce misérable, pour sauver sa vie et son âme. De tels récits étaient peut-être plus dangereux qu'édifiants. Il était sage d'enseigner aux pécheurs à ne se désespérer jamais. Devait-on leur laisser croire qu'il y a vraiment repentir sans nulle intention de mieux faire ? Il arrive trop souvent dans nos miracles, qu'un criminel très abominable est sauvé seulement pour avoir conservé, dans ses pires excès, la forme un peu machinale d'une dévotion tout extérieure envers Notre-Dame ou les saints.

Sans nous jeter dans une discussion théologique, dont ce n'est pas ici la place, qu'il nous soit permis de hasarder une distinction, qui, nous l'espérons, est orthodoxe. Quels que soient les vices ou les crimes des pécheurs dont Gautier de Coinci raconte et admire la justification, leur salut nous touche et nous édifie, lorsqu'il est mérité, ou du moins provoqué par leur repentir. Notre sympathie est plus rebelle, quand, du fond du précipice où leur péché les a plongés, ils sont rappelés à la lumière par l'intercession de Notre-Dame, sans qu'ils aient rien fait pour obtenir cette faveur ; rien que de l'invoquer par instinct, par habitude, et, pour ainsi dire, du bout des lèvres ; sans même un commencement de repentir efficace et de réparation. Nous sommes prêts à croire qu'une seule larme sincère peut effacer les pires fautes ; nous admirons Dieu dans cette merveilleuse miséricorde ; mais ne faut-il pas au moins que cette larme soit versée ? Elle ne l'est pas toujours dans les récits de Gautier de Coinci. J'avoue qu'en théorie, notre pieux auteur se garde bien de promettre jamais le salut sans le repentir :

Nus ne se doit desconforter
Pour nul pechié *dont il se dueille*,
Puis que servir et amer vueille
Nostre Dame sainte Marie.

Mais cette douleur salutaire ne paraît pas toujours dans les exemples qu'il nous raconte pour exalter les vertus de l'intercession de Marie. Louis Racine le constate et s'en plaint avec raison dans un *Mémoire* lu à l'Académie des Inscriptions sur le recueil de Gautier de Coinci. Il est bien aisé d'accuser Louis Racine de jansénisme, avec l'éditeur de ces Miracles ; mais Louis Racine est-il janséniste, ou simplement chrétien quand il écrit « que la superstition imagina seule ces récits, et que seule elle peut les avoir accrédités dans un siècle où l'on se faisait de la plus pure des religions une idée aussi contraire à sa pureté qu'à sa grandeur ? »

Mais un tel jugement serait trop sévère si on l'appliquait sans distinction ni réserve à tous les contes pieux qui mettent en scène un pécheur justifié. Il en est vraiment de fort beaux et dont la doctrine est à la fois raisonnable et consolante. Telle est la légende de Théophile, ce prêtre ambitieux, qui vendit son âme au diable pour recouvrer une charge perdue ; se repentit amèrement de sa faute, et, par sa pénitence, mérita et obtint le pardon de la miséricorde divine. Notre-Dame, touchée de ses larmes, lui fit rendre la charte fatale qu'il avait signée à Satan. Cette dramatique histoire écrite d'abord en grec (Théophile vivait en Cilicie au VIe siècle), traduite ensuite en latin, fut vingt fois traitée en langue vulgaire, en prose, en vers, au moyen âge. Gautier de Coinci en tira un long récit rimé (en 2073 vers de huit syllabes), Rutebeuf un miracle dramatique ; Vincent de Beauvais, saint Bernard, saint Bonaventure, Albert le Grand, vingt autres auteurs font allusion à cette légende. Elle était en outre figurée dans un grand nombre d'églises par le bas-relief ou par le vitrail.

Mais le pouvoir de la pénitence a inspiré d'autres récits, moins fameux, et peut-être plus touchants ; celui-ci, par exemple, qui a le tort d'être faiblement conté, mais l'idée au moins est belle ; à dire vrai, le poète qui l'a rimé n'en est probablement pas l'inventeur :

Un grand roi suivi de sa cour vient à passer par un lieu où il voit une foule assemblée ; il s'informe. Il apprend que c'est un voleur qu'on va pendre. Le roi, saisi de pitié, veut racheter ce misérable ; le juge exige cent marcs d'argent. Le roi vide sa bourse et celle de tous ses courtisans ; il ne peut réunir la somme ; il ne s'en faut que de trois deniers ; mais le juge est inexorable. La sentence va s'exécuter, quand quelqu'un s'avise de chercher dans les poches du condamné ; il y trouve justement trois deniers oubliés ; la somme est parfaite, et le pécheur est sauvé. Saisissante parabole dont chacun aisément comprenait le sens. Ce condamné, c'est l'humanité : le roi qui veut le racheter, c'est Jésus-Christ. Mais les mérites surabondants du Christ, et bien moins encore ceux des saints qui lui font cortège ne sauraient suffire à sauver un pécheur, s'il n'y ajoute lui-même quelque chose ; au moins ces trois deniers qui s'appellent : la bonne volonté.

Plus belle encore et plus poétique est la légende du *Chevalier au barillet*, le chevalier au petit tonneau. Ayant commis bien des crimes, il s'en confesse un jour à un saint ermite, plus par dérision que par repentir, car il ne se repent pas. Il ne confesse pas ses péchés, il s'en vante. L'ermite veut lui imposer diverses pénitences ; il les repousse en le raillant. « Au moins, dit l'ermite, acceptez d'aller remplir ce *barillet* au ruisseau voisin. » Le chevalier accepte en riant cette pénitence facile ; il plonge le petit tonneau dans l'eau ; le tonneau reste vide. Il s'obstine ; même insuccès. Il va plus loin, il chercbe un autre ruisseau ; le tonneau reste vide. Un an s'écoule ; il parcourt le monde ; il plonge le tonneau dans tous les fleuves, dans toutes les sources ; il s'obstine, il s'entête par point d'honneur et par colère, non par repentir, car il ne se repent pas encore. Au bout d'un an, il revient vers l'ermite, et lui conte sa défaite. L'ermite qui lit en son cœur, et voit l'orgueil encore indompté, s'agenouille et prie ardemment pour ce pécheur endurci. Le chevalier se sent touché enfin ; son cœur se fond, ses yeux se mouillent, une larme est tombée dans le *barillet*, une larme de repentir. Ô merveille ! le tonneau est aussitôt rempli.

Certes voilà une poésie très belle, très originale au service d'une morale très pure. Il faut donc distinguer dans cette multitude de récits, et ne pas les confondre tous dans une réprobation qui serait l'injustice même.

Allons plus loin ! Osons dire que si, au lieu d'examiner un à un, avec une sévérité pointilleuse, des récits dont le détail choque et contrarie si souvent nos idées actuelles, nous les envisageons dans leur ensemble et essayons de dégager l'impression générale que nous laisse l'étude du genre, notre jugement sera beaucoup moins défavorable. Ce qui domine tout, en effet, c'est la grande pitié dont cette poésie est imprégnée. Par là, elle se relève, et s'épure. De nos jours, une science dure et cruelle a quelquefois proclamé que le monde est aux forts et que cette seule loi explique et conduit l'univers. Quel contraste avec cette poésie qui dit que le ciel est aux faibles, pourvu seulement qu'ils aient bonne volonté ! L'abus de cette charité sans frein a pu jeter nos poètes dans des excès fâcheux et choquants ; mais elle était généreuse et noble dans son principe.

Chapitre III

L'HISTOIRE DE L'ÉPOPÉE NATIONALE[4]

I. — Les origines de l'Épopée nationale.

De l'Épopée en général et de ses caractères distinctifs. — « Il y a cent ans, nos origines littéraires nous étaient aussi peu connues que la littérature du Thibet. » Cet aveu, qui n'a rien d'excessif, n'est pas dû à un admirateur fanatique de nos Chansons de geste, mais à un esprit indépendant et pondéré. Rien n'est assurément plus juste, et il serait légitime d'ajouter que rien n'était plus ignoré, il y a cent ans, que la nature même et l'essence de l'Épopée.

Il semble cependant que tout travail sur les Chansons de geste devrait commencer par une définition de l'Épopée, et que sans cette lumière tout reste dans l'ombre.

« L'Épopée est, chez toutes les nations, la forme primitive de l'histoire ; c'est l'histoire avant les historiens. » Cette définition, qui est de Godefroid Kurth, a le mérite d'éliminer toute une famille de poèmes qui n'ont d'épique que la gloire ou le nom. Personne aujourd'hui ne s'aviserait de confondre, à ce point de vue, l'*Iliade* avec l'*Énéide*. Ce sont là, à coup sûr, deux des plus éclatants chefs-d'œuvre de la poésie humaine ; mais quel abîme les sépare ! Le poème

[4] Par Léon Gautier (1832-1897).

immortel d'Homère, en dépit de tous les arrangements qu'il a pu subir, nous apparaît comme l'œuvre d'un primitif, ou même d'un candide qui croit à ses dieux au point de les créer. L'*Énéide* est, au contraire, le produit longuement élaboré d'une civilisation raffinée et qui peut déjà passer pour corrompue. Virgile écrivait ses incomparables vers au sortir de quelque entretien avec un épicurien et un sceptique comme Horace. Il faisait de ses dieux un portrait achevé, mais il n'y croyait pas. L'*Énéide* est en réalité une épopée artificielle tout comme la *Franciade* de Ronsard et la *Henriade* de Voltaire auxquelles je ne m'aviserais pas, d'ailleurs, de la comparer autrement. Mais rien n'est plus vrai, plus sincère, plus naturel que l'*Iliade* et les plus anciennes de nos Chansons de geste.

Il n'est plus permis de se tromper aujourd'hui sur la nature exacte de ces poèmes véritablement primitifs. On n'y trouve aucune de ces qualités « modernes » que nous exigeons aujourd'hui du plus humble des historiens. Nulle critique : le mot est aussi inconnu que la chose. Ces poètes sont de grands enfants qui racontent à d'autres enfants de belles histoires auxquelles ils ajoutent fort gravement autant de foi que leurs plus crédules auditeurs. « L'Épopée (c'est encore Kurth qui l'observe) cesse virtuellement d'exister le jour où elle cesse d'être prise pour de l'histoire. » On a dit aussi qu'Homère « regardait plus qu'il ne réfléchissait » et « qu'il était le poète de la constatation ». C'est encore là une qualité enfantine et qu'on ne retrouve jamais chez les auteurs des épopées artificielles. Les poèmes homériques sont surtout guerriers, comme aussi nos vieilles chansons : la douleur et la mort y occupent une large place, la force physique y est en gloire, le comique n'y apparaît que rarement, et il est lourd. La religion les pénètre. Les dieux qui n'ont point d'athées s'y promènent familièrement avec les hommes. Les dieux chez Homère ; Dieu et les Saints chez nous. Mais ce qui domine et échauffe toute cette poésie des âges simples, c'est l'esprit national. Pour qu'une épopée puisse être, il faut un peuple adulte, un peuple formé, un peuple qui ait conscience de lui-même et qui meure volontiers pour sa défense ou pour sa gloire. Tout est national dans ces poèmes, même le style.

À cette épopée des âges naïfs il fallait une base, et tous les romanistes sont d'accord pour reconnaître qu'il ne saurait être ici question que de faits réels, d'événements profondément historiques : une invasion, une guerre, une défaite, des représailles, la mort enfin de quelque héros où s'est incarné tout un peuple. Mais voici où commence le désaccord des érudits. Ces faits réels, base incontestable de l'épopée primitive, comment sont-ils parvenus à la connaissance des plus anciens auteurs de cette épopée ? Les uns affirment que c'est par la simple tradition orale ; les autres observent avec raison « qu'il n'y a pas de tradition historique orale » et que les événements les plus importants s'oublieraient en une ou deux générations, s'ils n'étaient pas conservés en des récits écrits ou chantés. Entre le fait épique et l'épopée à laquelle il donnera lieu, il faut donc, de toute nécessité, supposer un intermédiaire. Cet intermédiaire, ce sont des chants populaires, contemporains ou presque contemporains des événements qui en sont le sujet. Ce sont des chants rapides, entonnés par tout un peuple ; des complaintes, des rondes, des péans. Quand paraissent les grands poètes épiques, ils entendent inévitablement ces cantilènes, plus ou moins grossières, que chantent et *dansent* autour d'eux les femmes et les enfants : ils leur prêtent l'oreille, ils en saisissent la beauté, ils s'en inspirent, ils les développent, ils en font l'expression plus complète encore des sentiments collectifs de leur nation et de leur race, ils les unifient, ils les dramatisent, ils y jettent leur génie et les lèguent vivants et beaux à la postérité ravie. Voici l'*Iliade*, et voilà le *Roland*.

Il ne faudrait pas croire cependant que l'Épopée soit une plante qui puisse croître et fleurir dans tous les climats, sous tous les cieux. Certains peuples ne vont pas jusqu'à l'Épopée : ils s'arrêtent en chemin et se contentent de leurs premières danses chantées. Toutes les races n'ont pas le tempérament épique, ni tous les peuples, ni tous les temps. En d'autres termes, un certain nombre de conditions sont nécessairement requises pour la production de l'Épopée, et ces conditions sont aujourd'hui connues. Il faut tout d'abord à la véritable Épopée un siècle qui soit encore primitif : l'aurore d'une civilisation, et non pas le plein midi. On ne se représente pas Homère écrivant son *Iliade* au milieu du siècle délicat de Périclès, entouré des radieux chefs-d'œuvre d'un art achevé. S'il est un art qui corresponde exactement à l'épopée naissante, c'est un art qui est comme elle archaïque. En ces premiers temps épiques, on *écoute* les poèmes, on ne les lit pas. C'est l'époque des rapsodes, et non pas des scribes. Nous disions tout à l'heure que l'Épopée est un produit essentiellement naturel : c'est assez dire qu'elle ne peut naître que dans une patrie plus ou moins régulièrement constituée. Ce peuple destiné à l'Épopée doit encore, pour la mériter, être animé d'une foi religieuse quelquefois grossière, mais toujours sincère et profonde. Le moindre souffle de scepticisme flétrirait l'Épopée dans sa fleur. Elle ne vit que de foi, et même de crédulité. Mais ces éléments ne lui suffisent pas et, pour lui communiquer décidément le souffle fécond de l'inspiration, il lui faut encore des faits extraordinaires et douloureux. On a dit que les peuples heureux n'ont pas d'histoire : ils sont également condamnés à n'avoir pas d'Épopée. Les luttes désespérées et farouches où deux races se mordent et se tuent, des torrents de sang répandu, des mères en larmes sur les corps agonisants de leurs fils, la désolation, le massacre, la mort, voilà la vie de l'Épopée, qui se passionne volontiers pour les vaincus et n'a point pour devise *Vœ victis*. Elle n'a plus désormais besoin pour *devenir* que de quelque héros central qui personnifie puissamment toute une nation, toute une religion, toute une race. C'était Achille hier, ce sera Roland demain.

L'Épopée a désormais tout ce qui lui faut pour vivre. Elle peut naître, elle naît.

Un savant contemporain nous a fait assister à cette naissance, et la page qu'il lui a consacrée pourrait utilement servir de résumé à tout ce qui vient d'être dit. Donc, voici un grand fait qui vient de se passer en plein soleil de l'histoire. Une nation a été outragée dans la personne de son chef qui part en guerre et inflige aux insulteurs un formidable châtiment. Dès qu'on apprend cette victoire, des improvisateurs anonymes lui consacrent une ou plusieurs chansons, lesquelles sont vives, rythmées, dansantes, populaires. Puis un siècle se passe, deux siècles, trois peut-être. Un Homère inconnu surgit alors, qui s'intéresse à ces vieux chants, qui les recueille pieusement en sa mémoire, qui en délaisse la forme trop visiblement imparfaite et ne s'empare que de leur affabulation à laquelle il ajoute une pleine croyance, qui enfin les transforme un jour en un beau et large poème dont le premier mérite est une excellente et admirable unité. L'Épopée est née.

De l'épopée française et de ses origines. — Puis donc que toute épopée repose sur des faits réels, quels sont les faits d'où notre épopée nationale a tiré son origine ? C'est là une question dont on ne se préoccupait guère il y a cent ans, et il était en ce temps-là généralement admis que la guerre de Troie était seule épique. À force de songer à Agamemnon et à Hector, on avait oublié Clovis et Charlemagne.

« L'épopée française est d'origine germanique » : telle est la solution d'un problème qui a été naguère débattu en de mémorables polémiques ; telle est la thèse qui aujourd'hui semble universellement admise. Là-dessus Gaston Paris est d'accord avec Rajna, avec Kurth, avec vingt autres : « Nos chansons de geste ont un caractère germanique et par l'usage même auquel elles doivent l'existence, et par l'esprit qui les anime, et par le milieu où elles se sont développées. » Ces barbares, ces sauvages tatoués, ces sortes de Peaux-Rouges qui ont envahi et conquis le grand empire romain, ces Germains ont eu sur notre civilisation une influence qu'il n'est plus permis de contester, et il faudrait s'engouer d'un patriotisme bien mal entendu pour ne pas reconnaître que ces envahisseurs se sont intimement mêlés à l'ancienne population de la Gaule et que la nation française a été le résultat de ce mélange. Or ces Tudesques avaient des traditions poétiques sur lesquelles la lumière est faite ; ils possédaient, de toute antiquité, des chants nationaux où ils célébraient les origines et les fondateurs de leur race, et l'on rougit presque d'avoir à citer aujourd'hui les textes désormais classiques où l'existence de ces poèmes est nettement affirmée. C'est Tacite qui s'écrie en parlant de ces Germains dont il nous a laissé un si vivant portrait : « Canitur adhuc barbaras inter gentes » et qui ajoute ailleurs en termes plus décisifs : « Celebrant carminibus antiquis (quod unum apud illos memoriæ et annalium genus est) originem gentis conditoresque. » Ces deux lignes du grand historien suffiraient à l'établissement de la thèse, mais nous n'en sommes pas réduits à cet éclatant témoignage. Jornandès nous parle de ces *prisca Gothorum carmina* qu'il assimile, lui aussi, à de véritables annales (*pene historico ritu*), et l'historien des Goths nous parle encore, un peu plus loin, de ces mêmes chants dont il atteste l'antiquité et où les exploits des ancêtres étaient célébrés avec accompagnement de cithares. Ces chants tudesques, ils retentissaient jusque dans les cohortes romaines où les Germains étaient entrés en si grand nombre ; ils n'ont pas cessé, après la conquête barbare, de retentir dans le vieil empire conquis et notamment dans notre Gaule. Et le jour vint où le chef auguste de la noble nation franke, où ce très illustre conquérant et ce très sage législateur qui s'appelait Charles le Grand et dont le nom est en effet inséparable de l'idée de grandeur, où Charlemagne enfin, entre deux expéditions contre les ennemis du nom chrétien, s'enferma un jour au fond d'un de ses palais, et là, dans l'apaisement et dans le silence, se mit à composer, comme un professeur de rhétorique, un Recueil de ces vieilles cantilènes, une Anthologie, une Chrestomathie où il compila avec un soin pieux ces anciens chants germains dont Tacite et Jornandès avaient si clairement parlé : « Barbara et antiquissima carmina, quibus veterum actus et bella canebantur, scripsit memoriaeque mandavit. » Je ne sais si je me trompe, mais le grand Empereur me semble aussi grand dans cette compilation des vieux chants de sa race, que dans ses plus sanglantes victoires et ses plus glorieuses conquêtes.

Quoi qu'il en soit, ce sont ces *antiquissima carmina* compilés par Charlemagne, ce sont ces *antiqua carmina* observés par Tacite qui ont manifestement donné lieu à nos futures Chansons de geste. Ce n'est certes pas (comme nous le verrons plus loin) l'unique élément dont elles seront composées. Les chants tudesques, en effet, seront fatalement appelés à subir un jour l'influence chrétienne et l'influence romane, et rien n'est plus juste que cette définition de l'épopée française donnée naguère par Gaston Paris, de cette épopée qui selon lui « est germanique dans son germe et romane dans son développement ». Somme toute, il n'est plus permis aujourd'hui de nier l'origine germanique de notre littérature épique, et c'est un point sur lequel les érudits français semblent d'accord avec les allemands.

Transportons-nous maintenant à la fin du Ve siècle, au milieu de cet horrible brouhaha qui a suivi le triomphe plus ou moins brutal des Francs, parmi ces malheureux catholiques du nord de la Gaule qui se voyaient écrasés entre les Barbares et les Ariens ; transportons-nous chez ces vaincus, chez ces désespérés, à la veille de Tolbiac et de la conversion de Clovis.

En ce moment décisif de notre histoire, les *antiquissima carmina* que devait un jour colliger le fils de Pépin, ces chants nationaux éclatent et éclateront longtemps encore sur les lèvres grossières des Francs, sur celles de leurs enfants et de leurs femmes qui les dansent en les chantant.

D'un autre côté, les Gallo-Romains, qui ont emprunté aux Barbares, ou qui vont leur emprunter leur costume, leurs armes, leurs mœurs, leurs vices mêmes, ces Gallo-Romains (on pourrait déjà dire ces *Romans*) ne croiront pas déroger en empruntant aussi les chants de leurs vainqueurs. Et (comme l'a si bien dit Gaston Paris) il a pu exister, dès le Ve siècle, des chants romans qui avaient pour objet certains événements notables et où l'élément chrétien devait être prédominant. Rien ne semble plus probable.

Mais enfin quels faits célébrait-on en ces chants tudesques ou romans, dont nous aurons bientôt à préciser la nature ? C'est ce qu'il faut déterminer nettement, et nous nous trouvons en présence de la grande question de l'épopée mérovingienne.

L'épopée mérovingienne. — Le premier personnage épique qui s'ouvre à nos regards dès l'aurore de notre histoire, c'est certainement Clovis, et c'est par lui qu'il conviendra peut-être de commencer désormais l'Histoire de l'épopée française. Il y a quelque vingt ou trente ans, on n'osait guère remonter que jusqu'à Charlemagne : les travaux des Darmesteter, des Rajna et des Kurth autorisent aujourd'hui une hardiesse qui n'a rien de téméraire. Nous n'irons pas jusqu'à dire que le mariage ou la conversion de Clovis aient été le sujet « de la plus ancienne chanson de geste », et il y a là un système excessif que nous serons amené à combattre tout à l'heure ; mais il est certain que le baptême du roi frank a dû provoquer un dégagement de poésie auquel on ne saurait guère comparer que la popularité plus vive et plus auguste encore de Charlemagne. La France est assurément sortie du baptistère de Reims, mais notre poésie nationale en est sortie aussi, toute radieuse déjà et avec l'espérance légitime d'un long et merveilleux avenir. Il faut se représenter ce qu'était la Gaule en 496. Émiettée entre les Romains dégénérés, les Burgondes et les Wisigoths à moitié civilisés mais ariens, et les Franks encore païens et tout barbares, la pauvre Gaule ne pouvait aspirer à une désirable et nécessaire unité. Les catholiques surtout vivaient sous le coup d'une menace incessante et qui n'était pas loin de ressembler à une persécution. Ils ne savaient ce qu'ils devaient redouter le plus, les Ariens ou les Barbares. Séparés de cette Rome qui était le centre de leur foi, isolés au milieu d'ennemis qu'ils pouvaient croire implacables, ils avaient des heures de désespérance où ils se croyaient abandonnés de Dieu même. Tout à coup une nouvelle leur arrive, quelques jours après Noël, quelques jours avant les calendes de janvier. Elle vient de Reims et circule rapidement autour des basiliques joyeuses. Ce Chlodoweg, cette terreur des catholiques et des Romains, ce sauvage, ce païen, il vient de courber le front sous le *Baptizo te* qu'a prononcé solennellement le saint évêque Remy ; il est catholique enfin, il est des leurs, il est leur frère, et le chemin de Rome n'est plus fermé. Quant aux Ariens, ils peuvent trembler : car le jour de Dieu est à la fin venu et le châtiment est sur leurs têtes.

Que de tels événements n'aient pas transporté de joie les catholiques de la Gaule ; qu'ils n'en aient pas fait soudain l'objet de leurs chants populaires, que Clovis enfin, qui leur apparaissait dans la lumière, ne soit pas sur-le-champ devenu le héros et le centre d'un cycle poétique, c'est ce qui nous semble rigoureusement impossible. « De là, dit Gaston Paris, ces chants qui furent le germe de cette branche importante de notre épopée où la nation française, groupée autour de son chef, est considérée comme particulièrement aimée de Dieu et consacrée à défendre la chrétienté contre les Infidèles. » Et le même érudit ajoute avec son habituelle sagacité : « Grâce à l'adoption du catholicisme par les Franks, une conscience nationale s'éveilla dans notre pays. La langue et le rythme populaire des Romains de la Gaule servirent pour la première fois à exprimer un idéal national et religieux à la fois. Cet idéal, une fois créé, ne pouvait plus périr. »

Nous n'allons pas, quant à nous, jusqu'à nous écrier ici : « L'épopée française est née. » Mais nous sommes contraint d'avouer qu'elle est désormais possible et, pour ainsi parler, inévitable.

Clovis n'est pas le seul personnage qui, durant l'époque mérovingienne, soit ainsi devenu le centre d'un cycle poétique. Les épisodes romanesques qui ont précédé son mariage et les meurtres épouvantables dont il est accusé par l'histoire, ne sont pas, avec son baptême, les seuls faits qui aient été l'objet de chants populaires et aient fourni la matière d'une épopée plus ou moins lointaine. Son père, Childéric, était légendaire comme lui, et rien ne ressemble plus à certaines de nos chansons futures que l'histoire étrange de ses amours avec Basine. Aux yeux des romanistes les plus autorisés, ces événements sont fondés sur de vieux poèmes franks qui ne sont pas parvenus jusqu'à nous. Il y a plus. Selon Rajna et Kurth, l'histoire de la première race ne serait, en grande partie, que le décalque d'une épopée franke. Après les cycles épiques de Childéric et de Clovis, il y aurait, suivant eux, à signaler encore ceux de Clotaire, de Dagobert, de Charles Martel, et l'étude de cette dernière geste nous conduirait, comme on le devine, jusqu'au règne lumineusement épique de Charlemagne. Nos érudits vont jusqu'à donner des titres à ces poèmes barbares, dont ils affirment que l'existence est au-dessus de toute contestation, et l'on parle couramment de la *Chanson de Chilperik*, de la *Chanson de Chlodoweg*, de celle de *Theodorik*, etc. C'est le triomphe de l'hypothèse scientifique, et n'était le mot « épopée » que nous n'admettons pas et sur lequel nous reviendrons tout à l'heure, nous serions fort disposé nous-même à applaudir aux résultats acquis et à les enregistrer comme des vérités démontrées.

On ne s'étonnera pas de la popularité qu'ont pu conquérir des princes tels que Clotaire, Dagobert et Charles Martel. Dagobert est un second Clovis qui fut certes moins grand, mais presque aussi épique que le premier. Il étendit son sceptre sur une aussi vaste région que l'illustre converti de saint Remy. Il délivra ses peuples, comme Clovis l'avait fait, de l'incessante menace des barbares, et sa libéralité fut sans doute aussi populaire que ses vices auraient dû l'être. Quant à Charles Martel, il aurait joué sans doute dans la formation de notre épopée le même rôle que Charlemagne, si Charlemagne n'avait point paru. Poitiers est aussi épique que Roncevaux, bien que ce soit une victoire et que la poésie aime souvent à se passionner pour les vaincus. « C'est grâce à ce terrible *marteau* qui écrasa les plus dangereux ennemis de la civilisation et de la religion occidentales», c'est grâce à ce grand-père de Charlemagne que nous devons peut-être d'être chrétiens ; c'est lui qui a dit à l'Islam : « Tu n'iras pas plus loin. » Si l'on pouvait comparer ce grand homme à quelque autre héros, ce serait à ce fameux comte Guillaume qui, en 793, fut vaincu par les Sarrasins à la bataille de Villedaigne, mais dont l'incomparable vaillance épouvanta les vainqueurs qui n'osèrent pas rester sur le champ de bataille. La défaite de Villedaigne a eu d'ailleurs une meilleure fortune que la victoire de Poitiers : il en est sorti cette *Chanson d'Aliscans* qui est peut-être la plus belle de nos chansons après le *Roland*, tandis que Charles Martel ne nous a guère laissé que des souvenirs un peu brouillés et quelques débris d'une poésie disparue. La gloire de

Charlemagne a absorbé celle de son aïeul, et les deux Charles ont fini par n'en faire qu'un. Ce phénomène n'est pas rare.

Bien que ces cycles mérovingiens aient eu une vie et un éclat dont on ne saurait douter, nous ne retrouvons guère que leur sillage plus ou moins visible dans les pages des historiens, chez un Grégoire de Tours et chez un Frédégaire. Il ne nous reste de la geste de Dagobert qu'une aventure grotesque qu'on retrouve dans une chanson du XIIe siècle, dans ce singulier *Floovant* dont notre Darmesteter a si pertinemment parlé. Le jeune Dagobert encourut un jour la colère de son père pour avoir coupé (suprême outrage) la barbe d'un duc nommé Sadregisile : voilà ce que nous lisons dans les *Gesta Dagoberti* qui sont une œuvre monacale du IXe siècle ; voilà ce que les *Gesta* avaient évidemment emprunté à quelque poème contemporain de Dagobert. L'auteur anonyme de *Floovant* reproduit le même épisode et met seulement l'aventure sur le compte de son héros qu'il nous donne pour un fils de Clovis. De tant de chansons frankes qui durent être consacrées à Dagobert, c'est à peu près tout ce que notre épopée a gardé. On conviendra que c'est peu de chose.

Nous voici par bonheur devant un document plus positif, devant un vestige plus important de la poésie mérovingienne ; nous voici devant le véritable type de ces chansons qui ne sont point parvenues jusqu'à nous. Clotaire II a été plus favorisé que son fils Dagobert, et nous possédons le fragment authentique d'une chanson qui fut consacrée de son temps à un épisode de son règne dont nous n'avons pas à discuter ici l'historicité plus ou moins contestable. Il faut tout dire : ce fragment n'est qu'une traduction, et il ne nous a été transmis que par un hagiographe du IXe siècle, lequel écrivait deux cents ans après les événements. C'est dans la *Vie de saint Faron* par Helgaire, évêque de Meaux, que nous trouvons les huit fameuses lignes dont nous allons donner le texte, et que les romanistes considèrent avec raison comme leur plus riche et leur plus sûr trésor.

Mais il importe avant tout de connaître les faits précis qui ont été l'occasion de ce chant dont on peut sans témérité fixer la date à l'année 620.

C'est vers cette année en effet que la scène se passe, dans un des palais du roi frank, probablement à Meaux. On annonce à Clotaire l'arrivée d'une ambassade que lui envoie Bertoald, roi des Saxons. Le langage de ces députés n'a rien de diplomatique et égale en insolence celui que tiendront un jour les messagers de nos chansons de geste : « Je sais, dit Bertoald à Clotaire par la voix de ses *missi*, je sais que tu ne pourrais avoir l'intention de me combattre et que tu n'as pas seulement la force de concevoir une telle espérance. J'emploierai donc la douceur avec toi, et consens à préserver de la dévastation un royaume que je considère comme le mien et où j'ai décidé de faire mon séjour. Je te somme de venir au-devant de moi et de me servir de guide. » À ces paroles, la colère de Clotaire s'allume : « Qu'on tranche la tête à ces Saxons. » Les *optimates* du roi frank, douloureusement consternés, lui font en vain observer que c'est là une violation du droit des gens et qu'un tel acte est contraire non seulement à la loi franke, mais à celle de tous les peuples depuis l'origine du monde. Clotaire, de plus en plus irrité, ne veut rien entendre. « Ordonnez au moins qu'on remette à demain une aussi cruelle exécution » : c'est ce que demande alors la voix d'un des principaux leudes de Clotaire qu'on appelle Faron et que l'Église devait un jour placer sur ses autels ; c'est ce que Clotaire finit par accorder. Le jour s'éteint, la nuit descend. Faron, qui était un véritable et solide chrétien, s'introduit auprès de ces infortunés Saxons qui attendaient, avec une épouvantable angoisse, l'aurore du lendemain : « Je vais, dit-il à ces païens, vous enseigner la loi du Christ afin que, cette nuit même, vous receviez le saint baptême et que vous soyez à la fois sauvés de l'éternelle mort et de celle de demain. » Ce catéchiste improvisé se prend alors à leur faire un exposé de toute la foi qui les touche et les convertit : ils courbent la tête et sont lavés dans l'eau baptismale. Puis, quand Clotaire vient en personne faire exécuter l'inique sentence, il trouve devant lui Faron qui prend, d'un cœur assuré et d'une voix ferme, la défense des ambassadeurs : « Ce ne sont plus là des Saxons, lui dit-il, mais des chrétiens. Dieu les a convertis cette nuit, et je viens de les voir tout à l'heure revêtus de la robe blanche des nouveaux baptisés. » Clotaire ne peut résister à une éloquence aussi chrétienne : il pardonne, et chargés de présents, les messagers de Bertoald retournent près de leur roi. La clémence de Clotaire ne fut pas de longue durée, et il ne put se résoudre à oublier les menaces du prince saxon. Il dirigea bientôt contre ces barbares une expédition dont tous les historiens n'ont pas parlé et en fit un horrible carnage. Tous ceux dont la taille dépassait la hauteur de l'épée de Clotaire furent inexorablement massacrés. Cette dernière légende se retrouve en plus d'un autre texte. Elle est bien germaine.

Cet épisode, qui était fait pour frapper également le patriotisme des Franks et la foi des chrétiens devait fatalement inspirer des chants populaires. Un arrêt de mort, une conversion dans un cachot, des représailles victorieuses contre un insolent ennemi, il y avait là de quoi éveiller la verve de ces poètes anonymes qui travaillent pour le peuple. Le biographe de saint Faron, qui était clerc et écrivait en un mauvais style ampoulé, a du moins eu le mérite de nous transmettre le texte incomplet d'une chanson vieille de deux siècles qui avait son saint pour héros et que l'on redisait encore de son temps, sans y plus rien comprendre. « La victoire de Clotaire sur les Saxons, dit le bon Helgaire, donna lieu à un chant public *juxta rusticitatem* qui volait de bouche en bouche et que les femmes chantaient en chœur avec des battements de mains. » Chacun de ces mots d'Helgaire est d'un très haut prix et mériterait un long commentaire. Mais que dire surtout du texte lui-même que notre biographe, par malheur, ne cite que partiellement et dont il ne nous donne évidemment qu'une traduction latine :

De Chlotario est canere, rege Francorum,
Qui ivit pugnare in gentem Saxonum,
Quam graviter provenisset missis Saxonum,
Si non fuisset inclytus Faro de gente Burgundionum !
Et in fine hujus carminis :
Quando veniunt missi Saxonum in terram Francorum
Faro ubi erat princeps,
Instinctu Dei transeunt per urbem Meldorum
Ne interficiantur a rege Francorum.

Voilà certes le document le plus certain que nous possédions sur la poésie populaire de l'époque mérovingienne, et il semble qu'il n'y ait place en dehors de ce maître texte que pour des hypothèses plus ou moins hasardées, plus ou moins vraisemblables.

Il n'est même pas téméraire d'affirmer que la plus grande partie de ces chants populaires de l'époque mérovingienne qui ont été consacrés à Clovis, à Dagobert, à Charles Martel, devaient être à peu près de la même nature que la *Chanson de saint Faron.* C'est plus qu'une supposition : c'est presque une certitude.

Eh bien ! cette *Chanson de saint Faron* est-elle une épopée, comme plusieurs semblent le croire ? Ou bien faut-il seulement y voir ce qu'on appelait naguère une cantilène (mais le mot n'est plus à la mode), ce qu'on appelle aujourd'hui « un chant lyrico-épique » ? Nous nous déclarons formellement en faveur de cette seconde thèse dont la vérité ne nous a jamais semblé douteuse.

Une épopée, ne l'oublions pas, est toujours d'une certaine étendue, et ne peut par conséquent être chantée que par des gens du métier, aèdes ou jongleurs.

Une épopée, à raison même de son étendue, ne saurait se graver dans la mémoire de tout un peuple ; elle ne saurait *volitare per omnium ora* ; elle ne saurait surtout être chantée par des chœurs de femmes avec des battements de mains pour accompagnement : *feminæque choros inde plaudendo componebant.* Tous ces caractères, au contraire, conviennent à ces chants essentiellement populaires que nous pouvons encore entendre de nos jours et que nos fillettes exécutent de la même façon que sous le roi Clotaire.

La Chanson de saint Faron est une ronde, et nous ne craignons pas d'affirmer que la plupart des chansons de la même époque ont été des rondes, à moins qu'elles n'aient été des péans ou des complaintes.

Et qu'on n'aille pas nous objecter ici qu'on ne peut pas, en une complainte ou en une ronde, se permettre un véritable développement historique. Il y a des complaintes en trente couplets et où l'on raconte aisément toute une existence de héros ou de saint. Cet épisode des ambassadeurs saxons, rien n'était plus facile que de le faire tenir en vingt couplets de quatre ou huit vers qu'un romaniste habile pourrait aujourd'hui reconstituer sans trop de peine.

Ce n'est pas à la légère que nous employons ici le mot romaniste, et la « ronde de saint Faron » doit être en effet considérée comme un poème en langue romane. On peut même aller plus loin et admettre, avec Gaston Paris, que ces chants nationaux ont pu quelquefois se produire sous une double forme, tudesques et romans. Mais il faut se hâter d'ajouter que l'élément germain a de plus en plus cédé la place à l'élément « français » et que les mots *juxta rusticitatem* semblent surtout applicables à un texte roman.

Et s'il nous fallait enfin formuler une dernière fois notre opinion sur une question aussi controversée, nous n'hésiterions pas à redire ici que la plupart des poèmes où Kurth a vu des épopées, ne sont à nos yeux que des cantilènes, des complaintes, des rondes. Telle est notre conclusion sur ce qu'on a voulu appeler l' « épopée mérovingienne ».

Théorie des cantilènes d'où l'épopée française est sortie. — Durant tout le moyen âge et même jusqu'à nos jours, on a continué de chanter les complaintes et les rondes dont nous venons de parler et sans lesquelles notre épopée n'eût peut-être jamais vu le jour. C'est à tort qu'on a prétendu qu'elles avaient disparu devant l'Épopée « comme les dernières étoiles devant le jour naissant » ; c'est à tort que Gaston Paris a pu écrire : « Vers la fin du Xe siècle, quand la production des cantilènes cessa, l'Épopée s'empara d'elles et les fit complètement disparaître en les absorbant » ; c'est à tort enfin que le même érudit a dit ailleurs : « L'Épopée, quand elle se développa, remplaça ce qui l'avait préparée ; on ne peut avoir le même individu à l'état de chrysalide et à l'état de papillon. » L'image est charmante, mais le fait ne semble pas exact. Les chants lyrico-épiques ont coexisté et coexistent encore avec cette épopée qu'ils ont pour ainsi dire enfantée. L'auteur de la *Vita sancti Willelmi*, qui écrivait au commencement du XIIe siècle, parle quelque part de ces chants populaires, qui avaient Guillaume pour héros et qui, du temps de cet historien, étaient encore répétés en chœur par les jeunes gens, par les nobles, par les chevaliers, par le menu peuple, et jusque dans les *vigiliæ sanctorum*. Certes ce ne sont point là des chansons de geste. Des chansons de geste ne restent pas ainsi gravées dans la mémoire de tant d'illettrés ; elles sont trop compliquées, et surtout trop longues. Il est démontré, d'autre part, qu'il y a eu, avant le XIIe siècle, des épopées consacrées à Guillaume et à sa race. Donc, les cantilènes n'ont pas cessé de vivre après la naissance de l'épopée. Elles vivent encore et nous pouvons, si nous le voulons bien, en entendre tous les jours dans les villes comme aux champs, et jusque dans les rues de notre Paris.

Pour en finir avec la *Vita sancti Willelmi*, il convient d'observer que, malgré sa date relativement récente, ce texte longtemps inconnu est, avec celui d'Helgaire, le plus solide document que nous puissions alléguer en faveur de l'existence des cantilènes ou des chants lyrico-épiques. En dehors de ces deux témoignages, il n'y a (nous le répétons à dessein) que des hypothèses plus ou moins ingénieuses, des « sans doute » et des « peut-être ». Rien de plus.

Ces cantilènes dont l'existence est si clairement attestée par ces deux textes, ces complaintes, ces rondes, ces péans, ces chants lyrico-épiques ont un jour donné naissance aux chansons de geste dont nous écrivons l'histoire.

Le fait n'est point particulier à la France, et l'on a pu dire sans témérité que toute grande épopée nationale est toujours précédée de chants populaires et brefs. Il est trop vrai cependant, comme nous l'avons dit plus haut, que tous les peuples n'arrivent pas jusqu'à l'Épopée. Plus d'un s'arrête en route et se contente de ses chants lyriques : « Voulez-vous, dit Bartsch, vous faire quelque idée d'un développement poétique qui n'est pas allé jusqu'à l'Épopée ? Voyez les romances espagnoles. » D'autres historiens de la littérature ont pris soin d'énumérer les pays, comme l'Écosse et comme la Serbie, « où les chants héroïques n'ont pas abouti à des épopées ». Plus heureux que ces peuples et quoi qu'en ait pu dire le siècle de Voltaire, nous avons eu, nous, Français, « la tête épique », et les cantilènes chez nous n'ont pas seulement précédé une véritable épopée : elles l'ont créée.

Cette théorie a naguère été contestée ; mais je pense qu'à l'heure actuelle, il n'y a guère plus que Godefroid Kurth et Pio Rajna à enseigner qu'à l'époque mérovingienne les poèmes consacrés aux héros franks « constituaient de véritables chansons de geste ». Ces excellents érudits seraient fort embarrassés si on leur demandait de formuler une preuve positive en faveur d'une affirmation aussi hardie.

Paul Meyer avait jadis professé une autre théorie, et qu'on pourrait, ce semble, accepter en un certain nombre de cas qu'il serait d'ailleurs assez malaisé de définir. Entre les faits historiques d'une part, et, de l'autre, les chansons de geste, il n'est pas nécessaire, suivant lui, d'imaginer l'intermédiaire des cantilènes. La tradition orale suffirait amplement à tout expliquer. On a répondu à Paul Meyer en lui objectant la fragilité bien démontrée de la tradition orale et en observant qu'au bout de quelques années, il ne resterait plus rien d'un fait historique ou légendaire qui n'aurait pas été fixé par le rythme et par le chant.

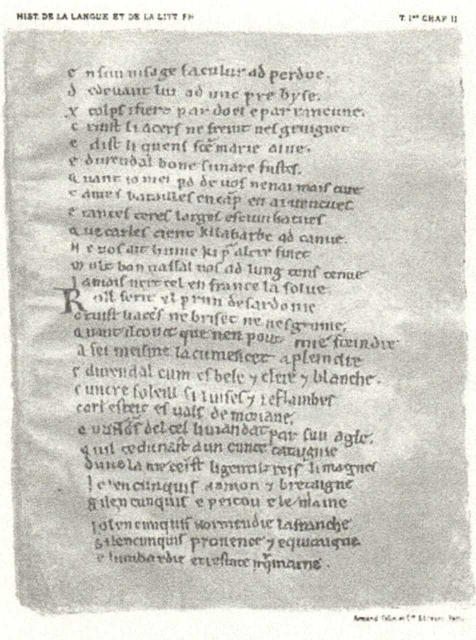

UNE PAGE DU MANUSCRIT D'OXFORD DE LA CHANSON DE ROLAND
Bibl. Bodl. Ms. Digby 23 F° 42 (R°)

L'opinion des érudits semble aujourd'hui presque unanime en faveur des cantilènes, et c'est Gaston Paris qui en a donné le résumé le plus exact : « Les chansons de geste, dit-il, ne peuvent s'appuyer que sur des chants lyriques antérieurs dont elles ont développé l'élément épique et supprimé l'élément lyrique. » Elles ne sont, à ses yeux (les plus anciennes du moins), que l'amplification de chants contemporains des événements. « Sans doute, ajoute-t-il, il existait des chants de ce genre en langue vulgaire sous les Mérovingiens. Beaucoup ont été consacrés aux guerres de Charles Martel et de Pépin ; mais c'est sous Charlemagne qu'ils se produisirent avec le plus de richesse et d'éclat. » Et, appliquant son système à la plus vénérable, à la plus antique de nos chansons de geste, Gaston Paris en vient à donner encore plus de précision à une théorie que nous avions jadis défendue, mais non sans quelque exagération : « L'événement tragique qui fait le centre du *Roland* a dû susciter, dès le moment même, des chants qui se répandirent très vite. Ces chants, probablement courts et pathétiques, se sont transformés peu à peu et ont abouti au poème tout narratif et long de quatre mille vers qui a été rédigé vers la fin du XIe siècle. » Dans ce remarquable exposé d'une doctrine qui nous est chère, nous n'aurions guère à supprimer que les points d'interrogation ou de doute dont elle est encore accompagnée. Étant donné le chant de saint Faron, étant donné le texte moins décisif mais encore important de la *Vita sancti Willelmi*, on peut affirmer sans ambages que la mort de Roland a certainement inspiré des chants tout semblables à ceux dont Clotaire II et Guillaume ont été l'objet à deux siècles d'intervalle. Ce n'est plus là de l'hypothèse.

Ce qu'il faut au contraire se garder d'adopter, c'est la thèse excessive que nous avions naguère soutenue et qui pouvait se résumer en ces quelques mots : « Les premières chansons de geste n'ont été que des chapelets d'antiques cantilènes. » Il y a longtemps que nous avons dû renoncer à ce paradoxe que Rajna a si justement combattu. La vérité se réduit à cette proposition qu'a formulée Nyrop avec son ordinaire sagacité et modération : « Nos premiers épiques se sont contentés de profiter des cantilènes, mais ne les ont pas textuellement utilisées. » La seule hypothèse qui pourrait être ici permise, c'est celle qui a été hasardée il y a quelque vingt ans. Il pouvait arriver, a dit un romaniste contemporain, qu'on demandât à un chanteur populaire de réciter toutes les cantilènes qu'il connaissait sur Ogier, sur Guillaume, sur Roland. Il les récitait de suite et en leur imposant sans doute un certain ordre. De là à avoir l'idée d'une chanson de geste, il n'y avait qu'un pas à faire. On le fit.

Mais, malgré tout, il est encore plus sage de s'en tenir à ces deux affirmations : « Les Chansons de geste ont été précédées par des cantilènes qui avaient été souvent contemporaines des grands faits et des grands héros historiques. Un certain nombre de nos chansons de geste ont été inspirées par ces cantilènes. »

Charlemagne, personnage épique. Persistance des cantilènes et commencement de leur transformation. — Charlemagne ! telle est la figure radieuse qui s'impose ici à notre regard et, en quelque façon, nous barre le chemin. Dans toute histoire de l'épopée française, c'est le fils de Pépin qui occupe de droit la première place, et l'historien qui la lui refuserait ne devrait être considéré que comme un juge prévenu ou un esprit sans portée. On a peut-être dépassé la vérité en disant naguère que sans Charlemagne nous n'aurions pas eu de chansons de geste ; mais, à coup sûr, nous ne les aurions ni si nombreuses ni si amples. Cet homme étonnant communique sa grandeur aux chants qu'il inspire. Clovis et Charles Martel n'ont guère laissé dans notre poésie nationale que des souvenirs plus ou moins confus : Charlemagne, lui, y a laissé son empreinte vivante. « Arrivée à Charlemagne, dit Godefroid Kurth, l'Épopée s'est arrêtée éblouie par le rayonnement prodigieux d'une physionomie plus auguste et plus majestueuse que toutes les précédentes. Devenu le centre d'un cycle, Charlemagne vit converger vers lui l'intérêt épique universel. Non seulement on lui attribua tous les exploits et toutes les aventures de ses prédécesseurs ; mais on fit remonter jusqu'à lui ceux de ses successeurs, par une espèce de transfert épique à rebours. En lui donc se concentre l'épopée de son peuple, et toute la somme de puissance épique qui réside dans le génie français vient resplendir sur les traits glorieux de l'Empereur à la barbe fleurie. » On ne saurait mieux dire, et cette belle page vaut tout un livre.

Le grand Empereur nous apparaît dans l'histoire sous un triple aspect : c'est un législateur prudent, et qui se contente sagement de réformer ou de compléter les lois si diverses de ses peuples ; c'est encore un ardent catholique et qui envoie en Germanie toute une légion de missionnaires comme de beaux semeurs de vérité ; mais c'est surtout un conquérant, et c'est sous les traits d'un conquérant qu'il a pris possession de notre épopée. Les poètes ne comprennent pas grand'chose aux beautés de la législation, et les Capitulaires, si sages qu'il soient, ne sont pas faits pour provoquer leur enthousiasme, ni seulement leur attention. Il en est de même pour l'évangélisation qui n'est pas faite par le sabre. J'estime que nos épiques ne se sont jamais fait une juste idée des profondes raisons qui ont déterminé le fils de Pépin à restaurer l'antique empire romain et à créer ainsi, dans le monde nouveau, une unité puissante et qu'il a pu croire immortelle. Ils n'ont même pas compris *tout* le conquérant : ils ne lui ont donné qu'un seul ennemi, l'Islam, et c'est à peine en effet s'il est question d'autres adversaires dans toute l'épopée carlovingienne. Nos poètes, d'ailleurs, ont ici quelque droit à des circonstances atténuantes : car au moment où ils écrivaient leurs chansons, le Sarrasin était vraiment l'ennemi héréditaire, et ils étaient bien excusables de tout voir en Sarrasin. Dans la réalité de l'histoire, Charles avait été plus grand. Il n'avait pas eu à lutter contre un seul péril, mais contre dix, mais contre cent. Il avait d'une voix puissante crié Halte ! aux envahisseurs de l'est comme à ceux du midi. Il avait écrasé les Saxons et contenu les Musulmans. Il avait donné à l'Église romaine le temporel dont sa liberté avait besoin. Il avait rassemblé ces beaux conciles réformateurs de l'an 813 où les mœurs et la discipline avaient reçu un si utile et si heureux rajeunissement. Il avait fait toutes ces grandes choses, et la majesté de son couronnement n'avait été surpassée, comme on l'a dit, que par celle de sa mort. Ici, comme partout, l'histoire est plus belle que la légende.

Malgré tout, la légende est belle, et elle l'est déjà dans cette page immortelle du moine de Saint-Gall qui est certainement la reproduction d'un vieux chant populaire. Vous vous la rappelez, cette scène dont la grandeur égale les plus belles scènes homériques, alors que Didier voit du haut d'une tour arriver de loin, dans un tourbillon de poussière, l'avant-garde de Charlemagne. Il est épouvanté, le roi lombard, et tremble déjà de tous ses membres : « Est-ce là Charlemagne ? demande-t-il à Ogier. — Pas encore », répond Ogier. Puis, voici que la magnifique armée de Charles défile dans le lointain, sous les regards mal assurés du roi italien : « Ah ! pour le coup, c'est Charlemagne, s'écrie-t-il effaré. — Pas encore », répond Ogier. Et à chaque corps de la Grande Armée qui passe, le Lombard s'écrie d'une voix de plus en plus étranglée par l'effroi : « Est-ce Charlemagne ? » Et Ogier de lui répondre toujours : « Pas encore. » Tout à coup, au milieu d'une splendeur d'armures incomparable et environné d'hommes de fer qui couvrent toute la campagne, apparaît, énorme, superbe, terrible, le grand empereur de fer : « C'est Charlemagne », dit Ogier. Et Didier tombe à terre, comme mort.

C'est ainsi que les poètes populaires ont compris Charles. C'est *leur* Charles, je le sais bien, et ce n'est point le nôtre. Nous serions portés, nous, à peindre un autre tableau, et à saluer dans le vainqueur de Didier autre chose que sa haute taille, son visage farouche et sa lourde armure. Mais c'est que nous sommes des raffinés, et non pas des primitifs. Encore un coup, c'est le Soldat qui est devenu épique, ou, pour mieux dire, c'est la France elle-même, qui dans nos vieux poèmes nous apparaît avec Charles comme le rempart de cette chrétienté cent fois menacée par les Sarrasins et cent fois sauvée par elle. Nos trouvères n'ont conçu Charlemagne que comme le chef héroïque d'une armée de croisés, et c'est à ce point de vue qu'on a pu dire que le fils de Pépin est le plus épique de tous les grands hommes.

Quoi qu'il en soit, nul dégagement de poésie ne saurait être comparé à celui qui sort de toute la vie de Charles, et un tel règne devait nécessairement « susciter une production de chants nationaux plus riche que jamais ». Devant une telle lumière, les anciens héros tombèrent aussitôt dans la pénombre, et c'est grâce seulement à sa communauté de nom que le souvenir de Charles Martel ne fut pas tout à fait éteint. Encore attribua-t-on à Charlemagne la meilleure partie de sa gloire. Clovis, un jour, avait fait place dans les récits populaires de la nation franke à Dagobert Ier, qui lui-même fut remplacé par Charles Martel, lequel à son tour « confondit sa personnalité poétique avec celle de son glorieux petit-fils ».

Ce qu'il y a de certain, c'est qu'après la mort de Charlemagne tout comme auparavant, on continua à chanter des cantilènes, des complaintes, des rondes. Nous avons d'ailleurs les meilleures raisons de croire que ces chants lyrico-épiques avaient exactement la même nature que ceux de l'époque mérovingienne et qu'ils circulaient dans les pays tudesques sous une forme tudesque, dans les pays romans sous une forme romane. L'existence de ces chants est attestée par plusieurs auteurs dont on ne saurait récuser le témoignage. Elle est démontrée.

Ces *vulgaria carmina* dont parle le poète saxon et qui avaient pour objet les Pépins et les Charles, les Louis et les Thierrys, les Carlomans et les Lothaires; ces chants auxquels fait allusion Ermoldus Niger, et dont il atteste le caractère essentiellement populaire par ce vers mémorable : *Plus populo resonant quam canal arte melos* ; ces mêmes chants enfin auxquels se réfère l'Astronome en ce passage tant de fois cité où il déclare qu'il lui semble superflu de donner le nom des héros morts à Roncevaux : tous ces chants sont à nos yeux des chants lyrico-épiques.

Mais la transformation de ces cantilènes va bientôt commencer ; mais chacun des couplets dont elles se composent va peu à peu se dilater et admettre un nombre plus considérable de vers qui seront reliés entre eux par une seule et même consonance ; mais le nombre de ces couplets va lui-même aller en croissant ; mais de grands poètes vont bientôt s'emparer de la matière narrative de ces chants populaires et en composer de plus longs poèmes dont ils confieront l'exécution à ces chanteurs professionnels, à ces jongleurs d'origine romaine, dont nous aurons lieu de parler plus loin. L'heure de l'épopée nationale n'est pas encore venue : mais elle va bientôt sonner.

L'Épopée française aux IXe et Xe siècles. — Le fragment de La Haye. — Séparation définitive des deux épopées française et tudesque. — À quelle date exacte peut-on placer cette transformation de la cantilène en épopée ? à quelle époque cette évolution a-t-elle été achevée ? à quel moment enfin sont nées les premières chansons de geste ? Il est malaisé de répondre d'une façon précise à de telles questions. Je me persuade néanmoins que cette date est antérieure au Xe siècle et je me fonde sur le fameux texte de La Haye qui appartient sans doute à cette époque. Ce document (le plus important peut-être de tous ceux qui ont été mis en lumière par les historiens de notre épopée) est un récit en « beau latin » d'une guerre où figurent les héros du cycle de Guillaume d'Orange. Ce récit est probablement calqué sur un poème roman d'une certaine étendue. Comme on le voit, il y a encore là quelque obscurité, et nous avons quelque peine à sortir du « peut-être ». Mais, étant donnée la grande personnalité de ce Charlemagne dont les exploits et la gloire ne pouvaient pas tenir à l'aise dans le cadre étroit des chants populaires, je me permettrais volontiers de supposer que les plus anciennes chansons de geste ont dû être composées entre le règne de Charlemagne et la date du texte de La Haye. Pour tout dire, je les croirais du IXe siècle.

Ce IXe siècle est d'une importance capitale dans les annales de notre épopée. C'est alors, suivant nous, que la poésie tudesque s'est séparée pour toujours de la poésie romane. Dans le travail créateur de l'épopée française, les Franks restés purement Germains, les Franks Ripuaires n'ont pas eu de part. À l'époque mérovingienne, on pourrait déjà marquer sur une carte, par deux couleurs différentes, les pays où les cantilènes se chantaient en tudesque et ceux où elles se chantaient en roman : mais la séparation devient encore plus nette après Charlemagne, et chacun des deux grands peuples va décidément à ses destinées poétiques : l'un d'eux par le chemin qui le conduira à la *Chanson de Roland* et l'autre par la route qui le mènera aux *Nibelungen*.

Le *Ludwigslied*, ce chant si profondément populaire qui a pour objet la belle victoire que le roi Louis III remporta en 881 sur les Normands envahisseurs, le *Ludwigslied* n'est pas, comme on l'a cru, « un des germes de l'épopée française » : c'est un des plus anciens monuments de la poésie tudesque. Il en est de même de ce *Waltharius* qui appartient à la fin du Xe siècle et n'est assimilable au fragment de La Haye que pour le latin seulement, mais qui est visiblement composé avec des matériaux empruntés au cycle des *Nibelungen* et dont les principaux personnages, Hagen, Walther d'Aquitaine, Hildegonde et le roi Gunther sont des Thiois ou des Allemands. L'allure, les mœurs, les passions, les caractères, tout est germain et ultra-germain. Rien, rien de français.

Si donc nous avons dit plus haut que l'épopée française est d'origine germaine ; si nous sommes intimement convaincu que, sans les invasions barbares, cette noble épopée ne serait pas née au soleil de l'histoire ; si nous sommes autorisé à déclarer une fois de plus que cette épopée d'origine germaine a été alimentée par des chants lyrico-épiques qui avaient pour héros des Tudesques, comme Clovis, Dagobert et

Charles Martel ; si nous trouvons dans le *Roland* et dans vingt autres poèmes des traces irrécusables de la législation tudesque ; si nous maintenons énergiquement ces propositions qui ressemblent à des axiomes, nous devons ajouter que dans les pays de langue romane ou, pour employer un terme plus précis, de langue française, les chants historiques n'ont pas tardé à prendre une physionomie spéciale. L'Église y a jeté la vivacité et les ardeurs de sa foi que d'illustres érudits n'ont pas toujours tenue en assez grande estime ; les Gallo-Romains ont fait présent à la future épopée de leur claire et belle langue qui était d'essence latine ; mais surtout ils y ont mis l'empreinte de leur personnalité, de leurs sentiments, de leurs idées, et, pour tout résumer en un mot, de leur « caractère ». Rien n'est plus difficile à définir et à doser que le caractère ; mais, dans la formation d'une œuvre intellectuelle, rien n'est peut-être plus important. C'est ce que Gaston Paris a exprimé en une page que je voudrais voir reproduire dans tous nos Manuels d'histoire et de littérature : « Germanique par son point de départ, l'épopée française, du moment qu'elle s'est exprimée en roman, a pris un caractère différent de l'épopée germanique et s'en est éloignée de plus en plus. » Et ailleurs : « Notre épopée est allemande d'origine, elle est latine de langue ; mais ces mots n'ont, pour l'époque où elle est vraiment florissante, qu'un sens scientifique : elle est profondément, elle est intimement française ; elle est la première voix que l'âme française, prenant possession d'elle-même, ait fait entendre dans le monde, et, comme il est arrivé souvent depuis, cette voix a éveillé des échos tout à l'entour. Ainsi, quand l'olifant dans la *Chanson de Roland* fait *bondir* ses notes puissantes, des montagnes et des vallées lui répondent mille voix qui les répètent. »

Cette romanisation des chants germains dans les limites de la langue romane a pu commencer dès le VIe siècle, mais elle est certainement achevée au IXe. Si, à partir de cette date, vous vous prenez à lire des poèmes allemands et que vous les compariez à des poèmes français, « vous vous trouverez en présence de produits si différents que jamais l'idée ne vous viendrait, au premier abord, qu'ils ont quelque chose de commun ».

La séparation est décisive.

Fondement historique de l'épopée française. — Ce qui caractérise la véritable Épopée, c'est qu'elle a un fondement historique. Il y a eu chez nous (depuis Clovis à tout le moins) une série de faits précurseurs de l'Épopée, et ces faits sont d'une incontestable et lumineuse réalité. On les a embellis, exagérés, délayés, déformés, transformés ; mais ils restent malgré tout le fond auguste de nos plus anciennes Chansons de geste.

Rien n'est plus réel que l'existence d'un comte Roland qui fut certainement *Britannici limitis præfectus*, et il n'est encore venu à l'idée de personne de suspecter le texte de la *Vita Caroli* où Eginhard raconte en termes si nets cette défaite de Roncevaux qui fut une manière de Waterloo dont Charles fut longtemps à se consoler. *In quo prælio Hruodlandus interficitur* : ces cinq mots ont donné lieu à quelques centaines de poèmes écrits en tous pays et en toutes langues, et nous leur devons à coup sûr une partie notable de ce qu'on a appelé le cycle de Charlemagne ou la « Geste du Roi ». Rien n'égale leur profonde historicité. Un Allemand a naguère découvert l'épitaphe d'un des guerriers morts à Roncevaux, et nous savons aujourd'hui que cette sinistre bataille a eu lieu le 15 août 778. On ne saurait désirer plus de précision.

Une autre geste (nous expliquerons bientôt le sens exact de ce mot) est sortie d'un fait qui n'est pas moins historique. En 793, quinze ans seulement après Roncevaux, les Sarrasins envahirent notre sol national et s'avancèrent jusqu'à Narbonne dont ils brûlèrent les faubourgs. Chargés de butin, ils se mettaient en route vers Carcassonne, lorsque tout à coup ils rencontrèrent le comte Guillaume qui leur barra le chemin et leur livra bataille près de la petite rivière de l'Orbieu, en un lieu appelé Villedaigne. Guillaume fut vaincu après des prodiges de valeur, mais les Sarrasins, effrayés sans doute par une résistance aussi héroïque, levèrent leur camp et retournèrent aussitôt en Espagne : *Obviam Sarracenis exiit Willelmus quondam comes aliique comites Francorum cum eo, commiseruntque prœlium super fluvium Oliveio. Willelmus autem pugnavit fortiter in illa die..* Cette phrase des Annales de Moissac, confirmée par dix autres témoignages, a donné lieu, non seulement à cet admirable poème d'*Aliscans* que nous raconterons plus loin, mais à tout ce cycle de Guillaume qui n'est certes ni moins beau ni moins historique que celui de Charlemagne.

Ainsi, voilà deux grands cycles qui sont sortis de deux ou trois faits profondément historiques, et nous ne sommes encore qu'au début d'une énumération dont nous essaierons d'abréger la longueur.

Cet Ogier qui a rempli la France et l'Occident du bruit de sa gloire brutale, cet Ogier que l'Italie a chanté plus longtemps que la France elle-même et dont elle n'a pas encore aujourd'hui perdu tout le souvenir, ce n'est pas un être fictif et qui soit sorti un beau jour des vapeurs de l'imagination française. Il a existé ; il a joué un rôle considérable à la cour du roi Charles. En 760, le pape saint Paul lui donne le titre de *gloriosissimus dux* ;

quatre ans plus tard, nous le voyons s'attacher à la fortune de Carloman ; la chronique de Moissac nous fait assister à sa disgrâce auprès de Charlemagne : *Truso in exsilium Desiderio rege et Oggerio*, et, enfin, le moine de Saint-Gall ajoute un dernier trait, qui est des plus précieux, à des données aussi authentiques : *Contigit quemdam de primis principibus offensam terribilissimi imperatoris incurrere et, ob id, ad eumdem Desiderium confugium facere*. Bref la légende d'Ogier repose sur des fondements historiques non moins solides que celles de Guillaume et de Roland.

La pensée d'Ogier éveille fatalement celle de ce Renaud de Montauban qui a été un rebelle comme lui et qu'on a, depuis longtemps, admis dans le même cycle ; mais il s'en faut que nous ayons sur l'aîné des fils d'Aimon les mêmes lumières que sur le Danois. C'est grâce à des recherches toutes nouvelles et fort subtilement dirigées que nous commençons à entrevoir l'historicité de ce héros. Il est démontré que le Renaud de l'histoire est mort vers le milieu du VIIIe siècle, et que par conséquent c'est contre Charles Martel et non contre Charlemagne qu'il a eu à lutter ; il est prouvé, plus clairement encore, que le roi Yon de notre vieux poème doit être identifié avec un Eudon, duc ou roi de Gascogne, qui donna réellement asile à des ennemis de Charles Martel et qui fut amené pour ce motif à batailler contre le grand-père de Charlemagne. Néanmoins nous n'avons pour Renaud qu'une silhouette dans l'histoire : pour Ogier, nous possédons la statue.

S'il est un héros épique dont la gloire mérite d'être comparée à celle d'Ogier et même de Roland, c'est certainement Girard de Roussillon. Il ne lui a peut-être manqué, pour balancer la gloire du vaincu de Roncevaux, que de s'être mis au service d'une aussi grande cause et d'être mort pour elle. À coup sûr il n'est pas moins historique. Il a réellement existé un Girard qui fut comte de Paris en 827, qui abandonna un jour le parti de Charles le Chauve pour embrasser celui de Lothaire qui combattit à Fontenai, qui fut en 853 gouverneur du royaume de Provence où il voulut plus tard se rendre indépendant ; qui soutint à ce sujet une lutte terrible contre Charles le Chauve ; qui dut en 870 livrer à l'Empereur la ville de Vienne vaillamment défendue par sa femme Berte, et qui, vaincu et exilé, mourut sans doute à Avignon avant l'année 879. La belle chanson de geste qui nous est restée et que Paul Meyer a traduite avec une si vivante exactitude est loin de reproduire minutieusement des faits aussi complexes ; mais on y retrouve à tout le moins le souvenir encore très net de la révolte de Girard et de sa lutte contre l'Empire, avec la très aimable et très noble figure de la bonne comtesse Berte.

C'est une physionomie sauvage et rude que celle de ce Girard qui a du moins racheté tant d'orgueil et d'indépendance en fondant de belles abbayes comme Vézelay et Pothières ; mais que dire de ce Raoul de Cambrai qui, au lieu de construire des églises, se fait une joie de brûler des monastères ? Ce brutal, qui est le héros d'une de nos chansons les plus farouches et les plus primitives, n'est pas un être imaginaire. Il a eu, par malheur, une existence très réelle. Il a certainement incendié le moutier d'Origny ; il a lutté durant plusieurs années contre les fils du comte Herbert de Vermandois ; il est mort en 943 dans une bataille qu'il leur livra, et la chanson populaire qui circula sur cette mort dramatique est, à n'en pas douter, la base de notre vieux poème. D'autres personnages de la chanson comme Guerry le Sor et Ybert de Richemont n'ont pas été davantage inventés par le poète : ils étaient avant lui installés dans l'histoire.

Plus historique encore est ce poème de *Gormond et Isembard* dont nous ne possédons qu'un fragment de six cent soixante vers. On y trouve l'écho, qui n'est pas trop affaibli, de cette fameuse bataille de Saucourt que le jeune et valeureux Louis III livra aux Normands le 3 août 881 et où il fut heureusement vainqueur. On peut s'imaginer l'allégresse et l'enthousiasme qui éclatèrent dans tous les pays franks à la nouvelle de cette victoire inespérée. Un clerc tudesque la chanta dans le *Ludwigslied* qui est parvenu jusqu'à nous, tandis que des poètes romans, demeurés inconnus, la célébraient en des cantilènes qui inspirèrent plus tard l'auteur du *Gormond.* Au centre de toute cette poésie, qu'elle soit allemande ou française, se tient le roi Louis, figure profondément réelle et qui fut l'une des plus sympathiques de toute l'époque carlovingienne. Il mourut trop jeune.

Depuis cette bataille de Saucourt où fut si heureusement arrêtée la marche de l'invasion normande, jusqu'aux guerres saintes où l'Islam fut envahi par la race chrétienne, la distance est énorme, et il n'y a entre ces faits lointains que d'imparfaites analogies ; mais la première croisade a cela de commun avec la victoire de Louis III qu'elle a donné lieu à des chansons de geste où l'élément historique tient une place aussi considérable. Dans ces deux cas le procédé n'a pas été le même. C'est d'après quelque cantilène qu'a été écrit *Gormond et Isembard* ; c'est d'après des chroniques latines qu'a été composée *Antioche*. Cette dernière affirmation n'a pas été admise sans de longues discussions, et l'on a longtemps considéré les chansons de la croisade comme de véritables chroniques qui ne devaient rien à personne. Il est admis aujourd'hui que Richard le pèlerin, auteur présumé de la plus ancienne rédaction d'*Antioche*, a largement utilisé les chroniques d'Albert d'Aix et de Pierre Tuebœuf. Tantôt il les traduit littéralement, tantôt il les abrège, et souvent enfin (notamment dans ses interminables descriptions de batailles), il imite le style des épopées antérieures ou lâche les rênes à sa fantaisie. C'est maintenant chose prouvée.

Nous venons de parcourir tous les cycles de notre épopée nationale, et nous avons eu la joie de constater partout l'irrécusable et lumineuse influence des événements historiques. Il nous reste à montrer comment cette influence, très vive et très profonde dans nos plus anciennes chansons, a été sans cesse en s'affaiblissant, jusqu'au moment où l'imagination, par malheur victorieuse, a décidément chassé l'histoire de notre épopée transformée en roman.

Au commencement, c'est parfait, et l'empreinte de l'histoire est partout visible. La mort de Roland, le désastre d'Aliscans, les révoltes d'Ogier et de Girard, les premiers exploits des croisés sont racontés par des poètes que les plus sévères historiens ne désavoueraient qu'à moitié et ne contrediraient qu'à regret. Le commencement du *Couronnement Looys* où se trouvent ces mâles et superbes conseils de Charlemagne mourant à son chétif héritier, ce superbe début semble presque servilement calqué sur les deux textes d'Eginhard et de Thegan; mais il ne faut pas s'attendre à rester longtemps sur ces hauteurs. Le déclin de l'histoire va se précipiter. Les poèmes où il reste le plus de réel sont peut-être encore ceux où l'on a gardé une impression GÉNÉRALE ET VAGUE des grands faits dont on a oublié le détail. Nous parlions tout à l'heure du *Couronnement Looys*. Pour qui a lu ce poème étrange où l'on voit le pauvre jeune empereur aux prises avec ses redoutables feudataires, il est évident que le poète ne s'est point proposé de reproduire ici un fait isolé et particulier, mais qu'il s'est inspiré d'événements constamment renouvelés, tels que tous les soulèvements de vassaux sous les derniers Carlovingiens et même sous Hugues Capet. Quand, ailleurs, l'auteur de ce même poème nous montre son héros Guillaume Fièrebrace s'élançant à deux reprises vers cette Rome où le Pape est menacé par les Sarrasins ou par les Allemands, il n'est pas moins certain qu'il y a là le souvenir fidèle de deux grands faits d'ordre général, de ces invasions très historiques que les Infidèles ont poussées plus d'une fois jusqu'aux portes de Rome, notamment en 846 et en 878, et des brutalités non moins réelles dont les empereurs allemands se sont tant de fois rendus coupables envers le souverain pontificat. J'avoue que cette influence des faits d'ordre général n'est pas pour me déplaire. La dose d'histoire y est souvent plus notable que le récit plus ou moins exact de tel ou tel fait spécial, et l'on a peut-être eu raison de formuler naguère cette théorie dont il ne faudrait pas abuser : « Les péripéties les plus constantes de nos chansons correspondent aux péripéties les plus constantes de l'histoire. » En voici un exemple, que nous emprunterons à ce *Girars de Viane*, où il serait malaisé de signaler un seul événement qui fût vraiment historique. Mais dans ce poème (qui n'a pas certes le même parfum d'antiquité que le *Couronnement*), je sens le souvenir encore vivant des invasions musulmanes au sud de la France, de la lutte de nos rois contre leurs trop puissants barons et, enfin, de ce long et profond antagonisme entre le midi et le nord de notre pays. Si ce n'est point là de l'histoire, quel nom donner à une aussi puissante synthèse, à d'aussi fidèles souvenirs ?

Il y a, en revanche, un certain nombre de nos chansons où l'on ne trouve la trace que d'un seul fait historique. Ce fait primitif est indiscutable, et personne ne songe à le contester ; mais, tout bien examiné, de telles chansons me paraissent fort inférieures à celles où est condensé l'esprit même de l'histoite et qui, comme le *Couronnement* et le *Girars de Viane*, nous offrent en réalité la dominante de toute une époque. Il n'y a rien de plus fondé en histoire que l'entrée du comte Guillaume, de cet illustre vaincu de Villedaigne, au monastère de Gellone. L'événement est de 806 : nous le savons pertinemment, et nous n'ignorons pas qu'il a servi de base ou plutôt de prétexte au poème singulier qui a pour titre le *Moniage Guillaume*. Mais, dans cette chanson grossière, il n'y a de réel que ce seul fait. Tout le reste sonne faux, et l'Épopée est sur le point de sombrer dans la caricature. Est-ce là, est-ce bien là cet incomparable Guillaume qui, chargé de gloire et au sommet de la fortune humaine, se prit soudain de dégoût pour les honneurs de ce monde et voulut qu'on lui confiât à Gellone les plus humbles fonctions, comme de conduire au moulin l'âne du monastère ? Le *Moniage Guillaume* ne nous dit rien de cette admirable humilité et n'a d'historique que son titre.

Elles ne sont pas rares les chansons comme le *Moniage Guillaume* où l'élément historique se borne à un seul fait qui est l'occasion et non le fond de l'œuvre. Les *Saisnes* reposent sur la donnée de ces formidables expéditions que Charlemagne ne cessa de diriger contre les Saxons et qui se terminèrent par la cruelle victoire de l'implacable empereur et par la conversion de Witikind. Mais, si l'on excepte la première partie de la chanson qui a dû former jadis un poème à part sous ce titre : *Les barons Herupois*, il n'y a de réel dans ce trop long poème que ce fond un peu vague. Tous les détails en sont fabuleux, et les principaux personnages eux-mêmes, comme Baudouin et Sibille, n'ont pas de solidité historique. *Huon de Bordeaux* est encore plus typique. Grâce aux recherches d'Auguste Longnon, nous savons que le père d'Huon, le duc des Gascons Seguin est un personnage historique qui fut tué par les Normands en 845 ; et le Charlot de la même chanson est certainement ce fils de Charles le Chauve et de la reine Ermentrude, ce Charles l'Enfant, roi d'Aquitaine, qui mourut en 866, âgé de dix-neuf ans, à la suite d'une tragique aventure dont nous n'avons pas à donner ici le détail. Mais là se borne le réel, et le reste du vieux poème se passe dans le trop aimable royaume de l'imagination. Tournant le dos au duc Seguin et à l'histoire, le poète nous conduit soudain en Orient, et le nain Obéron devient le centre charmant d'un véritable conte de fées. Il serait facile de multiplier ces exemples et de constater les désastreux envahissements de la fantaisie.

Passe encore pour ces contes de fées et surtout pour ces vieilles légendes populaires dont le thème a été si heureusement introduit dans certaines de nos chansons. Il est peu de nos vieux romans qui me passionnent autant qu'*Amis et Amiles*. Or ce poème a été chimiquement composé (si j'ose ainsi parler) avec la vieille légende des deux amis ou des deux frères qui se ressemblent tellement que leurs deux femmes les prennent l'un pour l'autre, et avec cette autre légende, plus touchante et plus élevée, de l'ami qui ne peut être guéri qu'après avoir été lavé dans le sang même des enfants de son ami. Ce n'est point là de l'histoire, je le sais, mais c'est presque aussi grand.

Passe aussi pour ces types humains, pour ces types universels que l'imagination des poètes a créés de toutes pièces à toutes les époques et dans tous le pays : le Traître, la Femme innocente et persécutée, le Vengeur, et vingt autres. C'est là de la bonne psychologie traditionnelle, et non pas de la fantaisie.

Mais enfin, il faut l'avouer, c'est la fantaisie qui, dans nos chansons de geste, finira par l'emporter un jour sur tous les autres éléments. Elle tuera l'histoire et la légende elle-même avec laquelle il importe de ne pas la confondre ; elle gâtera jusqu'aux vieux contes ; elle dénaturera enfin (et c'est peut-être son plus grand crime) les beaux types humains dont nous venons de parler.

Son triomphe ne sera pas l'œuvre d'une année, ni d'un siècle. Mais de toute façon, l'Épopée en mourra.

Rôle de la légende dans la formation de l'Épopée. — Nous venons de déterminer le rôle qu'a joué l'élément historique dans la formation de notre épopée : il faut maintenant voir la légende à l'œuvre.

À peine le fait historique est-il éclos, et, le jour même de son éclosion, la légende commence à le défigurer.

Le premier procédé de la légende et celui qu'on retrouve dans la poésie de toutes les races : c'est l'exagération. La légende ne voit jamais les choses qu'à travers un verre grossissant. Elle ressemble au peuple ou, pour mieux dire, elle est peuple. Voici une bataille à laquelle dix mille hommes ont pris part : la légende et le peuple (c'est tout un) en voient cent mille, deux cent mille, trois cent mille, et ce nombre va sans cesse en augmentant. Il m'a été donné d'assister moi-même à ce phénomène étrange de l'amplification légendaire. C'était pendant le siège de Paris. Nos soldats avaient fait à Chevilly quelques prisonniers prussiens qu'on ramenait avec une joie trop facile à comprendre. Une foule immense se précipita sur leur passage et, tandis qu'on les attendait, la légende fit sa besogne. « Ils sont dix mille », s'écriait-on vers quatre heures. À cinq heures on se disait d'un air entendu : « Ils sont certainement vingt mille. » Une heure après, on en était à quarante mille. Si l'attente s'était prolongée, ils auraient bien été cent mille. En réalité (comme je l'ai dit ailleurs) ils étaient dix. Mais une remarque que je fis encore ce jour-là, c'est que le nombre de ces fameux prisonniers progressait à raison du carré des distances. Près des bastions, on n'était pas trop éloigné du vrai chiffre ; mais au Panthéon le chiffre avait décuplé, et il avait centuplé à Notre-Dame. Ainsi vont encore les choses, et vous pensez bien qu'aux IXe et Xe siècles elles n'ont guère pu se passer autrement. Certes ce fut une rude bataille que celle de Roncevaux, et nous irions volontiers jusqu'à dire que les chroniqueurs en ont singulièrement affaibli la portée. Ce fut plus qu'un accident d'arrière-garde, et Charlemagne fut longtemps à se consoler d'un tel affront. Mais dans le vieux poème, c'est bien autre chose encore. C'est un désastre sans pareil dans l'histoire du monde, et la seule annonce d'une telle catastrophe trouble soudain l'harmonie de toute la nature. Une tempête effroyable s'abat sur la France ; la foudre éclate ; un tremblement de terre épouvante les peuples ; les murs et les maisons s'écroulent et d'horribles ténèbres enveloppent la terre. C'est l'épouvantement des épouvantements, *c'est li granz doels pur la mort de Rollant*. L'Évangile ne parle pas autrement des prodiges qui accompagnèrent la mort de l'Homme-Dieu. Faut-il, après cela, parler des cent milliers et des cent milliers de Sarrasins qui remplacent dans la légende ces montagnards gascons, dont le nombre, en réalité, n'a pas dû être fort considérable ? Faut-il surtout rappeler le grand miracle que Dieu fit alors pour favoriser les justes représailles de Charles ? Faut-il montrer le soleil arrêté dans le ciel par le nouveau Josué ?

Même amplification, même grossissement dans la geste de Guillaume et, en particulier, dans cette belle *Chanson d'Aliscans* qu'on ne saurait mettre au-dessous du *Roland* qu'après avoir quelque temps hésité. La bataille de Villedaigne en 793 fut certainement plus sanglante que celle de Roncevaux, et il est à peu près certain que les Sarrasins purent ce jour-là mettre cent mille hommes en ligne. Mais ce n'est rien en comparaison des bataillons païens qui évoluent dans *Aliscans*, et les exploits du Guillaume de l'histoire *qui occidit unum regem cum multitudine Sarracenorum* paraissent bien pâles à côté de ceux du Guillaume épique dont tous les compagnons sont massacrés par les Sarrazins et qui résiste seul, oui, tout seul, à l'assaut de trente mille païens.

Ogier n'est pas moins agrandi par la légende, et, seul aussi, dans son château de Castelfort, il tient tête durant sept ans à tout l'effort du grand empereur et du grand empire. Mais qu'est-il besoin d'aller plus loin et de chercher, en dehors de nos trois grands cycles, des exemples qu'il serait facile de multiplier ? Il est déjà trop manifeste que l'exagération est, comme nous le disions tout à l'heure, le premier caractère et, en quelque manière, le premier travail de la légende.

Mais la légende ne se contente pas d'exagérer le fait historique : elle le dénature. Elle estime qu'il manquerait quelque chose à Roland, s'il n'était pas de la famille de Charles, et elle en fait hardiment le neveu du roi de France. Elle n'a pas tout à fait oublié que le grand empereur avait eu réellement à lutter contre des Lombards et des Gascons, contre des Saxons et des Normands ; elle ne l'ignore peut-être pas ; mais, emportée par un sentiment de haine bien excusable contre le grand ennemi du nom chrétien, elle transforme et habille en Sarrasins tous les ennemis de l'Empereur. La légende en effet ne peint que ce qu'elle voit, et il ne faut lui demander ni la connaissance du passé, ni les raffinements de la couleur locale. Comme elle travaille au milieu de la société féodale, elle s'imagine aisément que cette forme sociale a toujours existé, et Charles devient à ses yeux un suzerain entouré de vassaux qui lui prêtent l'hommage. Décidément, le mot « transformer » ne serait pas exact pour qualifier ce second travail de la légende, et c'est « déformer ». qu'il faut dire.

On ne saurait lui demander de s'arrêter en si beau chemin. Elle s'est inconsciemment convaincue que toutes les âmes peuvent se ramener à un certain nombre de types et que la tragédie humaine comporte seulement quelques rôles, toujours les mêmes. Elle introduit ces types et ces rôles dans le tissu de son récit où font alors leur entrée ces personnages dont nous avons déjà donné le nom, le Traître, l'Épouse soupçonnée, le Vengeur. Une fois ces types créés, la légende ne les changera plus, et ce seront toujours les mêmes marionnettes mises en jeu par les mêmes ficelles. Il y a encore là un amoindrissement de l'histoire, et ce sera plus tard une des causes de la décadence de notre épopée.

Ce même système, la légende l'applique non seulement aux hommes, mais aux faits. Elle s'aperçoit que les péripéties de la vie des individus ou des familles sont réductibles à un certain nombre d'anecdotes et de lieux communs. Elle adopte ces anecdotes, elle utilise ces lieux communs, elle en fabrique de nouveaux et les ajoute à la simplicité des données de l'histoire. Parmi ces lieux communs, il en est que l'on retrouve un peu partout, mais surtout chez les peuples de race germanique. Tel est le duel entre deux héros qui met fin à une guerre trop prolongée ; telle est la lutte si dramatique entre un père et un fils qui ne se connaissent pas ; telle est la délivrance de quelque illustre et vaillant prisonnier qui lutte contre un redoutable adversaire et délivre soudain tout un pays. C'est dans cette même catégorie qu'il convient de placer la grande misère et la réhahilitation de la femme calomniée, l'enfant abandonné qui est nourri par des fauves, les héros merveilleusement invulnérables sauf en une partie de leur corps, et cette si touchante reconnaissance, grâce à un anneau, d'un mari et d'une femme depuis longtemps séparés. Il ne faudrait pas oublier les princesses qui sacrifient à leur amour leur pays et leur foi ; le stratagème des soldats de bois qui sont fabriqués par quelque capitaine en détresse pour donner à l'ennemi l'illusion d'une véritable armée, les femmes changées en hommes, et les étonnants animaux qui enseignent un gué à une armée en marche. Il est de ces lieux communs qui ont eu plus de succès que d'autres dans le développement spécial de notre épopée : telle est la trop fameuse partie d'échecs où le mauvais joueur tue son adversaire à coups d'échiquier ; tel est le jeune chevalier qui ignore sa naissance et qui, tout frémissant de courage et montrant le poing aux païens, est élevé par quelque bourgeoise ou par quelque bon marchand outrageusement pacifique. On en pourrait citer vingt autres. Quoi qu'il en soit, voilà l'histoire qui est déjà trois fois déshonorée : on l'a amplifiée ; on en a changé le caractère et la couleur ; on y a introduit des événements qui n'ont rien de réel. Poussé par cette généreuse idée que le crime ne peut rester impuni et que l'innocence doit finir par triompher, on ira jusqu'à donner à certains faits historiques un dénouement inattendu et contraire à toute réalité, et c'est ainsi que dans le *Roland* nous verrons Charlemagne exercer, après Roncevaux, de sanglantes représailles sur les Sarrasins poursuivis, atteints, vaincus. Rien n'est plus beau sans doute, mais rien n'est plus faux, et cette fausseté n'a vraiment eu que trop de succès.

La plupart de ces déformations de la vérité ont dû certainement se produire tout d'abord dans les chants lyrico-épiques, dans les cantilènes, dans les complaintes, dans les rondes, et c'est de là, presque toujours, qu'elles ont passé dans l'épopée. D'où qu'elles viennent, elles ont dénaturé, elles ont falsifié l'histoire.

II. — Les Chansons de geste.

Les plus anciennes chansons de geste. — Le terrain est maintenant déblayé.

Nous savons quelle est l'origine de l'épopée française, et nous venons d'assister à sa lente formation à travers les siècles.

Qu'elle soit de source germaine et d'éducation romane ; qu'elle soit, en d'autres termes, « le produit de la fusion de l'esprit germanique, sous une forme romane, avec la nouvelle civilisation chrétienne et surtout française », personne aujourd'hui ne semble plus le mettre en doute.

Que les chansons de geste aient été précédées, depuis le Ve ou le VIe siècle, par des chants lyrico-épiques ou des cantilènes, c'est ce qui est également accepté par le plus grand nombre des érudits français et étrangers.

Que notre épopée nationale s'appuie sur des faits historiques et que ces faits aient été, dès l'époque des cantilènes, plus ou moins défigurés par la légende, c'est ce que nous avons tout à l'heure essayé de démontrer.

Ces démonstrations nous ont conduit jusqu'au IXe siècle, et telle est à nos yeux, comme nous l'avons dit plus haut, l'époque probable où nos premières épopées ont dû être chantées, non plus par tout un peuple, comme les antiques cantilènes, mais par ces chanteurs professionnels qui s'appellent les jongleurs.

Il n'est plus aujourd'hui permis de supposer que nos plus anciennes épopées soient postérieures au Xe siècle : car ici le texte de La Haye, qu'on attribue légitimement au Xe siècle, se dresserait en quelque sorte devant nous. Ce fragment dont la découverte a été d'un si haut prix est l'œuvre très médiocre d'un rhéteur de vingtième ordre qui avait sous les yeux un poème latin en hexamètres plus ou moins sonores et qui s'était donné la tâche de le réduire en prose. Par négligence ou par maladresse, le pauvre hère a laissé subsister dans son œuvre assez de traces de versification pour qu'il soit possible aux érudits modernes de reconstituer ses hexamètres un peu éclopés. Mais ce qu'il y a pour nous de plus intéressant, c'est que ces vers latins eux-mêmes ne semblent être que la copie d'un poème en langue vulgaire dont le titre, suivant une conjecture un peu hardie de Gaston Paris, aurait été la *Prise de Girone*. Nous avons eu déjà l'occasion de dire qu'on y raconte le siège d'une ville païenne par l'empereur Charles. Les Français donnent l'assaut et sont repoussés par les assiégés qui font ensuite une sortie… et le fragment s'arrête là tout net. Ce sont les noms des combattants chrétiens qui sont le mieux faits pour frapper ici une oreille française. Ils s'appellent *Ernaldus*, *Bertrandus*, *Bernardus*, *Wibelinus*. Mais, ces noms, nous nous les rappelons parfaitement, et ils sont familiers à tous ceux qui ont étudié la geste de Guillaume. C'est Ernaut de Gironde ; c'est Bernard de Brebant et son fils Bertrand le paladin, qui fut fait prisonnier à Aliscans ; c'est enfin ce jeune Guibelin qui est le héros du *Siège de Narbonne*. Un seul païen est nommé : c'est Borel, et nous le retrouvons dans plusieurs chansons du même cycle, notamment dans *Aimeri de Narbonne*. Nous sommes donc en pleine geste de Guillaume, c'est-à-dire en pleine épopée. Avec quelque hardiesse il semble qu'on reconstruirait les couplets de la chanson française. Non, ce n'est plus la charpente ni la physionomie des cantilènes. Un aussi long développement que l'on consacre ainsi à un seul épisode nous force à supposer un poème de plusieurs milliers de vers. Plus de doute : ce n'est plus une complainte ni une ronde : c'est une chanson de geste, et nous sommes enfin arrivés à l'heure de la véritable éclosion de notre épopée.

« Préparée par Chlodovech, commençant vraiment à Charles Martel, à son apogée avec Charlemagne, renouvelée puissamment sous Charles le Chauve et ses successeurs, la fermentation épique d'où devait sortir l'épopée s'arrête au moment où la nation est définitivement constituée et a revêtu pour quelques siècles la forme féodale. » Ainsi parle un des plus sûrs érudits de notre temps, et je ne voudrais pas que sa pensée, dont le fond est vrai, fût mal comprise ; je voudrais, pour tout dire, supprimer ce mot « s'arrêter ». Sans doute il faut faire remonter jusqu'à Clovis ce que Gaston Paris appelle si bien la fermentation épique ; sans doute Charlemagne est un sommet, et il est juste de rendre enfin un hommage légitime aux successeurs du grand empereur, même à ce Louis le Pieux qui est trop calomnié dans l'histoire, même à ce Charles le Chauve sur lequel il reste à écrire un beau livre. D'autre part j'admettrai volontiers avec Nyrop que les Capétiens n'ont eu, pour ainsi dire, aucune part dans la formation de notre épopée nationale ; mais la féodalité nous a certainement fourni une matière épique dont Gaston Paris lui-même, développant heureusement sa thèse, a pu dire : « Quand sur les débris de la monarchie carlovingienne s'élève et s'organise la féodalité, les chants épiques renaissent, se renouvellent et expriment l'idéal féodal. » Il ne faudrait même pas arrêter à la féodalité l'action de ce ferment épique. Les croisades où des cent milliers d'hommes combattaient, les yeux obstinément fixés sur le saint-sépulcre, et mouraient pour le conquérir, les croisades qui sont la plus haute manifestation de la chevalerie catholique et française, ont eu nécessairement une influence considérable sur les développements de l'épopée. Et qui oserait dire que Jeanne d'Arc ait été moins épique que Charlemagne ?

Mais aujourd'hui nous n'avons pas à descendre ainsi le cours des siècles, et voici que nous entendons, non plus dans le lointain, mais tout près de nous, la voix d'un chanteur qui, sur une mélopée très simple, nous dit ces vers qui nous remuent jusqu'au plus profond de l'âme : « *Carles li reis nostre emperere magnes — Set ans tuz pleins ad estet en Espaigne*. »

Ces vers, on les connaît aujourd'hui tout aussi bien que le début de l'*Iliade*, et il n'y a plus, grâce à Dieu, de jeunes Français qui les ignorent.

C'est notre *Roland*, c'est la plus ancienne chanson de geste qui soit parvenue jusqu'à nous. L'Epopée française existe.

La Chanson de Roland. — La *Chanson de Roland*, telle que nous la possédons aujourd'hui, n'est certainement pas la première qu'on ait consacrée au héros qui mourut le 15 août 778 dans un obscur défilé des Pyrénées et dont la gloire a depuis lors été œcuménique.

Il semble tout d'abord évident que de nombreuses, de très nombreuses cantilènes ont eu pour objet ce désastre de Roncevaux qui rendit soucieux le front de Charlemagne. Nous savons, d'après le texte irrécusable de la *Vita sancti Willelmi*, que des chants de ce genre ont été plus tard provoqués par les hauts faits de cet illustre comte Guillaume que les Sarrasins, en 793, attaquèrent et vainquirent à Villedaigne. Si populaire et si victorieuse qu'ait été cette déroute, elle ne produisit pas, elle ne pouvait produire un rayonnement de poésie qui fût comparable au désastre de Roncevaux.

Mais enfin les temps de la véritable épopée sont venus, et l'on comprendra sans peine qu'un héros tel que Roland a dû fatalement inspirer plus d'une chanson de geste. D'une centaine de complaintes et de rondes quatre ou cinq de ces chansons ont pu sortir. Une telle hypothèse n'a rien d'excessif.

Parmi ceux de ces poèmes qui ont disparu et qu'on a essayé de reconstruire, le plus ancien (on peut le supposer du Xe ou du XIe siècle) nous a peut-être été conservé dans la fameuse Chronique de Turpin. C'est l'honneur de la critique contemporaine de n'avoir point dédaigné cette œuvre médiocre et que l'on considérait naguère comme un produit exclusivement clérical ; c'est surtout son honneur d'avoir reconstitué avec elle un autre *Roland* qui est sans doute antérieur au nôtre.

Mais le faux Turpin n'est pas le seul document où la sagacité des érudits modernes a découvert les traces d'une version antérieure du *Roland.* Un fort méchant poème latin « en distiques obscurs et contournés », le *Carmen de proditione Guenonis*, a été l'objet d'une restitution aussi solide et aussi intéressante. Le Turpin et le *Carmen* peuvent d'ailleurs être exactement attribués à la même date : ils ont été l'un et l'autre composés « un peu avant le milieu du XIIe siècle » ; mais ils reproduisent deux états de la chanson qui remontent notablement plus haut.

Voilà ce que constate l'érudition d'aujourd'hui, qui sera peut-être contredite par celle de demain. Mais enfin cette constatation est faite pour nous inspirer quelques doutes sur la valeur réelle et l'originalité du *Roland* que nous avons la joie de posséder. N'y faut-il voir que l'heureuse copie d'un poème plus ancien ? Ne nous offre-t-il vraiment aucun élément nouveau ?

Ce qu'il nous offre de nouveau est principalement dû à l'étonnante personnalité de son auteur. Ce sont ces inventions géniales, ce sont ces épisodes qu'il n'emprunte à personne et qu'il trouve dans le seul trésor de sa belle imagination. La part du génie est considérable dans cette œuvre traditionnelle. C'est lui, c'est notre poète qui a imaginé sans doute de commencer sa chanson par un message du roi Marsile ; c'est lui qui a créé cette scène incomparable où l'orgueil de Roland se refuse à sonner du cor ; c'est à lui qu'est due cette place prépondérante qu'occupe Olivier près de Roland, et qui a dessiné la charmante figure de ce frère d'armes de notre héros qui ressemble au Curiace de Corneille et représente si bien la vaillance tranquille à côté de la bravoure affolée : *Rollanz est preuz e Olivier est sages* ; c'est lui, c'est encore lui, qui a tiré de son cerveau le récit des présages lugubres qui annoncent la mort de Roland ; c'est lui, c'est toujours lui, qui a probablement imaginé la mort de la belle Aude, de cette fiancée sublime qui ne saurait survivre à un homme tel que Roland et qui meurt en apprenant sa mort. Et c'est à lui enfin qu'il faut faire honneur du dénouement du poème, de la forme solennelle qui est donnée à la condamnation de Ganelon, et de ces derniers vers où Charlemagne en larmes regrette de ne pouvoir goûter ici-bas un instant de repos : « *Deus, dist li Reis, si penuse est ma vie !* »

Donc c'est au génie individuel de l'auteur du *Roland* que la plupart de ces nouveautés sont dues. Il a traduit tous ces récits en un style dont il n'est sans doute pas l'inventeur, qui était probablement celui de tous les poètes de son temps et que nous avons appelé ailleurs « un style national ». Mais les conceptions que nous venons d'énumérer sont bien son œuvre, et c'est là ce qui la distingue essentiellement du *Carmen* et du Turpin. *Cuique suum.*

Au demeurant, nous ne sommes pas, autant que d'autres romanistes, frappés des divergences qu'on peut constater entre ces trois formes de la légende rolandienne. Elles se ressemblent de bien près, ces affabulations du *Turpin*, du *Carmen* et du *Roland*, et force nous est d'avouer que la légende du héros devait être, avant le XIe siècle, bien solidement établie, bien « achevée », bien définitive, pour que ces différences aient si peu d'importance. Si l'on admet la postériorité du *Roland* qui nous a été conservé, il ne faut peut-être le faire qu'avec certaines réserves et à titre d'hypothèse. C'est le plus sage.

À quelle époque remonte cette fière chanson qu'un manuscrit d'Oxford (la France devrait l'acheter à prix d'or) a si heureusement préservée de l'oubli ? À quelle date faut-il décidément faire remonter le chef-d'œuvre où nous trouvons la rare et admirable fusion d'une belle légende nationale avec le génie d'un vrai poète ?

Nous avons naguère essayé d'établir que le *Roland* était une œuvre antérieure à la première croisade. Nous n'avons pas changé de sentiment.

L'auteur ne parle jamais de Jérusalem comme d'une ville appartenant aux chrétiens : il la suppose toujours aux mains des mécréants. Donc le poème a dû, suivant nous, être composé avant cette année 1099 qu'a illustrée pour toujours la prise de la ville sainte par Godefroy de Bouillon. On le chantait déjà et il circulait partout, vibrant et populaire, avant la prédication de la croisade, avant les premiers commencements de la grande expédition d'Outre-mer.

Il n'est pas moins utile de savoir où il a été composé. Aujourd'hui, tout aussi vivement qu'il y a vingt-cinq ans, nous nous persuadons que le *Roland* a été écrit dans la région où l'on honorait d'un culte spécial l'apparition de l'archange Michel à saint Aubert, onzième évêque d'Avranches. Cette apparition eut lieu en 708 et, sur la demande expresse de l'Archange, saint Aubert éleva une église en son honneur sur le sommet du Mont, *in monte Tumba.* Ce fut le fameux sanctuaire du Mont Saint-Michel qui fut plus tard, durant la guerre de Cent ans, le dernier boulevard de la patrie française.

Cette apparition de l'Archange, cette construction d'une église en un lieu si saint et si beau, ce pèlerinage qui fut de bonne heure si fameux, donnèrent lieu à une fête spéciale qui se célébrait le 16 octobre.

Donc, tandis que le reste de la catholicité continuait à solenniser la fête de saint Michel le 29 septembre, il y eut toute une région de notre cher pays de France qui, sans négliger cette grande fête de l'Église universelle, donnait peut-être plus d'importance encore à la fête *sancti Michaelis in periculo maris*, à la fête du 16 octobre. Cette région, on la connaît, et cette solennité, comme le dit Mabillon, était célébrée dans toute la seconde Lyonnaise, dans un nombre considérable d'autres églises et jusqu'en Angleterre.

Or, dans notre *Roland*, il n'est question que de la fête du 16 octobre. C'est le 16 octobre, chose étrange, que l'empereur Charles tient ses cours plénières. C'est le sanctuaire de l'Archange qui forme, aux yeux de notre poète, la frontière ouest de la France. Et enfin, quand, sur son rocher qui domine l'Espagne, Roland meurt *conquerramment*, c'est encore saint Michel du Péril qui descend près de ce mort à jamais glorieux. Cette importance absolument exceptionnelle qu'attache notre poète au sanctuaire du Mont Saint-Michel et à la fête du 16 octobre nous force, en quelque manière, à affirmer que le *Roland* a été certainement composé dans le périmètre de cette dévotion.

Voilà qui semble hors de doute ; mais ce qui est plus malaisé, c'est d'arriver ici à une détermination plus précise. La seconde Lyonnaise est vaste. À mon avis, le culte de saint Michel *in periculo maris* s'est surtout développé en Normandie, et notre auteur a dû être un Normand. Je ne serais même pas étonné, à raison de l'intensité particulière de sa dévotion au Mont Saint-Michel, qu'il fût né tout près du Mont, dans l'Avranchin. Il ne parle à coup sûr de la Normandie qu'en très bons termes et l'appelle fièrement *Normandie la franche* ; mais il faut également remarquer qu'il ne parle de l'Angleterre qu'avec un certain dédain : non content d'en attribuer la conquête à Roland, il va jusqu'à dire que Charlemagne en avait fait son domaine privé, *sa cambre*. Cet Avranchinais, ce Normand, n'aurait-il pas été un de ceux qui ont suivi Guillaume à la conquête de l'Angleterre ? On est volontiers tenté de le croire, quand on observe que le plus ancien manuscrit de notre *Roland* a été, suivant toute probabilité, écrit en Angleterre durant la seconde moitié du XIIe siècle ; que d'autres manuscrits y ont certainement circulé, et que l'œuvre y a eu un véritable succès. S'il en était ainsi, si l'auteur du *Roland* avait vraiment été un des conquérants de l'Angleterre, le poème serait vraisemblablement postérieur à 1066, et l'on pourrait fixer sa composition entre les années 1066 et 1095.

Mais nous sentons que nous nous enfonçons ici dans l'hypothèse et préférons nous en tenir à ces conclusions qui sont sûres : « Le *Roland* est certainement antérieur à la première croisade, et il est l'œuvre d'un poète qui vivait dans la région où le culte de saint Michel du Péril de la mer était particulièrement en honneur. »

Quant au nom de cet auteur dont nous savons si peu de chose, il faut également confesser que nous ne le connaissons pas d'une façon certaine. On a cru longtemps qu'il s'était nommé lui-même dans le dernier vers de son œuvre : *Ci fait la geste que Turoldus declinet*, et ce seul vers a troublé bien des érudits. Tout repose ici sur le sens exact des deux mots : *geste* et *declinet*. Le premier se trouve quatre fois dans notre chanson, et le poète y parle toujours de la « geste » comme d'un document historique qu'il a dû consulter et dont il invoque le témoignage au même titre que celui des chartes et des brefs. Ce document, c'était peut-être quelque ancienne chanson, ou bien quelque chronique plus ou moins traditionnelle et écrite d'après un poème antérieur. Ce serait de cette « geste », et non pas de notre chanson, que Turoldus serait l'auteur.

Quant au mot *décliner*, il signifie à la fois « quitter, abandonner, finir une œuvre » et, par extension, « raconter tout au long une histoire, une geste ». On peut donc admettre qu'un Touroude a *achevé* la *Chanson de Roland.* Mais est-ce un scribe qui a achevé de la transcrire ? un jongleur qui a achevé de la chanter ? un poète qui a achevé de la composer ? À tout le moins il y a doute…

La *Chanson de Roland* a eu, quoi qu'il en soit, cette heureuse fortune de rencontrer à la fois des admirateurs convaincus et des ennemis passionnés. Rien n'est meilleur pour une belle œuvre que d'être ainsi contestée. Si on la discute, c'est qu'elle mérite la discussion, et l'injure même est préférable à l'oubli.

Donc il s'est formé autour du *Roland* comme deux demi-chœurs dont l'un est composé d'adversaires déterminés et l'autre d'amis ardents. Il semble qu'il soit logique de prêter d'abord l'oreille à ceux-ci. C'est Godefroid Kurth, s'écriant avec un enthousiasme qui ne cesse jamais d'être scientifique : « De toutes nos épopées, la *Chanson de Roland* est celle qui donne la mesure la plus juste du génie moderne. » C'est Onésime Reclus. qui commence sa *Géographie de la France* par le souvenir ému de la *Chanson de Roland.* C'est Nyrop (un Danois) ajoutant que « tout y est primitif et absolument dénué d'artifice ». L'action, dit-il encore, « s'y meut tranquillement, et le récit, où l'on ne cherche aucun effet et où on ne pourrait trouver une seule phrase ampoulée, est uniquement tissu avec des mots simples et clairs » ; c'est Pio Rajna (un Italien) déclarant que « ne pas connaître le Roland, c'est ignorer la poésie chevaleresque » ; c'est surtout Gaston Paris, dont l'admiration a subi certaines fluctuations peut-être inévitables, mais qui est, de tous les érudits, celui qui a parlé du *Roland* avec l'engouement le plus exact et l'enthousiasme le plus critique : « Tout y est plein, solide, nerveux : le métal est de bon aloi. Ce n'est ni riche ni gracieux : c'est fort comme un bon haubert et pénétrant comme un fer d'épée. » Et ailleurs : « La *Chanson de Roland* nous apparaît comme le premier et le plus purement national des chefs-d'œuvre de l'art français. Avec ses défauts de composition qui tiennent à son lent *devenir* et ses faiblesses d'exécution, elle n'en reste pas moins un imposant monument du génie français auquel les autres nations modernes ne peuvent rien comparer. Elle se dresse, à l'entrée de la voie sacrée où s'alignent depuis huit siècles les monuments de notre littérature, comme une arche haute et massive, étroite si l'on veut, mais grandiose, et sous laquelle nous ne pouvons passer sans admiration, sans respect et sans fierté. » Voilà qui est parler, et les érudits n'ont pas accoutumé d'avoir de telles chaleurs de jugement et de style. Il n'y a, pour être plus imagé, que ce Paul de Saint-Victor, ce Victor Hugo de la critique littéraire, qu'on a décidément trop oublier : « Quel chef-d'œuvre brut que ce poème, qui se dégage d'un idiome inculte, comme le lion de Milton des fanges du chaos. C'est l'enfance de l'art, mais une enfance herculéenne et qui d'un bond atteint au sublime. »

Il ne nous restait guère, après de tels coups de clairon, qu'à garder nous-même le silence sur une œuvre à laquelle nous avons consacré tant d'années de labeur, et que nous avons peut-ètre contribué à remettre en gloire. L'âge n'a pas vieilli chez nous une admiration qui est encore toute neuve et demeure fraîche comme au premier jour. Nous avons essayé naguère de faire revivre la physionomie réelle de notre antique chanson, son caractère essentiellement populaire et primitif, sa profonde et vivante unité. Puis, passant de la forme au fond et du style à l'idée, nous nous sommes surtout attardé à montrer quelle idée le vieux poète se faisait de Dieu et du monde : « La terre, avons-nous dit, lui apparaît divisée en deux camps toujours armés, toujours aux aguets, toujours prêts à se dévorer. D'un côté les chrétiens, qui sont les amis de Dieu ; de l'autre les implacables ennemis de son nom, qui sont les païens. La vie ne lui paraît pas avoir d'autre but que cette lutte immortelle, et le monde n'est à ses yeux qu'un champ de bataille où combattent sans trêve ceux que visitent les anges et ceux qui ont les démons dans leurs rangs. Le Chef, le Sommet de la race chrétienne, c'est *France la douce* avec son empereur à la barbe fleurie ; à la tête des Sarrasins marche l'émir de Babylone. L'existence humaine n'est qu'une croisade. Quand finira ce grand combat, c'est ce que le poète ne nous dit pas ; mais il se persuadait sans nul doute que ce serait seulement après le Jugement suprême, quand toutes les âmes des baptisés seraient dans les fleurs du Paradis » Il convient peut-être d'observer, pour finir, avec un des traducteurs de Roland, que « ce qui fait la grandeur de la Grèce, ce n'est pas d'avoir produit Homère, mais d'avoir pu concevoir Achille » et d'appliquer une aussi juste remarque à notre chère France. Ce qui fait sa grandeur, ce n'est pas d'avoir produit notre vieux poème, c'est d'avoir pu concevoir Roland.

Après l'éloge, la critique : une critique avec laquelle il faut compter, mais qu'il est permis de combattre.

Le plus grand reproche qu'on ait jusqu'ici formulé contre le *Roland*, c'est cette absence d'unité qui, dit-on, le caractérise. Nous avouons, tout au contraire, ne pas connaître de poème plus *un*. C'est un drame en trois actes, dont toutes les péripéties, intelligemment conduites, nous amènent à un dénouement intelligemment préparé. Le premier acte c'est « Roland trahi », le second « Roland mort », le troisième « Roland vengé ». Rien n'est inutile dans toute cette trame, et ce fameux épisode de Baligant, sur lequel on est si peu d'accord, est un élément nécessaire de cette action dramatique qui devait se terminer et se termine en effet par le châtiment des mauvais et le triomphe des bons. L'*Odyssée* elle-même n'est ni mieux menée, ni plus complète. Nous en appelons aux meilleurs juges.

« La faiblesse de la caractéristique, a-t-on dit, est sensible dans l'épopée française. » Dans le *Roland* non pas. Aucun personnage ne s'y ressemble. Ce ne sont pas seulement des types variés, mais des types très délicatement nuancés. Un poète médiocre (comme il y en a tant, parmi nos épiques eux-mêmes) n'eût pas manqué de nous représenter Ganelon comme un traître-né, comme un traître à perpétuité, comme une mécanique à trahison. Rien de tel dans le *Roland*. Ganelon connaît la lutte morale ; c'est moins un pervers qu'un perverti ; il lutte contre lui-même, et nous apparaît tout d'abord sous les belles couleurs d'un vrai chevalier. Il en est ainsi des autres héros. Roland n'est pas vulgairement en fer, comme tant d'autres comparses de notre épopée. Il est homme ; il pleure aussi aisément qu'une jeune fille ; il s'évanouit et tombe à terre, pâmé. Mais d'ailleurs, qui le confondrait avec Olivier, avec cet homme sage et qui, au milieu de la mêlée, se bat par devoir plutôt que par passion ? Autant vaudrait dire que le Curiace de Corneille ressemble à son Horace. Turpin, lui, nous représente très fidèlement ces évêques coupablement belliqueux des Xe et XIe siècles, qui oubliaient la mitre pour le heaume et ne donnaient leur bénédiction que sur les champs de bataille, tout couverts d'un sang que l'Église leur défendait de verser. Il ne ressemble ni au vieux duc Naime qui est notre Nestor, ni à aucun de ses autres Pairs qui sont liés par les nœuds du compagnonnage germanique. Dira-t-on qu'elle est banale, cette belle Aude qui n'apparaît dans le drame qu'une minute, et pour tomber raide morte en apprenant la mort de Roland ? Mais surtout dira-t-on qu'il manque de caractéristique, ce Charlemagne, qu'on ne saurait vraiment comparer à Agamemnon, et qui domine de si haut le Roi des rois d'Homère ? Grave, recueilli, pieux, ayant sans cesse un ange lumineux à ses côtés, ce centenaire sublime n'est pas plus insensible que ce jeune Roland dont il pleure la mort avec une douleur si paternelle et si vraie. Est-ce là de la formule ? Et comment s'expliquer qu'on ait pu dire d'un tel poème qu'il était terne et sec ? Nous n'admettons même pas, quant à nous, qu'il soit triste. Assurément la douleur en est l'arôme, et il n'y a pas sans elle d'épopée possible. Mais c'est une douleur pleine de virilité et d'espérance, et qu'on ne saurait confondre avec la tristesse stérile, avec ce « huitième péché capital ».

Qui dit « terne » dit « monotone », et l'on n'a pas épargné cette critique au *Roland*. Il suffit de jeter les yeux sur le vieux poème, pour se convaincre de l'injustice d'un tel reproche. Sans doute les récits de bataille y occupent trop de place ; mais il me paraît, à première vue, qu'ils ne sont guère moins développés dans l'*Iliade*. Puis, il n'y a pas que des batailles dans le *Roland*. Il y a cette belle scène du Conseil tenu par Charlemagne où se révèlent pour la première fois les caractères de tous les héros ; il y a le récit si habilement nuancé de la chute de Ganelon ; il y a les épisodes du cor, de la dernière bénédiction de l'archevêque, du soleil arrêté par Charlemagne ; il y a la mort de la belle Aude, le grand duel entre Pinabel et Thierry et l'horrible supplice de celui qui a trahi Roland. Tout cela n'est ni monotone, ni terne. Ajoutons ici qu'on ne trouve pas, dans la plus antique de nos chansons, l'abus de ces phrases toutes faites, de ces épithètes homériques, de ces « clichés » enfin qui rendent si fatigante la lecture de nos poèmes plus récents. Quant à prétendre que le *Roland* « manque de véritable poésie », j'imagine que l'éminent érudit qui s'est naguères rendu coupable d'une telle accusation, la regrette aujourd'hui. Pas de véritable poésie ! mais il faudrait au préalable définir ce qu'on entend par là. Il est trop vrai (et on l'a observé avant nous) qu'on ne trouve dans ces quatre mille vers qu'une seule comparaison : mais la poésie « véritable » ne se compose peut-être pas que de ce seul élément, et il faut encore tenir en quelque estime la couleur, le rythme et surtout la hauteur de la pensée.

Reste la question de la langue, et j'avouerai sans peine que la langue du *Roland* n'est pas une langue « achevée ». Elle est simpliste, si j'ose parler ainsi ; elle est rudimentaire, elle est même un peu enfantine. Mais à tout le moins, elle est *une*, et les mots savants, par bonheur, n'y ont guère pénétré. Bref elle a tout ce qu'il lui faut pour bien dire ce qu'elle veut dire. Elle est vraiment populaire et vraiment française. Le reste lui sera plus tard donné par surcroît.

Quant à cette éternelle comparaison entre le *Roland* et l'*Iliade* pour laquelle nous avons naguère été quelque peu lapidé, et bien qu'à cet égard on nous reproche encore notre engouement « béat », nous avons trop nettement expliqué notre pensée pour qu'il soit besoin de la développer en ces quelques pages où ne doit entrer rien de personnel. Nous préférons donner la parole à un savant étranger qu'on ne saurait ici accuser de fanatisme : « La *Chanson de Roland* a ses beautés, et l'*Iliade* a les siennes. Il est possible de goûter les deux poèmes sans mettre sans cesse en antagonisme leur valeur esthétique. Il suffit que leur lecture provoque l'enthousiasme, et que l'esprit y prenne plaisir comme aux deux plus splendides produits de la poésie primitive populaire. » Ainsi parle Nyrop, et nous ne pourrions dire aujourd'hui rien de plus, rien de mieux.

Formation des cycles épiques. — La monomanie cyclique. — Tels étaient les chants que colportaient dans les villes et dans les campagnes des XIe et XIIe siècles un certain nombre de chanteurs populaires qui s'étaient spécialement consacrés à la gloire de Roland. Mais dans le même temps d'autres chanteurs s'étaient voués à d'autres héros : les uns à ce Charlemagne dont la gloire pâlissait devant celle de son neveu ; les autres à ce Guillaume qui avait été dans le siècle un si merveilleux capitaine et que l'Église honorait comme un si parfait modèle de la vie monastique ; d'autres enfin à ces deux révoltés illustres, au farouche Ogier et à ce Renaud dont le cœur était moins rude. Ces jongleurs (on sait que c'était leur nom) avaient chacun son répertoire qui, en général, se bornait aux exploits d'un même héros ou d'une famille héroïque. Il se forma de la sorte un certain nombre de groupes qui se rassemblèrent autour de tel ou tel événement épiques, de tel ou tel personnage légendaire. En d'autres termes, il y eut dès lors un certain nombre de cycles ou de gestes.

« Cycles, gestes », les deux mots sont excellents, mais demandent quelque commentaire. Un cycle, c'est précisément un de ces groupes, un de ces cercles de poètes, de poèmes et d'auditeurs, qui se forment un jour autour d'un grand fait national, autour d'un roi victorieux, autour d'un glorieux vaincu, autour d'une famille de héros. Chez les Grecs, c'étaient Achille et la guerre de Troie ; c'étaient Prométhée, Œdipe, Ulysse, et ce fut plus tard le cycle national de cette résistance aux Perses qui, comme on l'a dit, fut pour la Grèce antique ce que furent nos croisades pour la chrétienté du moyen âge. Chez nous ce furent le cycle de Charlemagne, celui de Guillaume, celui de la Croisade, et bien d'autres encore que nous aurons lieu d'énumérer plus loin.

Le mot *geste* prête davantage à la discussion, et il y a eu ici une succession de sens qui sont curieusement dérivés l'un de l'autre. Le plus ancien de ces sens est bien connu, et l'on sait que les *gesta* (en français *la geste*) sont à l'origine ces faits plus ou moins retentissants, ces actes plus ou moins glorieux, qui méritent d'être enregistrés par l'histoire. De là à signifier « histoire, chronique, annales » il n'y a qu'un pas, et une Chanson « de geste » est, à proprement parler, « une chanson qui a pour sujet des faits historiques ». Or ces faits sont précisément le centre d'un de ces groupes que nous appelions « cycles » tout à l'heure, et voilà pourquoi le mot geste est devenu par extension synonyme du mot *cycle*. Le même terme a fini par désigner, fort naturellement, la famille épique à laquelle appartenait le héros de ce groupe. Dans une de ses plus belles heures de fierté, Roland s'écrie : « Dieu me confonde, si je démens ma race, *se la geste en desment*. »

Dès le XIe siècle, nous assistons au spectacle très intéressant de la formation des premières gestes ou des premiers cycles ; mais il ne faut s'attendre ici à rien de régulier, à rien de nettement délimité. C'est plus tard que les jongleurs en viendront à codifier tous ces groupements ; c'est plus tard qu'ils diront avec un ton doctrinal : « Il y a trois gestes *en France la garnie* : celle du Roi, celle de Guillaume, celle de Doon. » Voilà qui est absolument artificiel, et il faut avouer que les pauvres jongleurs ont dû rudement peiner pour arriver à constituer cette geste de Doon qui n'a aucune unité profonde et où l'on a fait entrer, tant bien que mal, la rébellion d'Ogier à côté de celle de Renaud. Tout cela est factice, convenu, et il faut encore aujourd'hui beaucoup de bonne volonté pour admettre cette fameuse division en trois cycles. On a beau dire, avec Gaston Paris, que la geste du Roi raconte les guerres nationales du grand Charles ; que celle de Guillaume a pour objet la résistance du Midi contre les musulmans, et que celle de Doon, enfin, est consacrée aux luttes féodales : on sent trop bien que ce classement a été inventé après coup. Œuvre de rhéteur.

Puis, ce classement même est loin d'être complet et les groupes, les cycles les plus vivants y sont passés sous silence. Je veux parler ici de ces cycles qu'à défaut de meilleurs noms, on peut appeler les cycles « régionaux » ou « provinciaux ». La grande patrie, en effet, n'a pas été la seule à produire des faits et des héros épiques, et il n'y a pas eu parmi nous que des gloires et des douleurs nationales. Les petites patries, les provinces, ont eu à cette époque une intensité de vie dont nous pouvons à peine nous faire aujourd'hui quelque idée ; elles ont eu leurs « gestes », elles aussi, qui ne sont peut-être pas aussi abondantes que les autres, mais qui sont souvent plus originales, plus sauvages, plus primitives. De là, la geste immortelle des Lorrains avec sa barbarie de Peaux-Rouges ; de là la geste du nord avec son horrible et sanglant *Raoul de Cambrai* de là, la geste bourguignonne avec ce *Girard de Roussillon* qui mériterait d'être à côté de *Roland*, si le héros y était plus pur et les passions plus nobles ; de là, les petites gestes de Blaives et de Saint-Gilles, qui nous offrent à la fois des œuvres fortes, telles qu'*Amis et Amiles*, et des œuvres d'une tonalité moins violente et presque aimable, telles qu'*Aiol*. Et c'est ici qu'il conviendrait de réserver une place d'honneur à cette chanson d'origine évidemment mérovingienne, à *Floovant*. On ne lui a pas, jusqu'ici, donné le rang dont elle est digne.

Ce n'est pas tout, et l'ère des cycles n'est pas encore fermée. Vers la fin de ce même siècle qui nous a laissé le *Roland*, on voit tout à coup se produire un des plus grands mouvements humains que l'histoire ait jamais eu à raconter. Il ne s'agit plus en effet d'une province, ni d'une région, ni même d'un peuple : c'est tout l'Occident chrétien qui se précipite en furie sur tout l'Orient musulman ; ce sont des cent milliers de petites gens qui se jettent sur l'Islam inconnu ; ce sont ces naïfs et ces croyants qui, dans leur douloureux passage à travers toute l'Europe, s'imaginent chaque jour être parvenus à Jérusalem et qui, les pauvrets ! meurent en chemin ; ce sont surtout ces milliers de chevaliers qui, mieux disciplinés et tout emmaillés de fer, se mettent en marche vers le sépulcre du Christ et finissent par l'affranchir. Ce sont les Croisades enfin, et c'est surtout la première de ces expéditions d'outre-mer. Si l'on veut bien y réfléchir un instant, on estimera qu'il était impossible que de tels événements auxquels on ne saurait peut-être rien comparer dans l'histoire du monde, ne devinssent pas l'objet d'un nouveau cycle épique. On voit alors revenir de Terre sainte des chevaliers qui racontent, encore tout émus, mille aventures plus ou moins réelles, plus ou moins embellies. Certains poètes les écoutent et utilisent ces récits qu'ils combinent tellement quellement avec des chroniques latines pour en composer de nouveaux romans appelés à un immense, à un immortel succès.

C'est le cycle de la Croisade ; c'est le dernier de tous nos cycles…

La première formation de nos gestes épiques avait offert ce caractère d'être naturelle, spontanée, vivante. Elle n'avait eu rien de théorique, ni de philosophique : elle était sortie enfin des faits eux-mêmes et était, pour ainsi parler, inévitable. Mais on ne devait pas s'en tenir là, et l'artificiel allait bientôt tout gâter.

C'est aux jongleurs et aux trouvères auxquels ils commandaient leurs poèmes (car les jongleurs ont été souvent de véritables éditeurs au sens moderne de ce mot), c'est à ces théoriciens que nous devons la classification « officielle » de toutes nos chansons de geste en un certain nombre de cycles très nettement définis et limités. J'ai dit « classification » : c'est « enrégimentation » qu'il faudrait dire, si le mot méritait d'être français. Les jongleurs, en effet, enrégimentèrent de force nos pauvres vieux poèmes dans telle ou telle geste déterminée ; ils pratiquèrent à leur égard le *compelle intrare*. Peu de chansons échappèrent à leur zèle immodéré. Certes s'ils avaient pu parler, plus d'un de nos vieux poèmes aurait dit : « Vous me placez dans la geste de Doon ; mais je n'ai rien de commun avec ce Doon que je ne connais pas et ne tiens pas à connaître. » La résistance fut vaine. Avec cinq ou six vers qu'un trouvère complaisant inséra dans le début de tel ou tel poème, et avec le secours d'une généalogie fantaisiste, on relia facilement la chanson récalcitrante à la geste où l'on prétendait la faire entrer. Le tour était joué.

Et voilà comment on arriva un jour à ces célèbres classifications dont on trouve l'énoncé définitif dans *Girars de Viane* : « N'ot que trois gestes en France la garnie », et dans *Doon de Maïence* : « Il n'eüt que trois gestes u reaume de France. » Voilà comment on arriva à leur attribuer décidément ces trois noms que nos lecteurs devront graver dans leur mémoire : « Gestes du Roi, de Garin de Monglane et de Doon de Mayence. »

Une observation est ici nécessaire. Parmi ces trois gestes, il en est une dont la formation a été peut-être moins artificielle, moins voulue que les autres ; c'est cette geste de Garin à laquelle il convient de donner dès aujourd'hui le nom plus légitime de « geste de Guillaume ». Les plus anciens poèmes qui composent ce cycle sont intimement liés l'un à l'autre, et ont l'air de former les différents chants d'un seul et même poème épique. *Aliscans* débute sans aucune préparation, sans aucun exorde, par ces vers bien connus : *A icel jor que la dolor fut grans Et la bataille orrible en Aliscans*, qui semblent être la suite du poème précédent, du *Covenant Vivien*. Dans certains manuscrits, la *Prise d'Orange* n'est pas matériellement séparée du *Charroi de Nimes* qui est cependant bien plus ancien. Il en est ainsi de plusieurs autres poèmes du même cycle, et cette geste est celle à coup sûr qui a donné lieu au plus grand nombre de manuscrits véritablement épiques. Mais il ne faudrait pas ici aller trop loin, et le cycle de Guillaume lui-même n'a pas entièrement échappé au système de l'enrégimentation forcée. On y a introduit de véritables romans absolument fantaisistes comme le *Siège de Narbonne* et la *Prise de Cordres* : on y a surtout ajouté certains de ces poèmes qui ont pour objet les pères et les grands-pères des héros, comme les *Enfances Garin* qui sont probablement une œuvre du XVe siècle, et comme ce *Garin de Montglane* lui-même qui est antérieur aux *Enfances* d'environ deux cents ans, mais qui n'en est pas moins une œuvre de décadence.

Somme toute, ce classement à outrance qui est devenu une véritable maladie littéraire à laquelle nous avons donné le nom de « monomanie cyclique », cette sorte d'affolement n'a rien de naturel ni de primitif. Il importe de le répéter.

Ce n'est certes pas durant le premier âge de notre épopée que les jongleurs, avides d'accroître et de varier leur répertoire, auraient eu l'idée de consacrer de nouveaux poèmes, tels que *Berte* et *Hervis de Metz*, aux aïeux peu primitifs de leur héros central. C'est plus tard seulement que ces alluvions sont venues (si l'on veut bien accepter cette image) s'agréger au noyau primordial.

C'est plus tard qu'étant donné un premier thème, un thème historique comme *Antioche* et *Jérusalem*, on n'a pas hésité à l'entourer d'une enveloppe fabuleuse comme *Helias*, comme les *Enfances Godefroi* comme les *Chetifs*. Le fait est constant, et le même travail s'est opéré sur ces grands événements centraux qui s'appellent de ces noms superbes « Roncevaux » ou « Aliscans ».

C'est plus tard qu'on s'est plu à gratifier nos anciens poèmes de préfaces étranges et de compléments inattendus, et nous ne saurions citer un exemple plus frappant d'un procédé aussi singulier que cet *Huon de Bordeaux* auquel on a, un jour, imposé comme prologue le ridicule *Roman d'Auberon* et qui est, dès le XIIIe siècle, accompagné de quatre ou cinq Suites comme *Esclarmonde*, *Clairette*, *Ide et Olive* et *Godin*. C'est encore plus tard qu'on a affublé nos vieilles gestes de « queues » grotesques, témoin ce cycle incomparable de la Croisade qui, *desinens in piscem*, s'achève, hélas ! par un *Baudouin de Sebourc* et un *Bastart de Bouillon*

C'est plus tard aussi qu'on a un jour imaginé de créer une geste nouvelle qui s'est fondue en France avec celle de Doon, mais qui a conquis en Italie une véritable indépendance « et y a produit la criminelle famille des *Maganzesi*, des *Mayenaçis* ».

C'est plus tard, mais de trop bonne heure encore, qu'on a eu l'audace de faire pénétrer de véritables romans d'aventures dans l'auguste enceinte réservée jadis aux seules fictions épiques.

C'est plus tard enfin, qu'un poète, d'imagination plus hardie que les autres, s'est amusé à supposer que les héros des trois grandes gestes étaient nés le même jour et à la même heure à la lueur des éclairs, au bruit de la foudre et au milieu d'une horrible tempête qui présageait les futurs exploits de ces trois conquérants. Il était difficile d'aller plus loin dans la voie de la monomanie cyclique, et c'est, à vrai dire, la suprême consécration de tout le système.

Il convient toutefois de tenir quelque compte de ces classements qui sont de nature et de valeur si diverses, et c'est sous le bénéfice des observations précédentes que nous offrons ci-dessous une Classification générale des chansons de geste, avec la date de leur composition et les noms connus de leurs auteurs.

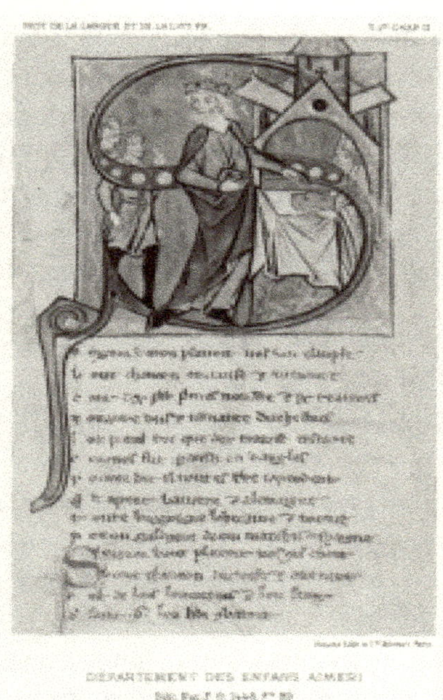

Ce tableau est fait pour provoquer quelques réflexions qui ne sont peut-être pas sans une certaine importance. Ce qui nous y frappe d'abord, c'est le petit nombre de chansons dont les auteurs se soient nommés. La plupart sont de vieux poèmes anonynes, et l'on ne peut guère se flatter de découvrir un jour beaucoup de noms nouveaux. Il est aussi permis de supposer que nos poètes n'étaient pas des clercs, et il paraît démontré qu'un certain nombre de ces trouvères étaient en même temps des jongleurs qui chantaient et faisaient valoir leurs propres ouvrages. Ce qui est assuré, c'est que l'inspiration de nos romans est foncièrement laïque et qu'elle n'a rien de « clérical », au sens rigoureux de ce mot.

Les dates ont leur éloquence, et il est aisé, d'après notre tableau, de se rendre un compte exact de la durée de notre évolution épique. Elle est enfermée entre le Xe et le XVe siècle. J'imagine qu'on a composé peu de chansons avant l'an 900, et ils sont bien rares les très médiocres ouvrages que l'on peut signaler après 1400. Pour parler plus net, c'est entre la *Chanson de Roland* du XIe siècle, et la *Chronique de Bertrand Duguesclin*, du xive, qu'il faut fixer les termes extrêmes de notre production épique. C'est le XIe siècle qui a été assurément la plus belle période de notre épopée ; c'est le XIIe siècle qui a été probablement la plus féconde, et l'on ne semble pas trop éloigné de la vérité, en affirmant que depuis le règne de Louis VII nous n'avons guère plus affaire qu'à des remaniements, à des « refaçons » de nos vieux poèmes.

La monomanie cyclique, que nous avons jugée plus haut et qui est clairement attestée par notre tableau, est sans doute un symptôme de décadence ; mais il y eut pire encore, et l'heure vint où l'on composa des poèmes qu'on ne peut raisonnablement rattacher à aucun des cycles existants. C'est ce qui nous a mis dans l'obligation de créer une catégorie spéciale pour ces poèmes isolés dont la plupart appartiennent au XIVe siècle et que nous n'avons osé faire rentrer dans aucune combinaison cyclique. Tels sont *Ciperis de Vignevaux* et *Florence de Rome*.

C'est à dessein que nous avons rejeté dans une dernière subdivision nos « derniers poèmes en laisses monorimes ». Il est dur, quand on a débuté par une *Chanson de Roland*, de finir par une *Geste de Liége*. Notre pauvre épopée n'a pas eu un beau trépas.

Caractères généraux des chansons de geste : manuscrits, langue, versification, musique. — Notre plan ici sera des plus simples. Nous commencerons par les caractères de nos chansons qui sont le plus « en dehors » pour arriver aux plus intimes. Nous en étudierons la forme avant le fond. Nos regards s'arrêteront d'abord sur les manuscrits qui les renferment, et nous finirons par mettre en lumière les idées qu'elles expriment.

Et tout d'abord, voici, devant nous, les manuscrits de nos vieux poèmes.

Il y en a de toutes dates, depuis cette année 1170 qui est la date présumée du manuscrit d'Oxford où le *Roland* nous a été conservé.

Si l'on admet que l'épopée française avait déjà conquis son droit au soleil dès le ixe ou le xe siècle, il a certainement circulé un certain nombre de manuscrits antérieurs à 1160 ; mais ils se sont égarés en chemin et ne nous sont pas arrivés. Peut-être, quelque jour en retrouvera-t-on un ou deux, et ce sera ce jour-là une grande fête pour tous ceux qui aiment notre poésie nationale. Il faut, en attendant, nous résigner aux textes que nous avons. Si précieux d'ailleurs que soient encore ces manuscrits sauvés du naufrage, il ne faudrait pas les considérer « comme les originaux ou comme les contemporains des originaux » : ils leur sont postérieurs d'un siècle ou deux et ne les reproduisent pas toujours avec une véritable fidélité.

Il y a longtemps déjà qu'on a divisé en plusieurs groupes faciles à reconnaître les manuscrits où nous pouvons lire le texte de nos chansons de geste. Les plus anciens, qui sont presque toujours les meilleurs, sont de petits volumes qui ne dépassent guère la taille de nos in-12. Tel est le manuscrit du *Roland* d'Oxford, tel est celui de *Raoul de Cambrai*, et tel aussi, sans parler des autres, l'un des meilleurs d'*Aspremont*. Il semble hors de doute que ces petits livres, de format portatif, commodes et légers, étaient spécialement à l'usage des jongleurs qui ne s'en séparaient guère et y rafraîchissaient leur mémoire. Toute différente est la physionomie des autres manuscrits, qui sont assimilables à nos in-quarto et où le texte est distribué en deux ou trois colonnes. Ce sont là, à n'en pas douter, des manuscrits de bibliothèque, et plus tard de collection ; le plus souvent, des livres de luxe. Il y en a un certain nombre qui méritent une mention particulière : ce sont ceux qui renferment uniquement des poèmes appartenant à une seule et même geste ; ce sont les manuscrits qu'on a si bien nommés « cycliques ». C'est surtout dans le cycle de Guillaume et dans celui des Lorrains qu'on peut signaler des types achevés de ces manuscrits qui offrent une véritable unité et nous donnent l'idée, comme nous l'avons dit, d'un seul poème divisé en plusieurs chants.

Le talent des enlumineurs ne s'est pas, avant le XVe siècle, révélé, avec un grand éclat, dans les manuscrits de nos chansons de geste. Nous avons eu l'occasion d'entreprendre naguères une table des miniatures qui ornent les textes épiques du xiiie siècle et n'y avons guère relevé que des œuvres plus intéressantes que belles. Il faut arriver à l'époque brillante où s'est exercée l'influence des ducs de Bourgogne pour avoir à admirer sans réserve une illustration vraiment artistique, mais dont on a trop souvent réservé la parure délicate à nos plus détestables traductions en prose. Tout ce qu'on rencontre dans les manuscrits du siècle de saint Louis, ce sont ces jolies petites lettrines rouges à antennes bleues, ou bleues à antennes rouges, qui indiquent le commencement de chaque *laisse* et qui sont, comme on le sait, le caractère spécial de cette époque.

Ouvrons maintenant nos manuscrits en n'ayant plus souci de leur laideur ou de leur beauté extérieure : allons plus avant, et lisons-les.

« En quelle langue sont-ils écrits ? » Cette question, qui paraît si simple, en soulève d'autres qui sont d'une haute importance. C'est chose connue que la presque totalité de nos chansons ont été chantées et écrites en français ; mais il y aura à établir un jour la statistique exacte des dialectes (si l'on admet toutefois qu'il y ait jamais eu des dialectes) entre lesquels se partagent nos manuscrits épiques. Une autre étude plus abstraite et qui demande l'effort d'un véritable historien, c'est celle qui consiste à déterminer quelle a été « la région de l'épopée française ». Nous voulons bien admettre, quoique avec une certaine réserve, l'opinion de Rajna affirmant que le « domaine originaire de cette épopée a été la France propre et la Bourgogne, et que du fond de ce double berceau elle a rayonné tout à l'entour ». C'est fort bien, mais il conviendrait peut-être d'aller plus loin. Il est certain qu'il y a eu en France, à diverses époques, plusieurs autres centres de production épique, tels que la Picardie, la Flandre et les pays limitrophes entre les deux langues d'*oc* et d'*oil*. C'est à coup sûr dans le pays wallon que l'épopée nationale (bien indigne alors de ce nom auguste et tombée bien bas) a eu son dernier épanouissement au commencement du xive siècle. La distance est longue entre le *Roland* qui est dû suivant nous à un poète normand et cet interminable *Baudouin de Sebourc* dont l'origine wallonne n'est douteuse pour personne.

Mais voici bien une autre affaire, et un procès plus grave qu'il s'agit de juger. « Y a-t-il eu une épopée provençale ? » Là-dessus, on s'est fort vivement échauffé il y a quelque soixante ans, et le Midi, tout enflammé, a provoqué le Nord à des luttes qui étaient elles-mêmes presque épiques. Par bonheur les passions se sont accoisées, et l'on peut maintenant, sans blesser personne, exposer en paix les éléments d'une question qui semble décidément résolue.

Certes il ne se trouverait plus aujourd'hui un seul érudit pour soutenir cette thèse osée de Raynouard et de Fauriel : « Les poèmes du nord ne sont qu'une traduction, ou une imitation de ceux du midi », et je pense qu'un grand nombre de romanistes (même à Toulouse, même à Marseille) accepteraient volontiers la solution de Gaston Paris : « Il y a eu un développement épique aussi bien et en même temps au midi qu'au nord ; mais l'épopée du nord a été écrite, et celle du midi est perdue pour la postérité. » Quant à nous, nous serions volontiers plus hardi et ne craindrions pas d'affirmer avec Nyrop que, dans sa marche vers l'épopée, le midi s'est arrêté en chemin, et s'en est tenu au trésor de sa merveilleuse poésie lyrique. Le midi n'est que lyrique, le nord est épique.

« Mais, dira-t-on, que faites-vous de *Girard de Roussillon*, et n'y a-t-il pas là une magnifique et vivante épopée, dont il convient de faire honneur au midi ? » C'est Paul Meyer qui, avec sa sagacité ordinaire, s'est chargé naguère de répondre à cette objection, en montrant que ce beau poème féodal a été composé dans la partie méridionale de la Bourgogne ou au nord du Dauphiné. *Girard* peut donc servir, ajoute Rajna, à démontrer l'existence d'un cycle bourguignon, et non pas celle d'une épopée provençale.

« Mais le *Fierabras* provençal ? » C'est la traduction servile du *Fierabras* français. « Mais *Daurel et*

Beton ? » C'est une imitation évidente de nos chansons du nord : c'est un écho, c'est un reflet ; rien d'original, rien qui soit du terroir. « Mais *Aigar et Maurin* ? » On n'en possède qu'un fragment, et les meilleurs juges ne sauraient ici rien décider. Est-ce une œuvre vraiment provençale comme on pourrait le croire ? ou n'est-ce que le remaniement d'un de nos vieux poèmes ? On ne le saura sans doute jamais. « Mais *Tersin* ? » C'est l'arrangement en prose d'un poème relativement moderne, et il n'y faut voir encore qu'une imitation de nos romans français. Il n'y a vraiment pas lieu d'alléguer ici ce *Philomena*, cette chronique du XIIIe siècle dont il convient, suivant Paul Meyer, de chercher la source dans la chronique de Turpin, dans quelque chanson de geste française et dans la fantaisie de l'auteur. La *Vida de sant Honorat*, composée vers 1300 par Ramon Feraut, n'est que la traduction d'un texte latin où l'on a mis à profit quelques-unes de nos chansons. Si le génie méridional s'est haussé jusqu'à l'épopée, c'est, à coup sûr, dans le beau poème sur la croisade des Albigeois ; mais c'est là — tout le monde l'avoue — une œuvre avant tout historique. Elle a le ton de l'épopée, mais elle n'en a que le ton.

Si la langue de nos vieux poèmes a donné lieu à des études et à des débats scientifiques dont toute passion n'a pas toujours été absente, leur versification n'a pas été l'objet de contestations moins vives, et l'ardeur aujourd'hui n'en semble pas éteinte. Là aussi nous nous trouvons en face de plusieurs systèmes qu'il convient tout d'abord d'exposer lucidement. Il s'agit de l'origine de ce vers décasyllabique français qui est par excellence notre vers épique, comme aussi de cet alexandrin qui était appelé à devenir un jour le plus classique de tous nos vers. Somme toute, les systèmes dont nous parlions peuvent aisément se réduire à deux. Suivant Gaston Paris, notre vers français dérive du vers latin populaire, du vers latin rythmique, dont il est, pour mieux dire, le développement ou le prolongement naturel. En d'autres termes, « la rythmique populaire romane remonte à la rythmique populaire latine ». Du vers métrique, du vers consacré par le génie de Virgile et d'Horace, il ne saurait être question un seul moment : c'est dans les vers grossiers chantés par le peuple et par les légionnaires romains qu'il faut aller chercher le type de la versification du moyen âge et par conséquent de la nôtre. Cette versification plébéienne des Latins remonterait, d'ailleurs, à une très haute antiquité, et il n'y aurait eu, dans sa longue existence, aucune solution de continuité jusqu'à l'époque incertaine où furent forgés, sur son modèle, les plus anciens de nos vers français.

Telle est l'opinion qu'a constamment soutenue Gaston Paris, depuis trente ans. Tout autre est celle à laquelle nous avons, nous-même, été longtemps fidèle.

À nos yeux la versification française ne dérivait pas directement de la versification rythmique ou populaire des Romains, mais de certains mètres latins qui, dans le corps de notre liturgie et sous l'influence de la poésie populaire, se sont peu à peu transformés en rythmes. C'est ainsi que nous nous étions cru autorisé à faire sortir le décasyllabe du dactylique trimètre et l'alexandrin de l'asclépiade. Non pas sans doute de ce dactylique et de cet asclépiade à l'état métrique ; mais de ce dactylique et de cet asclépiade à l'état rythmique, liturgique, chanté. Non pas du dactylique de Prudence qui est encore classique : *In cineres resoluta flues* ; non pas de l'asclépiade d'Horace : *Crescentem sequitur cura pecuniam* ; mais du dactylique du Mystère des vierges folles : *Negligenter oleum fundimus*, et de l'asclépiade d'une hymne célèbre, dont la date a été trop vaguement fixée entre le VIIe et le xe siècle : *O Roma nobilis, orbis et domina.*

Il ne nous coûte pas de confesser ici qu'après de longues réflexions nous nous rallions aujourd'hui au système de M. Gaston Paris.

Et nous allons jusqu'à adopter pour l'alexandrin français la thèse de Rajna qui le regarde comme une transformation du décasyllabe français : « On s'est contenté, dit-il, de faire égaux les deux membres de ce décasyllabe qui étaient inégaux. » Rien n'est plus vraisemblable.

Quoi qu'il en soit, le décasyllabe qui fut sans doute le vers de ces épopées du Xe siècle dont le texte n'est pas parvenu jusqu'à nous, le décasyllabe règne sans conteste dans le *Roland*, qui est notre plus ancienne chanson connue. C'est, à peu d'exceptions près, le vers de nos plus vieux poèmes, et il est facile de constater qu'il règne dans cinquante de nos romans. Plus de la moitié.

L'alexandrin nous apparaît pour la première fois dans ce *Pelerinage de Jérusalem* dont la date a été vivement contestée, que certains romanistes jugent antérieur au *Roland* et que d'autres, plus modestes, attribuent seulement aux premières années du XIIe siècle. On sait que l'alexandrin doit son nom à l'*Alexandre* de Lambert le Tort et d'Alexandre de Bernay qui est une œuvre du XIIe siècle. Une quarantaine de nos chansons en ont accepté la facture ; mais ce ne sont, en général, ni les plus anciennes ni les meilleures.

L'octosyllabe a bien essayé de se glisser dans notre épopée, témoin l'*Alexandre* d'Alberic de Besançon ; mais l'essai n'a pas semblé concluant. Ce vers était évidemment trop maigre et trop sautillant pour l'épopée. On l'abandonna rapidement, et l'on fit bien.

Il ne reste donc en présence que le décasyllabe et l'alexandrin. Le premier a reçu dès sa première origine une forme définitive et parfaite : *Pur Karlemaigne fist Deus vertuz mult granz, Kar li soleilz est remés en estant.* Il en a été de même pour l'alexandrin qui, dès le *Pelerinage* et sans doute auparavant, peut passer pour une création vraiment achevée : *Là ens ad un alter de sainte paternostre ; — Deus i cantat la messe ; si firent li Apostle.*

D'après les deux exemples précédents, on peut se convaincre de la coexistence des assonances masculines et féminines dans nos plus anciens textes épiques. Pas n'est besoin d'ajouter que l'*e* post-tonique n'est jamais compté pour une syllabe à la fin des vers. Comme on le voit dans les vers cités plus haut (*Deus i cantat la messE, si firent li Apostle ; Pur KarlemaignE fist Deus vertuz mult granz*), nos pères appliquaient également cette loi de l'*e* post-tonique à la fin du premier hémistiche. Nous avons, je ne sais pourquoi, renoncé à cette excellente liberté.

Il y aurait à écrire ici tout un Traité de versification épique, et nous ne saurions descendre en ce détail. Nous ne pouvons néanmoins nous dispenser de fournir quelques indications sommaires sur le mécanisme de cette rythmique. Chacun de nos vers épiques, alexandrins ou décasyllabiques, est lié à ceux qui le précèdent ou qui le suivent par le lien étroit de l'assonance. L'assonance, qu'il ne faut pas confondre avec la rime, porte uniquement sur la dernière syllabe tonique ou accentuée ; la rime, au contraire, porte non seulement sur cette dernière voyelle sonore, mais sur tout ce qui la suit. Ces définitions ont besoin d'être éclaircies par des exemples.

Donc voici des vers assonancés :

Ce fu à une feste du baron saint Basile.
Garniers, li fiz Doon, a faite la vegile ;
La messe li chanta li evesques morises.
Il offri de besans qui bien valoit cent livres,
Et Aie la duchoise et noches et afiches…
Sont venu au palais quant la messe fu dite.
Devant le Roi jurerent, si que François l'oïrent,
Que Garniers vot mordrir le Roi par felonnie.

Et voici des vers rimés :

Charles li Rois fu moult de grant coraje ;
La cité voit et l'ancïen estaje
C'a force tienent li Sarrazin aufaje.
Lors s'apansa de merveillex barnaje,

C'à un des pers qu'iert de grand vasselaje
Donra la vile et le mestre manaje,
Qui gardera la terre et le rivaje :
Si l'an fera feauté et omaje.

On saisira facilement, en lisant les deux passages que nous venons de transcrire, la différence entre les deux systèmes de l'assonance et de la rime. L'assonance est un procédé des temps primitifs (on aurait dit « barbares » il y a cent ans), alors que l'on écoute nos vieux poèmes et qu'on ne les lit pas, parce qu'on ne sait pas lire. Mais bientôt viendra un temps plus civilisé et, parmi les auditeurs de nos chansons, il y en aura plus d'un qui prendra un véritable plaisir à lire nos romans et à en demander copie. Durant la première époque, qui est celle de l'ignorance, l'assonance suffit à tout : car elle est faite pour les oreilles et non pour les yeux. Mais les lettrés ne s'en contentèrent pas, et il fallut un jour leur donner satisfaction. De là, la rime.

L'élision n'atteint généralement que la lettre *e*. Encore y a-t-il eu quelque hésitation à ce sujet et, dans le *Roland* notamment, il est permis au poète d'élider cet *e* ou de ne point l'élider. L'hiatus est toléré pourvu que la dernière syllabe du premier mot soit une syllabe tonique. C'est peut-être ici qu'il y aurait lieu de parler aussi de la césure. Dans l'alexandrin, sa place est toujours fixée après la sixième syllabe accentuée ; mais il faut ici distinguer deux sortes de décasyllabes. L'un (c'est le cas le plus fréquent) a sa césure après la quatrième syllabe tonique : *Le cuer d'un home vaut tout l'or d'un païs* ; l'autre, dont on trouve le type dans *Girard de Roussillon*, dans *Aïol* et dans cette ignoble parodie qui a pour titre *Audigier*, nous l'offre après la sixième : *Mult tost s'est endormis li bacheliers. — La batalha e l'estorn fan remaner. — Tel conte d'Audigier que en set pou.* Enfin nous retrouvons çà et là dans nos romans, mais fort rarement, la césure lyrique qui donne à l'*e* muet, à la quatrième syllabe, la valeur d'une tonique : *Et à Lengres seroie malbaillis.* Ce sont là des exceptions. Le véritable décasyllabe français est celui du *Roland* qui, vainqueur, a traversé les siècles. C'est le cas de protester ici contre tous les essais prétendus rythmiques de ces décadents contemporains qui lancent dans la circulation de prétendus vers de neuf, de onze, de treize ou de quatorze pieds et qui regardent l'antique césure comme une mauvaise plaisanterie. Il y a plus de huit cents ans que nos vers classiques sont sortis du génie national sans qu'on puisse nommer celui qui les a inventés. Ils sont l'expression de ce génie, et il n'y a jamais eu, il n'y a pas, il n'y aura jamais, en dehors de ces rythmes vraiment français, que des essais puérils et des hardiesses inféconds.

Après le vers, le couplet épique.

Ce couplet s'appelait jadis une *laisse*. Toute chanson de geste se compose d'un certain nombre de ces laisses, et chacune de ces strophes est formée d'un nombre de vers qui a toujours varié. Depuis cinq vers jusqu'à cinq cents, et au delà. On sait d'ailleurs le lien qui unissait entre eux les vers d'un même couplet : c'était à l'origine la même assonance, et ce fut plus tard la même rime. Le couplet est donc, suivant les temps, « monoassonancé » ou monorime.

On a dépensé beaucoup d'encre à disserter sur l'origine de ces laisses, et l'on s'est particulièrement demandé si, par hasard, à l'origine, elles n'auraient pas été « limitées », c'est-à-dire composées uniformément d'un même nombre de vers. Il faut avouer que les documents font absolument défaut et qu'on en est réduit aux hypothèses. Les plus anciens couplets épiques (c'est peut-être la supposition la plus raisonnable) ont peut-être ressemblé aux strophes très régulières de ce *Saint Alexis* qui est une petite chanson de geste de l'ordre religieux. Mais de bonne heure notre épopée aura étouffé dans cette prison et se sera donné carrière.

Le début et la finale des laisses épiques méritent tout spécialement d'attirer l'attention. Le début est généralement *ex abrupto*, et le premier vers de chaque couplet ressemble plus ou moins au commencement d'un nouveau poème. Un tel procédé, comme on l'a déjà fait remarquer, peut se justifier de plus d'une façon. Les jongleurs qui chantaient nos romans ne les chantaient certes pas d'un bout à l'autre et se permettaient de commencer leur séance épique par tel ou tel couplet auquel les poètes donnaient volontiers l'allure d'un vrai commencement. C'est ce que nous avons ailleurs appelés les « recommencements » de nos chansons. De temps en temps le jongleur éprouve le besoin de réveiller son auditoire parfois assoupi, et alors il s'écrie : *Or recommence bonne chanson nobile*. Ou bien : *Or commence canchon de bien enluminée*. Et cela à dix, à vingt, à trente reprises. Si au contraire, sortant d'un lourd et long repas, les auditeurs font tapage, les jongleurs les rappellent maintes fois à l'ordre et au silence : *Or faites pais, si me laissez oïr*. Ce ne sont là malgré tout, que des accidents, et le début *ex abrupto* est dans l'essence même de notre poésie épique. Si l'on ne possédait, pour une de nos chansons, que les premiers vers de toutes ses laisses, on pourrait, sans trop de peine, reconstituer les principaux traits de son affabulation. Il y a plus, et en un certain nombre de cas, ce premier vers de chaque couplet reproduit plus ou moins textuellement les derniers vers du couplet précédent. Voici, par exemple, la fin d'une laisse : *Jordains li enfes tient trestout à folie ; Issuz est de la chambre*. Et voici le début de la laisse suivante : *De la chambre ist Jordains sans atargier*. C'est parfois un peu monotone, mais on s'y habitue.

Il ne faudrait pas croire cependant que cette répétition presque littérale soit d'un emploi très fréquent, et nos poètes se contentent le plus souvent de résumer, au début d'une laisse, les faits ou les discours qui sont contenus dans la laisse précédente. Ce n'est pas sans doute une règle générale, mais on en citerait aisément de très nombreux exemples.

La fin des laisses ne donne lieu qu'à une constatation importante. En un certain nombre de chansons qui appartiennent presque toutes à la geste de Guillaume et dont la plupart sont en décasyllabes, le couplet se termine par un petit vers féminin de six syllabes, qui est en général d'un excellent effet :

Lors commencha les iex à rouellier,
Les dents à croistre et la teste à hochier ;
Molt ot au cuer grant ire.
Bien a li cuens sa voie acheminée :
Ciex le conduie ki fist ciel et rosée.
Et sa mere Marie.

N'aura mari en trestout son aé,
Ainçois devenra none.

Plus desire mellée ne fait gerfaut la grue,
Ne espreviers aloe.

L'origine de ce petit vers n'a pas encore été suffisamment étudiée. Peut-être faut-il y voir la répétition rythmique du second hémistiche du vers précédent ; mais rien n'est sûr. Il en est de même pour la fameuse notation AOI qu'on lit à la fin de toutes les laisses du *Roland.* Nous avons dit quelque part que c'était une interjection analogue à notre *ohé* et qu'en réalité le cri *ahoy* était encore en usage dans la marine anglaise. Nous n'avons rien de mieux à proposer aujourd'hui.

Une question plus compliquée est celle des couplets similaires.

On appelle ainsi la double ou triple répétition, en deux ou trois laisses successives, sur deux ou trois assonances différentes, des mêmes idées, des mêmes faits, d'un même discours. Mais aucune définition ne serait ici suffisante : un exemple est rigoureusement indispensable, et nous sommes amené à le choisir dans le *Roland* où il n'y a pas moins de neuf types divers de ces répétitions étranges.

Donc nous ferons passer sous les yeux de notre lecteur l'épisode du cor d'après le manuscrit d'Oxford. Ce texte a le défaut d'être un peu trop connu ; mais il faut en prendre son parti : le *Roland* tout entier est aujourd'hui célèbre. Il est, grâces à Dieu, « trop connu ».

I. Dist Oliviers : « Paien unt grant esforz ; — De noz Franceis m'i semblet aveir mult poi. — Cumpainz Rollanz, kar sunez vostre corn. — Si l'orrat Carles, si returnerat l'oz. » — Respunt Rollanz : « Jo fereie que fols. — En dulce France en perdreie mun los. — Sempres ferrai de Durendal granz colps : — Sanglenz en iert li branz entresqu'à l'or. — Felun païen mar i vindrent as porz. — Jo vus plevis, tuit sunt jugiet à mort. »

II. « Cumpainz Rollanz, l'olifant kar sunez. — Si l'orrat Carles, fera l'ost returner : — Succurrat nos li Reis od sun barnet. » — Respunt Rollanz : « Ne placet Damne Deu — Que mi parent pur mei seient blasmet — Ne France dulce ja chéet en viltet : — Einz i ferrai de Durendal asez, — Ma bone espée que ai ceint à l'costet ; — Tut en verrez le brant ensanglentet. Felun paien mar i sunt asemblet. — Jo vus plevis, tuit sunt à mort livret. »

III. « Cumpainz Rollanz, sunez vostre olifant : — Si l'orrat Carles ki est as porz passant. — Jo vus plevis, ja returnerunt Franc. » — « Ne placet Deu, ço li respunt Rollanz. — Que ço seit dit de nul hume vivant — Que pur paiens ja seie-jo cornant. — Ja n'en avrunt reproece mi parent. — Quant jo serai en la bataille grant — E jo ferrai e mil colps et set cenz, — De Durendal verrez l'acier sanglent. — Franceis sunt bon, si ferrunt vassalment. — Ja cil d'Espaigne n'avrunt de mort guarant. » (*Roland*, vers 1049-1081.)

Et maintenant, quelle est l'origine de ces couplets similaires dont nous venons d'offrir un type si exact ? Quelle en est la nature et quel en est le caractère ?

En dépit de tous les systèmes qui ont été proposés, nous persistons à croire que ces répétitions sont un procédé artistique.

Oui, avant notre *Roland*, au Xe siècle peut-être, il est possible qu'il n'en ait pas été ainsi. Il est possible qu'en cette première époque si mal connue de l'histoire de notre épopée, les jongleurs aient fait copier, à la suite l'un de l'autre, sur leurs petits manuscrits portatifs, deux ou trois laisses qui étaient empruntées à deux ou trois versions différentes et qu'ils chantaient *ad libitum*, tantôt l'une et tantôt l'autre. L'oraison funèbre de Roland aurait même gardé dans notre vieux poème un vestige précieux de cet usage, et c'est ainsi qu'on explique pourquoi le grand empereur dit en un premier couplet de ce touchant panégyrique : « *Quand je serai à Laon* », et dans un second : « *Quand je serai à Aix.* » Cette hypothèse est donc admissible pour une antiquité très reculée et dont nous n'avons pas la clef. Mais je dis, mais je m'obstine à croire qu'à part cette exception, nos couplets similaires ont été *voulus* par les poètes. J'en ai donné naguère une preuve à laquelle on ne peut vraiment rien opposer. C'est qu'il arrive qu'au lieu de se répéter servilement, ces laisses se COMPLÈTENT. Voyez plutôt les célèbres adieux de Roland à sa Durandal : dans la première strophe, le héros rappelle, sans rien préciser, le vague souvenir de toutes ses victoires ; dans le second, au contraire, il énumère ses conquêtes par leurs noms et reporte sa pensée au jour où il reçut sa bonne épée des mains de Charlemagne ; dans le troisième, enfin, il songe à toutes les reliques qui sont dans le pommeau de Durandal. On pourrait dire avec justice que la première de ces laisses est narrative, la deuxième patriotique et la troisième religieuse. Donc ce ne sont là ni des rédactions nouvelles, ni des variantes à l'usage des jongleurs, ni des couplets de rechange qui feraient double emploi. Ce sont des morceaux qui se complètent ; c'est l'œuvre d'un art naïf et populaire. On peut le jurer par l'émotion que l'on ressent à la lecture de ces couplets si artistiquement, si utilement répétés.

Tout n'était pas artistique dans cette versification qu'il ne faudrait pas louer à l'excès. Ces tirades monorimes étaient tolérables quand les couplets n'avaient guère en moyenne, comme dans le *Roland*, plus de quinze à vingt vers. Mais j'ai là sous les yeux une tirade de *Huon de Bordeaux* où l'on ne compte pas moins de cinq cents vers masculins en *i*, et il y en a, sur cette même assonance, de plus longues encore dans les *Lorrains*. Voici plus loin, dans ce même *Huon*, un autre couplet en *er* de plus de onze cents vers. Quelle monotonie désespérante ! Quelle invitation perpétuelle à la cheville et au cliché ! Quel insupportable prurit et agacement !

C'est en vain que certains raffinés ont voulu perfectionner cette technique en la compliquant. C'est en vain qu'Adenet dans sa *Berte*, et Girard d'Amiens (un médiocre, s'il en fut) dans sa pauvre compilation sur Charlemagne, firent suivre régulièrement un couplet masculin en *er* d'un féminin en *ere*, une laisse masculine en *a* d'une féminine en *age*, une strophe masculine en *ent* d'une féminine en *ente* ; c'est en vain que l'auteur anonyme de *Brun de la Montaigne* s'imposa la loi (qui a si malheureusement triomphé) de ne jamais placer une syllabe atone à la fin du premier hémistiche « sans en procurer l'élision en la faisant suivre d'un mot commençant par une voyelle ». Ces prétendus perfectionnements et remèdes n'étaient pas faits pour rétablir la santé d'une versification aussi malade. Son agonie dura un ou deux siècles, mais elle méritait de mourir et mourut.

Que nos chansons de geste aient été véritablement chantées (et non pas lues ou déclamées), leur nom le prouve et suffirait à le prouver. Mais quel était ce chant ou plutôt cette mélopée ? C'est ce qu'il nous est donné de soupçonner plutôt que de connaître. Ce devait être un récitatif très simple qui était le même pour toutes les strophes et qui, dans chaque strophe, devait aussi être le même pour tous les vers à l'exception du premier et quelquefois du dernier. Ce récitatif, nous en avons l'assurance, était soutenu par un accompagnement de violon ou de vielle et cet accompagnement n'était pas sans doute plus compliqué que le chant lui-même. J'imagine encore qu'entre chaque couplet, le jongleur exécutait une ritournelle fort brève qui devait servir en même temps de prélude et qui correspondait à l'*ohé* à l'*aoi* de la *Chanson de Roland.* Somme toute, nous ne possédons guère d'autre document (c'est bien peu) que le manuscrit de ce délicieux petit poème, *Aucassin et Nicolette*, « où les laisses monorimes qui alternent avec des morceaux en prose sont accompagnées de musique ». Or le premier vers de chacune de ces laisses est sur un air et le second sur un autre. Gaston Paris à qui nous devons cette remarque conclut avec raison que tous les vers impairs se chantaient comme le premier, et tous les vers pairs comme le second. Le dernier vers de chaque couplet « avait une modulation à lui, comme il avait souvent une forme à lui ». Il est vrai que les charmants couplets d'*Aucassin* ne sauraient être absolument assimilés à des laisses de chansons de geste, mais enfin l'hypothèse est ici des plus probables. Dans le *Jeu* de *Robin et Marion*, dans cette si jolie pastourelle, on voit un grossier personnage, du nom de Gautier, chanter tout à coup un vers de cet *Audigier* qui est certainement la plus abominable de toutes les parodies de nos chansons. Ce vers est muni de sa notation musicale, et c'est peut-être là, hélas ! notre plus sûr document. Il serait téméraire d'aller plus loin et d'affirmer que chaque poème avait sa mélodie spéciale. C'est également à tort qu'on a pu dire, d'une façon trop générale, qu'après le milieu du XIVe siècle, on ne chantait plus les chansons de geste, et nous avons prouvé ailleurs qu'au xve siècle, on les chantait encore, mais çà et là et rarement. Somme toute, ces études sur la musique de nos chansons sont à l'état rudimentaire et il convient d'espérer qu'on les poussera bientôt plus loin. L'autre jour, la découverte, à Delphes, d'un fragment de musique grecque a fait tressaillir de joie tous les érudits et tous les artistes. Sans vouloir rabaisser l'art grec, j'estime que plus d'un serait heureux parmi nous, si l'on découvrait un jour la notation complète du *Girard de Roussillon* ou du *Roland*.

La charpente des chansons de geste. — Le moule épique. — Nous voici donc en possession des premières notions rigoureusement indispensables qui ont pour objet les manuscrits, la langue, la versification et la musique des chansons de geste : mais ce ne sont guère là que des caractères externes de notre épopée, et il est temps maintenant de placer sous nos yeux un de nos vieux poèmes et d'en étudier attentivement la charpente.

On ne peut pas dire de leurs débuts « qu'ils aient toujours quelque chose de rare » ; mais, à tout le moins, ils sont originaux et ne ressemblent pas à ceux des poèmes antiques. Cet art du moyen âge est loin d'être parfait, mais il lui arrive souvent de ne rien devoir à personne, et c'est ici le cas. Donc, nos épiques ont vingt façons à eux de commencer leurs chansons. Tantôt ils entrent brusquement en matière : *Un jurn fut Carlemaine à l'Saint-Denis mustier*, et voilà qui sent son antiquité : tantôt ils se persuadent qu'ils ont le devoir de faire tout d'abord connaître à leurs auditeurs le nom du personnage qui sera le héros de leur fiction : *C'est d'Aimeri, le hardi corageus*, et voilà qui est plus moderne. Leur procédé le plus ordinaire et qui est aussi le plus logique, c'est de donner plus ou moins brièvement le sommaire de toute leur affabulation. Il y a de ces sommaires qui sont célèbres et mériteraient de l'être davantage. Tel est l'admirable début d'*Antioche* : « Vous allez aujourd'hui entendre parler de Jérusalem et de ceux qui allèrent y adorer le saint Sépulcre. Il leur fallut pour Dieu endurer mainte peine, la soif, le chaud, la froidure, la veille, la faim. Certes le Seigneur Dieu a bien dû les en récompenser là haut et placer leurs âmes dans la gloire. » On voudra sans doute lire intégralement un tel morceau, et l'on ne craindra point de s'écrier après cette lecture : « L'*Iliade* commence moins fièrement. » Nos poètes se plaisent ailleurs à glacer d'effroi leur auditoire, en lui décrivant par avance l'horreur des événements qu'ils vont raconter : *S'entendre me volés, ja vous sera contée. — La verité com Rome fut destruite et gastée — Et la cité fondue, destruite et cravantée*, et il y a certains de ces débuts prophétiques qui, en effet, sont longs à faire peur. On leur préférait sans doute ces exordes printaniers, qui sont si fréquents dans nos chansons et qui exhalent une si bonne senteur de prés verts et d'églantiers en fleur : *Ce fu el' mois de mai que la rose est florie, — Que li rossignol chante et li oriol crie*. On aimait mieux ces parfums et ces chants que la sécheresse d'autres romans où l'auteur se contentait de déclarer qu'il écrivait tout uniment la suite d'un autre poème : *Oï avez d'Ayen, la belle d'Avignon.* Ce genre de début avait au moins cette qualité : il était bref autant que sec, mais surtout il n'était ni prétentieux ni pédant. On n'en saurait dire autant de ces autres commencement où le trouvère s'évertue à nous attester que sa chanson n'est pas une histoire, mais de l'histoire, et qu'enfin, c'est vraiment arrivé : *Toute est de vieille hystoire de lonc tens pourpensée*, ou encore : *Ce n'est mie menchoigne, mais fine verités.* Le malheur, c'est que ces hommes d'esprit prétendent ici nous fournir leurs preuves, et qu'ils nous nomment, avec une mauvaise foi naïve, l'abbaye où ils ont eu l'heureuse chance de découvrir un jour, par hasard, la matière de leur chanson. Comme ils avaient le flair que les véritables annales de la France étaient réellement conservées à Saint-Denis, c'est à Saint-Denis qu'ils placent de préférence la source de leur œuvre : *L'estoire en est au mostier Saint Denis, — Là où les gestes de France sont escriptes* ; mais, d'ailleurs, ils ne sont pas exclusifs, et il en est qui s'autorisent ici de Cluny ou de Saint-Fagon. Plusieurs paient d'audace et ont l'effronterie de nous nommer l'excellent moine qui a eu la bonté de leur communiquer le si précieux manuscrit dont ils ont tiré leur chef-d'œuvre : il s'appelait Savari, s'il vous plaît, à moins toutefois que ce ne fût Nicolas. De toute façon, ajoutent-ils, c'est fort ancien : *Oiez chanson qui est vieille et antie*, et cependant c'est nouveau ou à peu près nouveau : *Pieça me fu contée.* Et puis, ajoute parfois le jongleur qui se fait grave, c'est moral, c'est on ne peut plus moral : *Qui sa chanson volontiers entendra Mains bons essanples escouter i pora.* Notre homme, d'ailleurs, ne reste pas lontemps sérieux, et on le voit bientôt s'animer, s'échauffer, se mettre en rage. D'où vient ? C'est qu'il songe à tous les autres « artistes » qui colportent comme lui des chansons de geste ; c'est qu'il pense à la concurrence et au tort que ces rivaux peuvent lui faire. Il n'hésite pas à déclarer que ce sont là les derniers des misérables et que leur marchandise est frelaté : *Vilains juglere ne sai por quei se vant.* Ce qu'il leur reproche surtout, c'est leur scandaleuse, leur irrémédiable ignorance : *Cil jugleor, saciés, n'en sevent guere ; — De la canchon ont corrompu la geste.* Parlez-moi au contraire des vers qu'il va débiter, lui : c'est bien dit, c'est véridique, c'est exquis, et rien ne saurait vraiment être comparé à une œuvre aussi achevée : *Meillor ne puet estre ditte n'oïe.* Il est toujours pénible de voir ainsi les gens se donner de l'encensoir, et c'est avec quelque soulagement qu'on entend d'autres chanteurs parler un peu moins d'eux-mêmes, un peu plus de Dieu et de la France. Ce que ces bonnes âmes demandent à Dieu, c'est de bénir leurs auditeurs : *Segnours, oiés, ke Jhesus bien vous fache. — Li glorieus, ki nous fist à s'ymage.* Ce qu'ils disent de la France, c'est quelque chose de semblable à cet incomparable début du *Couronnement Looys* : « Quand Dieu créa cent royaume, le meilleur fut douce France, et le premier roi que Dieu lui envoya fut couronné sur l'ordre de ses anges. » Mais tous nos trouvères ne s'élèvent pas à une telle hauteur.

Le début de la chanson s'achève ainsi à travers le cri répété de *faites pais*, lequel correspond assez bien à celui qu'on entend dans nos collèges et dans nos chambres délibérantes : « Un peu de silence, messieurs. » Et c'est alors que le poème lui-même, que le vrai poème commence.

Ce n'est pas ici le lieu de le raconter.

Mais il est indubitable que, dans la plupart de nos chansons et notamment dans celles qui n'ont pas le cachet d'une très haute et vénérable antiquité, on constate aisément un certain nombre de lieux communs épiques, de formules, nous allions dire de « clichés » que l'on retrouve, hélas ! en dix, en vingt autres chansons. Le jour devait venir et est en effet venu où des poètes sans inspiration et sans idées se sont bornés à mettre en œuvre, tellement quellement, un lot de ces lieux communs qu'ils ont cousus, tant bien que mal, les uns à la suite des autres. Bref, et pour prendre ici une autre image, il y a eu, dès le XIIIe siècle à tout le moins, et même auparavant, ce que nous avons naguères appelé le « moule épique ». Une fois ce moule trouvé, il ne s'agissait plus, pour en faire sortir une œuvre plus ou moins attrayante, que d'y jeter un métal plus ou moins précieux. La vérité me force à dire qu'en fait de métal, le cuivre semble avoir été moins rare que l'or.

Quoi qu'il en soit, c'est ce *moule épique*, ce sont ces lieux communs que nous voudrions faire connaître. Ils occupent, dans notre épopée, quelques cents milliers de vers.

Les plus importants de ces lieux communs, ce sont ceux qui atteignent non pas la forme, mais le fond même du récit ; ce sont ces épisodes que vingt de nos trouvères ont audacieusement empruntés à leurs devanciers et qu'ils ont ensuite reproduits avec une imperturbable servilité. Le *Roland* débute, comme chacun sait, par le tableau animé de deux cours plénières dont l'une se tient chez le roi sarrasin Marsile et la seconde chez l'empereur Charles. Eh bien ! la cour plénière sera désormais l'élément obligé d'un certain nombre de nos chansons. Devant cette assemblée solennelle un ambassadeur est souvent introduit, qui parle tantôt au nom d'un vassal révolté, tantôt au nom d'un prince mécréant. Ce messager, qui ne ressemble en rien au diplomate de nos jours, tient un langage qui est le plus souvent d'une violence et d'une hardiesse au delà de toute mesure. On le retrouve en plusieurs de nos poèmes, et il y a là ce qu'on pourrait en style trop vulgaire appeler « le cliché de l'ambassadeur ». Mais ce qui est le plus communément répandu, ce qu'on peut lire (il y faut quelque courage) dans une quarantaine de nos romans, c'est le long, le très long récit d'une guerre contre les Infidèles. Or cette guerre a partout les mêmes péripéties, les mêmes épisodes, la même allure. On y fait invariablement le siège d'une ville que l'on finit toujours par emporter d'assaut ; mais, après la ville, il reste encore à prendre le château qui la domine et en est la meilleure défense. Nouveau siège, nouvel assaut. Puis c'est une bataille rangée, qui se termine régulièrement par un duel suprême entre le héros chrétien de la chanson et quelque horrible géant sarrasin. Il est à peine nécessaire d'ajouter que la ville de la chrétienté qui est le plus souvent prise, brûlée, reprise et délivrée, c'est Rome. Vingt fois dans nos chansons, le pape est menacé par les païens, sauvé par les Français. C'est plus historique qu'on ne le pense. Ce qui l'est beaucoup moins, c'est l'apparition, la sempiternelle apparition d'un allié inattendu qui vient en aide aux chrétiens vaincus et prisonniers, et cet allié, c'est inévitablement une princesse sarrasine (généralement la fille de l'Émir) qui se prend d'un amour soudain pour le plus jeune et le plus beau de ces Français captifs, qui se convertit à notre foi moins par amour de Dieu que par désir du mariage, et qui, avec une désinvolture sauvage et invraisemblable même au Dahomey, trahit son père, ses dieux et son pays pour tomber enfin aux bras de je ne sais quel

Olivier ou de je ne sais quel Guillaume. Ce personnage si mal observé, ce fantoche a cependant charmé nos pères qui ne s'en sont point lassés. Le mariage de ces ingénues a du moins cet avantage de mettre fin à de trop longs poèmes, mais il est accompagné trop souvent du baptême forcé ou du massacre de tous les païens, de cette infamie et de cette cruauté sans nom contre laquelle nous avons si souvent protesté.

Ce sont là les grands lieux communs de notre épopée. Il en est d'autres dont nous avons déjà eu lieu de dire ailleurs quelques mots, qui sont plus restreints sans doute et moins importants, mais dont on n'a guère moins abusé. La liste en serait trop étendue. C'est, par exemple, ce pauvre enfant royal qui naît dans la misère, dans l'exil, dans les larmes, et qui est un jour abandonné par une mégère ou par un traître au fond d'un grand bois où il est allaité et nourri par quelque fauve ; c'est cette fameuse croix « sur l'épaule droite » à laquelle on reconnaît les fils d'empereurs ou de rois ; c'est encore ce petit héritier d'un chevalier ou d'un baron, c'est ce jeune noble dont la naissance est ignorée, et qui (comme nous avons eu déjà l'occasion de le signaler) est très prosaïquement élevé par un vilain ou par une marchande également vulgaires. Puis, il y a cette partie d'échecs dont on nous a vraiment persécutés et où l'on voit tant de fois un joueur furibond qui tue net son infortuné adversaire avec un de ces formidables échiquiers du moyen âge dont les nôtres ne sauraient donner une idée. Faut-il parler du cor magique qui nous plaît aux lèvres d'Huon de Bordeaux, de ce client si étourdi et si charmant du nain Oberon, mais dont le son, trop souvent répété, finit par nous agacer ou nous endormir. Il en est de même pour les héroïnes de tant de romans (même à la meilleure époque) dont la sensualité agressive est faite pour révolter les moins prudes et qui s'offrent brutalement à ceux mêmes qui ne veulent pas d'elles. D'autres légendes honorent davantage l'âme humaine et nous consolent un peu de ces sauvageries. Telle est celle de la femme innocente et persécutée, dont la vertu est enfin remise en lumière ; telle est celle du traître qui commet cent crimes invraisemblables, mais qui est un jour dévoilé et puni ; telle est celle enfin de ce vilain qui, à force d'accomplir de beaux faits d'armes et des actes de haut dévouement, s'élève au niveau des plus nobles et des plus vaillant chevaliers. Voilà de ces lieux communs pour lesquels on serait tenté d'être moins sévère.

Il y a d'autres formules qui, comme nous le disions plus haut, n'affectent que la forme de nos chansons. Elles semblent moins graves et le sont en effet ; mais, comme elles foisonnent à chaque page, on en est encore plus importuné que des autres. Ce sont ces innombrables chevilles dont quelques juges trop bienveillants ont cru atténuer l'insupportable médiocrité en les décorant sans discernement du nom d'épithètes homériques. Ce sont ces noms de Saints qui varient à chaque couplet selon les besoins de la rime, de telle sorte que c'est saint Sim*on* qu'on invoque dans les couplets en *on*, saint Am*ant* dans les couplets en *ant* et saint Lég*er* dans les couplets en *ier*. Ce sont encore ces recommencements dont nous avons déjà dit quelques mots : *Or commence chançon merveilleuse, esforcie* ; ce sont, dans le même ordre d'idées, ces *or lairons ci* et ces *si vous dirons* qui sont décidément des transitions par trop naïves et rudimentaires. Ce sont aussi ces petits tableaux printaniers qui égaient un instant la monotonie de tant de couplets un peu gris : *Ce fu el mois de mai que la rose est florie*. C'est l'annonce sans cesse renouvelée des événements ultérieurs : *Si com l'histoire après le contera* : c'est la prophétie émue de ceux de ces événements qui sont les plus dramatiques et les plus sanglants : *Hé Dex ! si en sera mainte larme plorée, Et tant pié et tant poing, tante teste coupée* ; c'est la description détaillée de chacun de ces faits douloureux : *Là veïssiez si grant dolor de gent, Tant home mort et navret et sanglent*. Ajoutez à toutes ces formules qui tourbillonnent comme grêle autour de vous, ajoutez l'emploi immodéré des songes, l'abus des proverbes (*com li vilains le dit en reprovier*) et les développements interminables de ces prières où l'on résume en cent vers l'histoire de tout l'Ancien et de tout le Nouveau Testament, et qui se terminent invariablement par des vers semblables à celui-ci : *Si com c'est voirs que nos ice creons* ; repassez dans votre esprit tous les lieux communs, tous les clichés, toutes les formules que nous venons de vous faire subir, et vous reculerez peut-être devant la lecture de nos chansons. Mais nous ne vous en montrons ici que les défauts, et il serait injuste d'en méconnaître les véritables beautés qui sont nombreuses et profondes.

Il n'y a plus guère à parler que de la fin de nos vieux poèmes qui a été, comme le début, envahie par la formule. Le *Roland* échappe, encore ici, à cette odieuse banalité. Nous y restons sur le spectacle du grand empereur qui, chargé d'ans, épuisé par tant d'augustes labeurs et sur le point de prendre enfin un légitime repos, entend soudain la voix de Dieu qui lui crie : Va ! Mais combien sont différentes la plupart de nos autres finales ! Si encore le jongleur se contentait de nous dire : *Alés vous en, li romans est finis*, nous nous en irions sur-le-champ, soulagés et joyeux ; mais le chanteur nous tient et ne nous lâche pas. Il se prend à adresser à ses auditeurs les compliments qu'ils méritent ; il n'a garde de s'oublier lui-même, se décerne des éloges qui peuvent sembler excessifs et déclare enfin, d'un ton modeste, qu'aucun homme n'a jamais rien chanté d'aussi parfait. Là-dessus il annonce que sa chanson aura une suite, ce qui est fait pour encourager ou désoler son public. Il croirait d'ailleurs manquer à son devoir s'il ne jetait encore quelques injures à la tête de ses confrères, les autres jongleurs. Puis, il déclare qu'il a soif, très soif, ce qui est absolument sincère, fait quelquefois un peu de morale, ce qui vaut mieux, et termine noblement par une prière et par un *amen* sortis du cœur. Une prière n'est jamais un lieu commun.

Et tel est le moule épique.

III. — Le style des Chansons de geste; leur physionomie religieuse, politique et morale.

Le style des chansons de geste. — Quand on entreprend d'étudier le style des chansons de geste (nous ne parlons ici que des plus anciennes et de celles seulement qui ont droit au nom d'épopées), il convient de se rappeler tout d'abord quelles sont les conditions où la véritable Épopée se produit. Elle est, comme on l'a vu, précédée de rondes populaires, de complaintes ou de péans qui sont chantés et dansés par tout un peuple et dont les auteurs restent toujours inconnus. L'Épopée, qui naît de ces chants, participe de leur nature. Elle est traditionnelle, elle est nationale, elle est anonyme. C'est moins une œuvre d'art qu'un produit du sol. Il ne faut pas se représenter nos premiers épiques comme des poètes de bureau ciselant leurs épithètes, songeant de loin à leur trait de la fin, élaborant consciencieusement la disposition de leurs mots et la sonorité de leurs rimes. Ils n'ont rien de commun avec l'incomparable génie d'un Virgile ou d'un Dante : ils sont « naturels ».

Nous prononcions tout à l'heure ce mot « national » : c'est la meilleure qualification qui convienne au style de nos premières chansons. Il ne faudrait pas s'imaginer que l'auteur du *Roland* ait trouvé le style de son poème, et je me persuade que toutes les chansons des Xe et XIe siècles avaient à peu près le même agencement, le même caractère. Cette forme spéciale, cette prosodie, cette poésie ont eu en même temps leur éclosion sur toutes les lèvres de la nation. Sans doute l'auteur du *Roland* y a ajouté les inventions de son beau tempérament de poète ; il a groupé et entrelacé les épisodes de son poème avec un art qu'on ne saurait méconnaître ; il y a laissé enfin les traces d'une certaine personnalité, qui était très haute. Il en a été de même pour le *Girard de Roussillon* et pour quelques autres de nos premiers romans. Mais véritablement, c'est là tout ce qu'on peut concéder, et il ne faudrait pas aller plus loin. La dominante de ce style est véritablement nationale. De telles chansons sont en quelque manière pensées par tout le monde et écrites par tout le monde. Si l'on retrouvait demain vingt autres *Roland*, ils seraient, j'en suis assuré, conçus selon le même système : on y constaterait le même rythme, la même couleur, le même style enfin.

Le premier caractère de ce style national, c'est une certaine spontanéité qui exclut la recherche. Sauf de bien rares exceptions, nos épiques des tout premiers temps ne songent même pas à faire le plan de leurs poèmes. Ce que nous appelons la composition leur est généralement inconnu. Ce sont des improvisateurs ou des enfants. Ils marchent devant eux sans savoir où ils vont, ni quelles seront les étapes de leur route. À l'aventure, ils vont à l'aventure. Si l'on pouvait comparer leurs chansons à un délit (certains critiques ont été jusque-là) on ne saurait en tout cas les accuser de préméditation. Tout raffinement leur est étranger, comme aussi toute étude, et nous trouvons là une transition tout indiquée pour passer à leur second caractère qui est la méconnaissance ou plutôt l'ignorance de toute espèce de nuance. Certes ce ne sont pas des réalistes, mais leur idéalisme est sans profondeur. Pour tout dire en un mot, ce ne sont pas des observateurs, et ils descendent rarement au fond de leurs propres âmes. Il faut quelque effort aux hommes du XIXe siècle pour comprendre cette poésie brutalement primitive. Nous vivons aujourd'hui dans un monde de psychologie à outrance où d'impitoyables analystes étudient à la loupe le plus secret de nos sentiments et le plus caché de nos instincts. Paul Bourget fait école, et rien n'échappe à l'acier de ces scalpellistes. L'auteur d'*Ogier* et celui d'*Amis et Amiles* sont bien l'antithèse la plus exacte de tous ces Bourget. Leur psychologie est rudimentaire. L'homme est à leurs yeux tout mauvais ou tout bon. Cet incomparable et si délicat phénomène de la conversion, ils ne s'en rendent pas compte, et leurs héros se convertissent tout d'un bloc, criminels à midi, saints à une heure. Pas de lutte morale, pas d'hésitations, pas de déchirements, pas de drame intime. L'humanité est divisée en deux camps : les traîtres, d'une part, et les loyaux, de l'autre. Entre ces deux camps pas de va-et-vient ; pas même de déserteurs. Presque toujours on naît traître. Cet itinéraire douloureux et hésitant de l'âme humaine vers le bien ou vers le mal, peu de nos poètes le connaissent, et il a fallu à l'auteur du *Roland* un talent au-dessus de son siècle pour nous avoir peint un Ganelon qui a quelques éclairs de vertu.

On comprend dès lors que l'épithète homérique ait plu à ces naïfs, à ces « simplistes ». Il y en a peu de traces dans le *Roland*, qui est l'œuvre d'un esprit supérieur et original ; mais cette épithète fleurit dans tous nos autres poèmes. Ernest Hello a naguères expliqué fort bien l'origine de ce procédé poétique. L'épithète homérique est, à ses yeux, une constatation qui est faite une fois pour toutes. Un jour Homère voyant en son esprit Achille courir, l'appela « Achille aux pieds légers » ; mais alors même qu'Achille fut devenu paralytique, le poète aurait continué à le nommer πόδας ὠκύς, et cette appellation en effet ne faisait plus qu'un avec le héros. Il en est ainsi dans nos chansons. Nos vieux poètes, à raison de son étonnante majesté, se représentent toujours Charlemagne comme un centenaire, et lui donnent une barbe blanche à trente ans. Certaines femmes, qui ont à vingt ans le *vis cler*, le gardent ainsi jusqu'à soixante et au delà. Quand nos traîtres montrent le poing à quelque ennemi qu'ils vont faire tomber dans un piège mortel, ils n'en appellent pas moins leur victime des noms les plus honorables, le *fier* ou l'*alosé* : le tout suivant les besoins de l'assonance ou de la rime. Quels que soient ses défauts, on pardonnerait beaucoup à cette épithète plus pittoresque que sensée, si elle n'était pas aussi envahissante ; mais vraiment elle l'est trop, et il arrive un moment où elle révolte le lecteur. Dès le XIIe siècle elle est difficile à subir, et il y en a parfois une par vers, voire deux. Imaginez des centaines de vers avec cette surabondance d'images qui sont toujours les mêmes. L'usage en était excellent : l'abus fut un fléau.

La langue de notre épopée primitive est d'une simplicité qui ne satisfait pas les rhéteurs. Les uns la voudraient plus étoffée, les autres plus fine. Cette langue est *une* en effet : elle n'a pas été forgée deux fois, par le peuple d'abord et ensuite par les savants. C'est un franc parler et sans alliage. À ceux qui aiment la phrase longue, il ne faut pas demander d'admirer celle de nos poètes qui ne dépasse pas souvent les limites d'un vers de dix ou de douze syllables. Pas d'incidentes : un substantif, un verbe, un régime. On a déjà observé avant nous qu'on y rencontre rarement le subjonctif, le conditionnel ou l'imparfait. C'est une suite de constatations brèves. Je ne pense pas d'ailleurs que l'auteur d'*Ogier* ou celui de *Roland* se soit dit une seule fois que l'harmonie est la loi du vers. Ils ont le sentiment du rythme ; mais rien de plus. S'il est vrai que la poésie se compose d'un élément pittoresque et d'un élément musical, ils n'ont guères connu que le premier. Encore la nomenclature de leurs images est-elle assez restreinte. Mais tant de défauts sont largement compensés par une belle vigueur et une clarté sans seconde. Un mot dit tout : c'est du français.

Toute habileté est absente de ces poèmes sincères, et jusqu'à cette habileté même qui est de si bon aloi et qui consiste à préparer de loin, par des péripéties heureusement amenées, le dénouement d'une action que le lecteur doit entrevoir, mais ne doit pas connaître. Si les auditeurs de nos chansons ne devinaient pas longtemps à l'avance la conclusion de ces très candides romans, il faut croire qu'ils y mettaient vraiment beaucoup de mauvaise volonté, d'autant que le poète ne se gênait point pour la leur révéler à plus d'une reprise, et fort brutalement. On n'est pas haletant en les lisant ; on ne se dit pas avec un battement de cœur : « Que va-t-il arriver ? Ce traître va-t-il triompher ? Cette innocence va-t-elle succomber ? » Nos conteurs ne sont au courant d'aucune des finesses de la vieille ou de la nouvelle rhétorique. L'art des transitions leur est absolument étranger, et ils ressemblent à ces enfants qui, racontant une histoire à leurs camarades, leur disent tout naïvement : « Je viens de vous parler de Louis ; je vais maintenant vous parler de Charles. » Comme ils n'ont pas le sentiment de l'unité, il ne faut pas s'étonner s'ils interrompent tout à coup leur récit principal pour y intercaler à l'aveuglette je ne sais quel épisode de cinq cents vers, je ne sais quel hors-d'œuvre sans fin. Il en résulte, dans leurs poèmes, une disproportion qui n'est pas faite pour plaire à des raffinés comme nous le sommes. Leur statue a une tête énorme et des jambes malingres, ou réciproquement. Ils n'en ont cure.

Voilà bien des défauts, et il importait de les mettre loyalement en pleine lumière. Oui, nos épiques ne sont pas observateurs ; oui, ils ne connaissent aucune de ces multiples évolutions de l'âme humaine qui donnent tant de vie à nos romans de 1895 ; oui, tous les procédés, toutes les finesses classiques leur sont inconnues, et ils ne possèdent enfin ni l'élasticité de la langue, ni celle de la pensée. Ils sont lourds, et ne savent même pas ce que c'est que le sourire. Leur rire est épais, un peu comme celui d'un soudard. L'élément comique tient peu de place dans leur œuvre, et il a toujours je ne sais quelle grossièreté de chambrée, comme par exemple dans cette trop fameuse scène des *gabs* qui occupe la seconde partie du *Pelerinage à Jérusalem.* Il faut même ajouter que le sentiment de la nature est chose inconnue dans notre épopée ; qu'on y rencontre seulement quelques jolies formules sur le printemps qui sont partout les mêmes, et qu'enfin saint François d'Assise est à peu près le seul, à cette époque, qui ait aimé, pour eux-mêmes et pour Dieu, le soleil, les champs et les oiseaux. Rien n'est plus fondé que tous ces reproches, et les apologistes les plus déterminés de notre vieille poésie épique en reconnaissent loyalement la justesse. Mais, en dépit de tant de critiques, nos antiques chansons ont une incontestable puissance et vitalité. Elles n'expriment que peu de sentiments et peu d'idées, mais elles les expriment avec une force que rien n'égale. Il en est un peu de nos vieux poèmes comme de la musique qui ne traduit bien, en somme, que deux états de notre âme, le repos et le mouvement, la tristesse et la joie, mais qui les interprète avec une vivacité et une profondeur que n'auront jamais tous les tableaux ni toutes les statues du monde.

Cette épopée française du moyen âge, elle a été, comme toutes les grandes choses, l'objet de dédains irréfléchis et d'un enthousiasme exagéré. Le temps du mépris est passé : il ne reviendra plus. Jusques dans les livres d'instruction primaire, jusques dans les plus humbles manuels, Roland triomphe, Roland règne, et, avec lui, vingt autres de nos héros qu'on n'ose plus passer sous silence. Le jour n'est plus où un critique autorisé se permettait d'écrire ces lignes : « Le plus grand service que les chansons de geste rendirent à la littérature nationale, ce fut de disparaître et de céder la place à la prose. » Il vient une heure où de tels aveuglements ne sont plus possibles, où de telles iniquités scandalisent.

Néanmoins, tous les ennemis de notre poésie nationale n'ont pas encore désarmé ; les vieilles préventions ne sont pas dissipées, et la passion anime toujours un débat qui semble vraiment interminable. Nous avons déjà eu lieu de répondre à plus d'une attaque, quand nous avons eu à juger la *Chanson de Roland* ; mais il est d'autres sévérités contre lesquelles nous avons le devoir de protester énergiquement. Donc, on a pu dire et on a dit « que notre épopée n'avait pas un but élevé et qu'elle péchait par l'insuffisance de son merveilleux ». Rien n'est plus contraire à la vérité. Qu'on veuille bien, d'un esprit impartial et d'un regard tranquille, comparer entre elles les causes réelles, les causes historiques qui ont donné naissance, d'une part, à la guerre de Troie et, de l'autre, à celle de Jérusalem. Qu'on les étudie à la lumière de la critique, d'après les dernières données de la science, et qu'on nous dise, après avoir comparé ces deux luttes gigantesques, où est « le but le plus élevé ». Est-ce en Grèce ou en France ? Est-ce dans l'*Iliade* ou dans *Antioche* ? Je laisse de côté les fables qui ont pour objet Ménélas et Hélène, et ne veux considérer, dans le siège de la ville de Priam, que l'inévitable conflagration entre l'Europe et l'Asie. Mais, dans nos vieux poèmes, c'est encore le même antagonisme ; ce sont encore la vieille Europe et la vieille Asie qui sont déchaînées de nouveau l'une contre l'autre. Dans l'*Iliade*, il ne s'agit, suivant le poète, que de venger l'honneur d'un petit prince grec, et l'historien seul découvre, au fond de ce conflit, une question de races. Dans nos chansons de geste, au contraire, il y a plus qu'une question d'honneur, il y a plus qu'une question de races : il s'agit de savoir si le monde, le monde tout entier, appartiendra décidément à l'Islam ou à la Croix, à Jésus-Christ ou à Mahomet. C'était là un problème qui, pour nos vieux poètes, ne manquait pas plus d'actualité que de grandeur. Les Sarrasins étaient venus par cent milliers jusqu'au nord de notre France ; un Charles Martel les avait arrêtés à Poitiers, un Guillaume à Villedaigne ; un Godefroi de Bouillon, prenant l'offensive, était un jour entré dans cette Jérusalem où est le tombeau de notre Dieu ; mais enfin les vaincus d'hier pouvaient être les vainqueurs de demain, et voilà ce qui échauffait, ce qui inspirait nos trouvères. Ce beau souffle de la croisade, cette animation sacrée, ces morts superbes au service d'un tel Dieu, qui oserait les placer au-dessous des sentiments qui font battre le cœur des héros d'Homère ?

LES QUATRE FILS AIMON (MEURTRE DE RENAUD DE MONTAUBAN)

Bibl. de l'Arsenal 5075. F° 249

Nous avouons que le Merveilleux fait défaut à nos anciennes chansons ; mais nous y voyons triompher le Surnaturel, qui vaut mieux. On ne parviendra jamais à nous persuader que nos Anges et nos Saints ne soient pas aussi poétiques que les dieux de l'antique Olympe, quelque éclatante que soit la beauté dont l'épopée et la statuaire grecques ont revêtu ces Immortels. De même que ces dieux descendaient de leur éther pour prendre part, les uns à côté d'Achille et les autres près d'Hector, aux batailles héroïques qui se livraient sous les murs de Troie ; de même on voit, dans nos plus vieux poèmes, les Saints descendre de notre ciel, plus beau mille fois que l'Olympe hellénique, pour venir en aide à nos chevaliers qui, tout couverts de leur sang, vont succomber sous les coups des païens. Voici saint Maurice, saint Georges et saint Domnin, avec plusieurs centaines de ces légionnaires triomphants de l'Église, qui, montés sur de superbes chevaux blancs, entrent soudain dans la mêlée furieuse et chassent devant eux les Sarrasins épouvantés. Les Anges ne sont ni moins poétiques, ni moins nombreux, et tiennent même plus de place que les Saints dans notre épopée primitive. Derrière le trône de Charlemagne un ange est sans cesse debout dans la lumière, et cet envoyé céleste a tous les jours, avec le grand empereur, des entretiens où le sort du monde se décide. Roland meurt, enveloppé d'anges qui portent son âme dans les fleurs du Paradis. Telle est l'ordinaire fonction de ces messagers divins qui, sur tous les champs de bataille, vont cueillir les âmes des chrétiens mourants. Je ne parle pas de la Vierge Marie, et il serait à plaindre celui qui la trouverait moins poétique qu'Athéné aux yeux glauques ou Aphrodite mère des doux sourires.

Notre épopée, d'ailleurs, n'a pas toujours gardé au Surnaturel cet amour de prédilection, et elle s'est trop laissé séduire par le Merveilleux, non pas gréco-romain, mais celtique. Il est trop vrai que les fées ont chassé les anges de nos épopées amoindries ; il est trop vrai, ce qui est pire encore, que les anges et les fées ont frayé ensemble et en sont venus à voisiner dans un seul et même roman. On a même été jusqu'à baptiser les fées, jusqu'à leur attribuer une sorte de mission chrétienne, jusqu'à transporter un jour le plus fier de nos héros épiques, le farouche Ogier, dans le Paradis de ces intruses qui ressemble à celui de Mahomet, mais non pas au nôtre. De là un abaissement de notre épopée que nous avons eu lieu de flétrir ailleurs avec une plus vive indignation. Mais si l'on veut être juste, il ne faut pas juger une littérature d'après sa décadence.

Cette même indignation, nous lui avons plus haut donné carrière contre ces critiques « sévères » qui refusent à l'auteur du *Roland* le mérite d'avoir créé de véritables types et d'avoir peint de véritables caractères. Mais ce même reproche, on l'a appliqué sans discernement à toutes nos autres chansons, et il y a encore là une injustice devant laquelle il convient de ne pas rester calme. À côté du neveu de Charlemagne qui est notre Achille, il nous est donné de contempler, dans nos vieux poèmes, les figures très caractéristiques de ce vieux Naimes qui est notre Nestor et de cet Olivier qui ressemble à Patrocle. Hestous, qui est le mauvais plaisant de nos chansons, ne ressemble guère à ce Girard de Fraite qui est un athée farouche et un abominable renégat. Vivien, dont le courage est aveugle et fou, ne ressemble pas aux autres héros qui meurent si noblement auprès de lui. Les fils du duc Aimon, qui semblent ne faire qu'un, n'ont pourtant pas les mêmes traits, et Renaud représente parmi eux cette bonté, ce repentir qui sont si rares dans notre rude et sauvage épopée. Guillaume, même dans ses fureurs, ne nous apparaît jamais avec l'aspect brutal de ce féroce révolté qui s'appelle Ogier ou de ce féodal sans entrailles qu'on nomme Raoul de Cambrai. Godefroi de Bouillon a dans nos chansons comme dans l'histoire une autre physionomie que Tancrède et Raymond de Saint-Gilles. Est-ce que ce n'est pas un type original que celui de ce gentilhomme pauvre, de ce fier et misérable Aiol, « alors qu'il entre dans Orléans, revêtu d'armes enfumées et rouillées, et qu'il traverse, ridicule et superbe, la foule des vilains qui le raillent » ? « Mais, dira-t-on, ce sont là uniquement de grands seigneurs, des barons, des héros. Où sont les petites gens ? » Les petites gens, je vais vous les montrer. Voici Gautier le vavasseur dans *Gaydon* et voilà Simon le voyer dans *Berte*. N'est-ce pas aussi un « caractère », dans la plus haute signification de ce mot si bien fait, que ce vassal inconnu, que cet admirable Renier qui se dévoue à son seigneur jusqu'à lui donner sa vie, non, mieux que cela, jusqu'à lui sacrifier la vie de son unique enfant ? Est-ce qu'elle n'est pas bien dessinée la portraiture de ce vilain, de cet homme de rien, de ce pauvre Varocher qui se fait, avec tant d'esprit et de courage, le défenseur chevaleresque de la reine de France en exil ? Est-ce qu'enfin, pour nous placer ici à un autre point de vue, un de nos poètes (qui n'est pas des plus anciens) n'a pas eu cette inspiration généreuse de prêter à un jeune païen, à un ennemi acharné du nom chrétien, de lui prêter, dis-je, l'allure et les vertus de Roland lui-même ? Mais c'est surtout dans les portraits de femmes que se révèlent l'originalité de nos premiers poètes et la hauteur de leurs âmes. La Berte de *Girard de Roussillon*, cette fière et belle duchesse, cette sœur d'impératrice qui se fait si humblement couturière, pendant que son mari (un duc suzerain !) est contraint de se faire valet de charbonniers, cette chrétienne au grand cœur, qui est énergique et résignée tout ensemble et qui, à force de douceur, finit par triompher de la rage et de la rancœur de Girard, cette Berte, en vérité, ferait honneur au génie d'un tragique grec et tiendrait dignement sa place auprès d'Antigone elle-même. Mais ce que l'antiquité n'aurait peut-être pas imaginé, c'est cette héroïne d'une autre de nos chansons, c'est cette Guibourc dont la figure virile et tendre éclaire d'une si belle lumière tout le beau poème d'*Aliscans*. Son mari est ce comte Guillaume qui vient d'être vaincu par les Sarrasins et qui est le seul survivant, hélas ! d'une armée de cent mille chrétiens. Poursuivi, traqué par des milliers de païens, Guillaume arrive enfin devant la porte de cette belle ville d'Orange où sa femme est restée et qu'elle saurait défendre contre les mécréants sans le secours d'aucun homme. Si Guillaume peut entrer dans Orange, il est sauvé. Il est donc là, épuisé, pantelant, demi-mort ; mais Guibourc ne le reconnaît pas et se refuse à accueillir cet étranger, cet inconnu, ce fuyard : « Votre voix, dit-elle, ressemble bien un peu à celle de Guillaume ; mais tant de gens se ressemblent au parler ! » Et elle le laisse là, abattu, désespéré, tandis qu'on entend tout près les terribles approches des Sarrasins qui vont l'atteindre, qui vont le tuer : « Non, dit-elle encore, non, vous n'êtes pas Guillaume ; non, vous n'entrerez point. » Elle consent cependant à lui imposer une épreuve suprême pour savoir si c'est là vraiment ce grand comte Guillaume, ce vaillant défenseur de la chrétienté, ce fier bras couvert de tant de gloire : « Tenez, lui dit-elle, voyez-vous là-bas ces malheureux chrétiens que les païens ont faits prisonniers, qu'ils emmènent, qu'ils outragent, qu'ils battent ? Si vous étiez Guillaume, vous les délivreriez. » Le pauvre comte se contente de se dire en lui-même : « Comme elle veut m'éprouver ! » Puis, il court sus aux Sarrasins et met les prisonniers en liberté. À ce trait Guibourc le reconnaît et tombe enfin dans ses bras. Mais à peine a-t-elle délacé le heaume et enlevé le haubert de ce pauvre blessé qui est tout couvert de sang, à peine lui a-t-elle entendu raconter le grand désastre d'Aliscans, à peine a-t-elle appris la mort de tous les siens, de Bertrand, de Guichard, de Vivien surtout « le gentil combattant » et de tout le baronnage de France, à peine ce douloureux récit est-il achevé, que, changeant soudain de visage, Guibourc s'écrie : « Sire Guillaume, ne vous attardez pas un instant ; partez et allez en France. Vous y réclamerez l'aide de l'Empereur qui viendra délivrer Orange et nous vengera. Quant à moi, je resterai ici et défendrai la ville. » Guillaume l'entend, Guillaume part. Il oublie ses quinze blessures qu'on n'a pas eu le temps de panser ; il oublie toutes ses souffrances et tous ses deuils ; il s'apprête tranquillement à se revêtir de son armure. C'est alors, mais alors seulement que Guibourc tout à coup redevient femme et lui dit d'une voix enfin attendrie : « Tu vas donc là-bas, tu vas dans ce beau pays de France où tu verras maintes jeunes filles aux fraîches couleurs, mainte dame de haut parage ! Tu m'auras bien vite oubliée. » Il la serre dans ses bras, il la couvre de baisers : « Je fais le vœu, dit-il solennellement, de ne pas toucher d'autre bouche que la vôtre jusqu'à l'heure où je reviendrai en ce palais d'Orange. » Il monte à cheval et entre dans sa voie : « Souviens-toi de cette malheureuse », dit Guibourc. Guillaume s'éloigne et disparaît. Que Dieu le conduise !

Telle est cette scène dont nous sentons trop bien que nous atténuons, que nous profanons la beauté ; mais nos lecteurs savent où est le texte, et le liront. Et ils avoueront que la Grèce et Rome n'ont pas d'héroïne dont la stature soit plus haute, dont l'âme soit plus noble que celle de Guibourc.

Nous ne voulons pas aller plus loin dans l'éloge de nos vieux poèmes. Leur appréciation littéraire a donné lieu naguère à des luttes qu'il convient d'oublier, à des passions qui finiront par s'éteindre. Le temps se chargera de mettre au point le verdict que la postérité prononcera sur notre Épopée nationale. Devant ce monstrueux déni de justice dont les trois derniers siècles se sont rendus coupables à l'égard de nos vieux poèmes, une indignation facile à comprendre a poussé quelques esprits (nous les appellerions généreux, si nous n'étions pas de ce nombre) à certaines exagérations de langage qu'on eût pu leur pardonner avec plus d'indulgence. Paulin Paris, en parlant des *Lorrains*, a pu s'écrier : « Je ne sais pas s'il est un monument aussi hardi, aussi surprenant dans aucune littérature », et nous avons terminé nous même la première édition de nos *Épopées françaises* par ces paroles qui n'étaient pas précisément un blasphème : « La *Chanson de Roland* vaut l'*Iliade*. » Il y a longtemps que, pour notre part, nous avons fait amende honorable, expliqué notre pensée et reconnu la haute supériorité d'Homère au double point de vue de la langue et du style. Il y a longtemps aussi que nous proclamons qu'on doit surtout faire estime de nos chansons de geste, parce qu'elles sont un des monuments les plus considérables de notre poésie traditionnelle et nationale. Mais là où nous sommes décidé à ne jamais nous rendre coupable d'aucune concession, c'est dans l'appréciation morale de ces vieux textes. Nous ne renoncerons jamais, dans leur comparaison avec l'épopée homérique, à revendiquer pour nos poèmes français le mérite incontestable d'une conception plus large, d'une doctrine plus pure, d'une poésie plus élevée. Nous nous obstinerons à affirmer que les âmes de la plupart de leurs héros ont des proportions plus vastes que celles des héros antiques, et la raison nous en semble bien simple : c'est que le Christianisme a passé par là. Nous demeurons attaché à ces thèses, et leur serons fidèle jusqu'au bout ; mais, pour tout le reste, nous admettrons tous les tempéraments légitimes. Nous reconnaîtrons volontiers qu'on ne peut décerner le titre d'épopées qu'à une trentaine de nos vieux poèmes et que, sur ces trente chansons, il y en a une vingtaine seulement, avec quelques extraits de certaines autres, qui aient droit à notre enthousiasme. En d'autres termes, il y a une vingtaine de *Chansons de Roland* dont l'admiration s'impose à tout esprit impartial et dont l'étude doit légitimement occuper quelque place dans les programmes élargis de notre éducation nationale. C'est assez, et nous ne demandons rien de plus.

Physionomie religieuse, politique et morale de nos chansons de geste. — Nous ne sommes plus au temps où la critique littéraire se bornait aux vaines subtilités de la rhétorique et de la grammaire : nous voulons aujourd'hui qu'on aille au fond des choses et que, dans le jugement des œuvres de l'esprit, on s'applique surtout à faire connaître les idées du philosophe, de l'historien, du poète. C'est le devoir que nous avons ici à remplir vis-à-vis de nos chansons de geste.

L'idée de Dieu les domine et les pénètre. Cette constatation a d'autant plus de valeur que nos chansons des XIe et XIIe siècles sont, dans notre Occident latin, les plus anciens documents véritablement populaires que nous puissions interroger sur cette question qui, en vérité, prime toutes les autres : « Que pensez-vous de Dieu ? » La réponse de nos vieux poèmes ne prête ici à aucun doute : ce sont les plus convaincus de tous les théistes. Leur Dieu n'est pas enveloppé de nuages. C'est ce grand Dieu qui a fait le monde de rien et qui le gouverne par son infatigable et infinie providence. C'est le Dieu unique et éternel ; c'est le Père tout-puissant dont l'Église a communiqué la connaissance au monde ; c'est le Dieu des Papes, des Conciles et des Docteurs, mais c'est ce Dieu compris et exprimé par des poètes populaires. Il semble du reste que, par un merveilleux instinct, nos poètes se soient étudiés à donner à ce Dieu les épithètes les plus significatives et celles dont leurs contemporains avaient sans doute le plus besoin. Ils l'appellent volontiers *Dieu l'esperital*, « Dieu qui est un pur esprit », et montrent par là quel abîme sépare leurs croyances de la grossièreté des cultes antiques. Ils l'appellent plus souvent encore *Deu le creator, Deu qui tout forma*, et ferment ainsi la porte au panthéisme qui a dévoré l'Inde. Cette idée de la création est particulièrement chère à nos trouvères, et ils s'y jouent volontiers avec vingt images diverses : *Le Dieu qui fit la rose en mai, le Dieu par qui le soleil raie, le Dieu qui fit pluie et gelée*. Sans doute ils n'oublient ni l'éternité de celui *qui fu et est et iert*, ni la providence de celui qui *haut siet et loin voit* ; mais ils condensent en quelque sorte toute leur théodicée en ces mots : *Deus li glorieus*, « qui expriment à la fois la suprême béatitude, la suprême invisibilité et la suprême puissance ». Seulement comme ils vivent en pleine féodalité et qu'une des principales formes de l'honneur consiste alors à ne jamais manquer à la parole donnée, ils donnent à Dieu une appellation qui est pleine d'actualité, et le nomment mille fois *cil Damedeu qui ne faut ni ne mant*, ou, plus souvent encore, *qui onques ne mentit*. Voilà, somme toute, une théodicée qui en vaut bien une autre. Nous l'avons comparée naguère à celle d'Homère, et il est aisé de déterminer loyalement où se trouve la plus haute, la plus pure, la meilleure notion de la Divinité.

La divinité de Jésus-Christ est affirmée à chaque page de nos vieux poèmes. *Foi que doi Deu le fils sainte Marie*, ce vers, dont mille autres sont l'écho, atteste la parfaite et étroite synonymie qui existe, dans toutes nos chansons, entre ces deux mots également augustes : *Dieu* et *Jésus*. Nos romans sont, ici encore, l'expression d'une croyance universellement populaire. Mais qu'est-il besoin d'en dire davantage ? Il est démontré que nos vieux poèmes ont été animés par l'esprit de la croisade, et cela longtemps avant les croisades elles-mêmes. « L'épopée du XIe siècle, a-t-on dit, était un cri de guerre et la croisade une épopée en action. » Supprimez la divinité du Christ, et il n'y a plus ni croisade, ni épopée.

Je regrette qu'un savant tel que Nyrop ait adopté la trop fameuse théorie de Michelet sur le culte de la Vierge qui aurait pris soudain, au xiiie siècle, un développement inattendu et scandaleux : « Au XIIIe siècle, dit Michelet, Dieu changea de sexe. » Il est vraiment trop aisé de réfuter mathématiquement un tel paradoxe qui ne devrait plus avoir cours parmi les érudits. Dans nos textes épiques qui sont antérieurs au siècle de saint Louis, la Vierge est tout aussi honorée et de la même façon que dans les textes plus modernes. Les termes sont les mêmes, et Dieu (c'est peut-être son épithète la plus fréquente) y est partout appelé « le fils de sainte Marie ». Il ne faut pas, d'ailleurs, s'attendre ici à des tendresses mystiques. Nos poètes écrivent pour des chevaliers, et non pour des clercs. Leur dévotion pour Marie est une dévotion de soldats. C'est ce qui explique aussi pourquoi les Saints ne jouent pas dans nos poèmes un rôle aussi actif que nous le souhaiterions. Il est trop vrai, comme nous l'avons vu plus haut, que les trouvères ne donnent d'importance en leurs récits qu'aux saints qui ont porté l'épée, connue saint Georges et saint Martin, comme aussi ce saint Michel qui est aux yeux de nos pères le chef de la Chevalerie céleste. Les Anges sont, dans notre épopée, plus populaires et plus agissants que les Saints, et l'on peut dire de nos chansons qu'elles sont sans cesse traversées par les vols radieux de ces messagers d'en haut. Mais c'est la voix de la prière que nous aimons le mieux à entendre dans nos vieux poèmes. Ces prières sont autant de professions de foi, autant de *Credo* où chacun de nos héros fait la récapitulation complète et détaillée de tous les objets de sa foi. Très hrèves dans le *Roland* où le poète se borne à rappeler les traits les plus saillants de l'Ancien ou du Nouveau Testament (ceux-là mêmes qui avaient fixé jadis l'attention des premiers chrétiens dans les catacombes), ces prières deviennent interminables dans les œuvres du XIIIe siècle. Il y en a qui ont plus de cent vers, et ce ne sont certes pas les plus pieuses, ni les plus belles.

Si la théodicée d'Homère ne gagne pas à être comparée à celle de nos chansons, il en est de même assurément pour la notion de l'autre vie. « Qu'est-ce que la mort laisse subsister chez les héros homériques ? Une âme, une vaine image qui, dès que la vie a abandonné les ossements, s'échappe et voltige comme un songe. Encore cette ombre légère ne peut-elle franchir les portes de Pluton, si l'homme ne reçoit pas les honneurs de la sépulture. Tout autrement nette, tout autrement élevée est la doctrine de nos épiques qui, sans se perdre en de vagues descriptions de l'*au-delà*, croient tout simplement à un beau Paradis qui est le lieu des âmes saintes et où les corps eux-mêmes seront un jour couronnés dans la gloire. C'est saint Michel, ce sont les Anges qui, sur les lèvres des moribonds, viennent prendre les âmes entre leurs bras invisibles pour les porter là-haut dans les fleurs du Paradis, tandis que les démons, les *aversiers*, s'emparent violemment des âmes des damnés et les jettent sans pitié dans la fournaise éternelle. Rien ne saurait être plus précis, et l'on ne peut guère reprocher à nos poètes que d'avoir trop peuplé l'enfer et trop dépeuplé le ciel. Ces féodaux ont le cœur rude et ignorent la miséricorde.

L'idée de la patrie d'en haut appelle ici celle de la patrie terrestre, et nous voici devant ce problème trop de fois agité : « L'amour de la patrie n'est-il en France qu'un sentiment tout moderne, et convient-il de s'approprier ici les paroles de je ne sais quel citoyen de 1794, qui, dans une distribution de prix, osait s'écrier : « Il y a cinq ans, citoyens élèves, que vous avez une patrie. » À une telle question, l'indignation et la science ont à la fois répondu et répondent encore tous les jours. On a accumulé sans peine les arguments les plus décisifs : nous n'avons, nous, à invoquer que ceux de nos chansons. On ne saurait lire cent vers du *Roland* sans se persuader que ce beau poème est, pour ainsi dire, « imbibé » de l'amour de la patrie française. C'est pour la France que Roland respire, combat et meurt. C'est à l'honneur de la France qu'il songe en pleine mêlée sanglante et quand il est déjà tout rougi de son propre sang. « Si la France allait perdre de son honneur ! si elle allait être abaissée à cause de lui ! » Un tel doute le jette dans l'angoisse, et à cette angoisse se mêle une ineffable tendresse : *Tere de France, mult estes dulz païs*. Cette terre de France, il la salue avec enthousiasme comme la terre libre entre toutes. Il lui donne son sang, sa vie, son âme, et le mot « France » est un des derniers qui s'échappent de ses lèvres mourantes : *De plusurs choses à remembrer li prist, — De dulce France.* Les héros de l'antiquité ne regrettaient pas leur douce Argos avec une douleur plus attendrie.

Les juges les moins prévenus en faveur du moyen âge sont sur ce point d'accord avec les médiévistes les plus enthousiastes, et il faut entendre à ce sujet le témoignage éloquent d'Onésime Reclus : « *Dulce France* et *Terre major* sont déjà célébrées dans les quatre mille décasyllabes de la *Chanson de Roland*, et le même cri d'amour et d'orgueil traverse nos autres poèmes chevaleresques. Pour ces interminables conteurs, la Patrie est toujours « douce France », le plus gai pays, et « Terre major » le plus grand. » Ce qu'Onésime Reclus ne dit pas, ce qu'il convient d'ajouter loyalement à la justesse de ses observations, c'est que, dans le *Roland*, le mot « France » offre deux acceptions ; qu'il signifie en général l'empire de Charlemagne et, dans un sens plus restreint, le domaine royal, tel sans doute qu'il était constitué au moment où vivait l'auteur inconnu de notre vieux poème. Mais il n'y a rien là qui affaiblisse notre thèse. L'idée de patrie, en effet, ne dépend pas du plus ou moins d'étendue qu'offre le pays aimé. Puis, on peut se convaincre, en étudiant le texte de plus près, que le pays tant regretté par le neveu de Charlemagne représente en réalité « notre France du nord avec ses frontières naturelles du côté de l'est et ayant pour tributaire toute la France du midi ». C'est donc pour le même pays, comme nous l'avons dit ailleurs, que battait le cœur de Roland et que battent les nôtres. Et c'est un devoir enfin, pour tout historien digne de ce nom, de répéter ces très impartiales paroles de Gaston Paris : « Le *Roland* nous montre, à près de mille ans en arrière, le sentiment puissant et élevé d'un patriotisme que l'on croyait de date plus récente. »

Dans nulle autre chanson l'amour de la patrie n'éclate aussi vivement que dans ce *Roland* qui est le plus ancien et le plus épique de nos vieux poèmes. Mais ce même amour, est-ce qu'on ne le sent pas frémir dans le fier début de ce *Couronnement Looys* que nous avons eu déjà l'occasion de citer ; dans ces vers de la *Chanson des Saisnes* où l'on rappelle avec orgueil que le premier roi de France fut couronné par les Anges chantants ; dans ce passage si connu du *Charroi de Nimes* où l'on voit Guillaume Fierebrace (ce héros que le midi a vainement revendiqué) ouvrir un jour son armure de mailles pour laisser entrer dans sa poitrine « le doux souffle qui vient de France » ? Au reste il faut avoir ici la vraie intelligence de nos anciens textes et ne pas s'obstiner à y chercher le mot *patrie*, quand la chose y est. Nos vieux poètes avaient en réalité personnifié la France en ce Charlemagne qu'ils peignent sous de si nobles couleurs. Tout ce qu'ils lui attribuent de grandeur, de majesté, d'héroïsme, il faut en faire honneur à la France dont il est la véritable incarnation. C'est ainsi que nos pères des deux derniers siècles, quand ils jetaient le cri de « Vive le Roi » criaient en réalité : « Vive la France ! »

La Royauté tient une large place dans notre épopée, comme dans toutes les épopées sincèrement primitives. Elle nous y apparaît sous un aspect qui rappelle moins l'empereur romain que le *kœnig* germanique. Elle est héréditaire, non sans quelques hésitations et tempéraments ; mais c'est seulement dans une de nos dernières chansons et en pleine décadence épique que l'auteur de *Hue Capet*, sous l'empire de souvenirs historiques qui se sont un peu brouillés dans sa tête, aura l'audace de faire monter sur le trône de France un homme de peu qui fonde soudain une dynastie et ne craint pas de dire très haut : « *Je suy rois couronnez de France le royon, — Non mie par oirrie ne par estrasion, — Mais par le vostre gré et vostre elexion.* » Nous voilà loin du Charlemagne de nos plus anciennes chansons.

Pour peindre le grand empereur, nos premiers trouvères n'ont guère emprunté aux souvenirs de l'antique empire romain qu'une notion générale de majesté et de grandeur, en y joignant toutefois la mission de protéger efficacement la faiblesse auguste de l'Église ; mais il faut bien avouer que pour tout le reste, les rois et les empereurs de nos chansons ont surtout une physionomie germanique. Ce redoutable Charles, que l'on considère comme le maître du monde, il ne fait rien sans consulter les représentants de son peuple : *Par cels de France voelt il de l' tut errer.* Il réunit à tout instant cette Cour plénière qui rappelle les Assemblées nationales des deux premières races, les Champs de mars et de mai. Plus souvent encore, il consulte son Conseil privé qu'il ne faut pas confondre avec les Cours solennelles. Rien de tout cela n'est romain, et il n'y a là aucune trace de césarisme. La féodalité, d'ailleurs, va bientôt modifier l'allure de notre royauté épique, et nous verrons plus d'une fois l'empereur à la barbe fleurie blêmir de peur, sur un trône mal assuré, devant l'insolence de ses vassaux en révolte. Telle est l'origine de cette physionomie fâcheuse et ridicule que les auteurs de nos derniers romans ont infligée à cette figure naguère si haute et si respectée. Ils transforment Charles le Grand en une sorte de Prusias hébété et avare, goinfre et poltron. Ils avilissent à ce point la majesté de celui devant qui la terre faisait silence, *silebat orbis*, et que la

Chanson de Roland nous montre sous les traits d'un nouveau Josué qui arrête soudain le soleil dans les cieux.

Certains souvenirs de Charles le Chauve et même de Charles le Gros n'ont pas été ici sans influence sur l'esprit de nos trouvères : c'est la seule excuse qu'on leur puisse accorder pour avoir ainsi abaissé dans le monde chrétien l'idée du Roi et de la Royauté catholiques. Il vaut mieux rester en finissant sur le spectacle de l'Empereur « de la première manière », alors que, dans la splendeur dorée d'un jour de Pâques, il tient sa cour au milieu de plusieurs milliers de chevaliers qui tremblent devant lui et auxquels il prodigue ses inépuisables libéralités ; alors encore que, devant les murs de cette Narbonne dont aucun de ses barons ne veut entreprendre la conquête, il crie à ses barons d'une voix de tonnerre : « Allez-vous-en, rentrez en France. Seul je resterai devant Narbonne, et seul je la prendrai » ; alors enfin que, dans sa chapelle d'Aix, il donne avant sa mort ses derniers conseils à son pauvre héritier tout tremblant, et qu'il lui dit : « N'oublie pas que, quand Dieu créa les rois, ce fut pour grandir le peuple. Aime les petits et terrasse l'injustice. » Rien de plus grand n'a peut-être paru chez les hommes.

C'est pendant l'âge féodal que toutes nos chansons de geste ont été écrites, et il est par là facile de comprendre qu'elles ont dû fatalement recevoir l'empreinte ineffaçable de cette rude époque. Elles sont germaniques dans leur source, mais féodales dans leur développement, et c'est dans leurs textes doublement précieux qu'on trouve aujourd'hui la peinture la plus exacte de ces longs siècles où la vassalité a été la loi commune. Ce lien de la vassalité (qu'il ne faut pas confondre avec le pacte germanique du compagnonnage dont M. Flach a si bien parlé), ce lien sacré était d'une rigueur dont on se fait malaisément une idée. Le vassal devait au seigneur sa respiration même, sa vie, sa mort. Nous n'exagérons rien, et l'auteur du *Roland* le dit en termes pittoresques et nets : « Pour son seigneur on doit souffrir grands maux, endurer le chaud et le froid, perdre de son sang et de sa chair. » C'est la doctrine courante et, comme on l'a vu plus haut, ce dévouement au suzerain va aussi loin que peut aller un dévouement humain, puisque les pères vont jusqu'à sacrifier à leurs seigneurs la vie même de leurs enfants, cette vie pour laquelle ils auraient si volontiers donné la leur.

Il faut toutefois établir une différence notable entre les petits vassaux dont l'obéissance est rarement en défaut, et ces grands vassaux, impatients du joug, qui sont toujours en pente vers la révolte et nous rappellent le souvenir des grandes luttes des IXe et Xe siècles entre les empereurs et leurs feudataires. Les plus illustres rebelles de notre épopée appartiennent à ce second groupe : tel est Girard de Roussillon ; tels aussi Ogier, Girart de Viane et les fils du duc Aimon. Ce sont ces rébellions qui ont fourni aux érudits contemporains l'occasion de diviser nos chansons en deux familles plus ou moins nettement distinctes. Aux yeux de ces critiques un peu subtils, il y a des chansons dont les auteurs sont manifestement favorables à la royauté, à ses progrès, à son prestige, et il y a d'autres poètes au contraire qui ont des cœurs de révoltés et dont les œuvres, comme la *Chevalerie Ogier* et les *Quatre fils Aimon*, sont brutalement féodales. Nous pensons qu'il ne faudrait pas pousser trop loin cette distinction, et elle est plus apparente que réelle. Tout d'abord, ces rebelles célèbres sont presque tous en état de défense, et leur rébellion n'a rien d'agressif. Puis, au milieu même de leur révolte, ils se sentent véritablement coupables, ils sont dévorés de remords, et le poème finit toujours par l'expression de leur repentir qui est profond. Dans la plus vive ardeur de leur résistance, ils ne se dépouillent jamais de leur respect pour l'Empereur qui est leur seigneur légitime. Voyez ce Renaud de Montauban qu'on a trop souvent représenté comme le type fidèle de la féodalité en révolte. « Renaud, en réalité, n'a pas le cœur d'un rebelle. Sans doute il se défend contre les attaques iniques de son seigneur, mais il aspire ardemment vers le baiser de paix et tombe un jour, avec une belle simplicité, aux genoux de l'Empereur. Il arrive même un moment où ce persécuté tient entre ses mains la vie de son persécuteur. Placé en face de Charlemagne endormi et pouvant le tuer, il se refuse à commettre une telle félonie et recule devant ce crime, comme devant un parricide : « Charlemagne, dit-il, est mon seigneur. » Certes, ce n'est point là une parole d'un révolté, et l'on peut dire que, sauf deux ou trois forcenés comme Girart de Fraite, tous les féodaux de nos chansons seraient capables de jeter ce beau cri du Bavarois Orri que les Infidèles vont mettre à mort et à qui ils demandent, s'il veut être sauvé, de renier son Dieu et son roi : « Jamais, jamais, s'écrie-t-il, je ne commettrai le crime de renier à la fois mes deux seigneurs, Jésus le glorieux et Pépin notre roi. » Et il préfère mourir dans les plus épouvantables tortures. Ce texte d'*Aubri de Bourgoing* est vraiment important. Il nous prouve que les devoirs de la vassalité étaient confondus par nos pères avec ceux mêmes de la foi. Le monde religieux était, à leurs yeux, organisé à la féodale tout comme le monde terrestre, et Dieu leur apparaissait dans la lumière comme un seigneur suzerain dont tous les hommes étaient les vassaux.

Toutes les institutions qui gravitent autour de la royauté offrent dans nos chansons la même physionomie que la royauté elle-même. La plupart sont d'origine germaine, et se sont plus ou moins transformées sous l'influence féodale. Le droit privé est ici dans le même cas que le droit public, et il serait facile de rédiger tout un Cours de législation féodale, fort détaillé et très exact, avec les seuls textes de nos chansons de geste. Il en est de même pour la procédure, où la féodalité n'a même pas eu besoin de faire sentir son influence et qui est plus d'une fois restée germaine à l'état pur. Tel est, pour choisir un exemple décisif, le trop célèbre *campus* ou duel judiciaire. On en trouve vingt ou trente récits, tous vivants et passionnés, jusqu'en des poèmes du XIIIe siècle où l'on aurait quelque peine à trouver d'autres traces de la barbarie germanique. Encore ici, c'est le *Roland* qui peut légitimement passer pour le type le plus parfait, et le procès de Ganelon est un document à la fois très dramatique et très précis… Donc, voici que le traître est lié à un poteau où des serfs le battent à grands coups de bâton et de corde, et à peine est-il détaché de ce pilori où il a laissé de son sang et de sa chair, que l'Empereur, encore tout échauffé par le souvenir de Roland, jette son cri d'appel et convoque un plaid solennel où toutes les régions de son vaste empire devront être représentées. Les ducs et les comtes arrivent bientôt par tous les chemins de l'empire ; mais, au lieu de trouver en eux des vengeurs ardents de son neveu et qui lavent la honte de Roncevaux dans le sang du traître, l'empereur a la douleur de rencontrer des prudents et des fidèles qui finissent par prendre le parti de l'accusé. Charles qui préside ce tribunal, mais qui n'y a même pas voix délibérative, Charles ne peut que cacher son visage entre ses mains, et pleurer en silence. C'est alors qu'un

Angevin, Thierry, défie en champ clos tous les parents de Ganelon ; c'est alors que l'un deux, Pinabel, relève fièrement ce défi ; c'est alors que les deux champions se revêtent de leurs armures, se confessent, entendent la messe, communient ensemble ; c'est alors enfin que, la prière encore aux lèvres et l'eucharistie dans le sang, ils se jettent furieux l'un contre l'autre. L'heure est solennelle et le jugement de Dieu va se déclarer, Dieu se prononce en faveur de la juste cause : Pinabel succombe ; ses trente otages sont implacablement mis à mort ; Ganelon, qui a mérité le châtiment des traîtres, est tiré à quatre chevaux, et son sang clair coule sur l'herbe verte. Il meurt comme il a vécu, en félon.

Cette scène est aujourd'hui classique, et elle est certainement connue de tous nos lecteurs ; mais nous avons dû la replacer sous leurs yeux pour leur faire voir, jusqu'à l'évidence, que tout y est germain. Oui, tout : la pénalité préventive, la composition de ce plaid où le Roi n'a que le droit de présence, le défi judiciaire, les actes juridiques qui forment le prologue presque inattendu de ce duel *in extremis* où l'un des champions va mourir, et enfin, ce duel, ce *campus* lui-même. Tous ces éléments de procédure se retrouvent dans les différentes lois barbares. Seule, l'exécution des otages n'y est pas mentionnée ; mais si ce terrible châtiment infligé à la famille du traître n'est pas conforme à la lettre de ces vieilles lois, il est assurément conforme à leur esprit. Quant au supplice de Ganelon, il est d'origine directement féodale, et c'est en effet le genre de mort réservé plus tard à tous ceux qui livrent leur pays ou leur roi. On ne pend pas ces misérables : on les écartèle.

Ces sauvageries de la pénalité, nous les constatons dans le plus beau de nos poèmes, dans celui où l'aile de notre épopée s'est élevée le plus haut. C'est assez dire que, dans nos vieilles chansons, nous trouvons à la fois l'élément chrétien dans ce qu'il a de plus sublime et l'élément germanique dans ce qu'il offre de plus barbare. Ils sont parfois horribles, ces héros de notre épopée primitive. Dans la férocité de leurs guerres privées, ils ne se contentent pas de tuer leur ennemi, qui est chrétien comme eux : ils se jettent sur lui comme un fauve, lui ouvrent la poitrine, en arrachent le cœur et le jettent, tout chaud, à la tête du plus proche parent de leur victime. Ils incendient les moutiers, perchent leurs faucons sur les bras du crucifix, installent leurs lits au pied de l'autel, pillent, brûlent, massacrent. Puis, soudain, dans le même couplet de la même chanson, voilà qu'ils s'agenouillent, qu'ils jettent au ciel un regard adouci, qu'ils pardonnent à leurs pires ennemis et leur donnent le baiser de paix ; voilà qu'ils offrent leur vie pour une grande cause, qu'ils entreprennent de défendre ici-bas toutes les faiblesses et qu'ils se constituent les champions de toutes ces veuves qui pleurent, de tous ces orphelins qui tremblent, de tous ces petits qu'on opprime ; voilà surtout qu'ils mettent leur grosse épée au service de l'Église et qu'ils lui disent : « Ne crains rien. Je suis là. » Et d'où vient un tel changement, une telle métamorphose ? Ils ont vu Jésus en croix.

Guizot a dit quelque part au sujet de ces milliers de Germains qui se pressaient aux portes des baptistères : « Ils y sont entrés *bandes*, ils en sont sortis *peuples*. »

Nous dirions volontiers au sujet des héros qui figurent dans notre épopée primitive : « Ils y sont entrés Peaux-Rouges ; ils y sont devenus chevaliers. »

C'est dans nos chansons de geste que la Chevalerie trouve en réalité son expression la plus vraie, son portrait le plus authentique. Qui ne les a pas lues se prive d'une grande lumière, et elles sont parfois plus historiques que l'histoire.

IV. — Popularité universelle, grandeur et décadence de l'épopée française.

Popularité universelle de l'épopée française. — Telle est cette épopée de la France à laquelle la France rend enfin justice. Il est trop vrai cependant, comme nous le donnions tout à l'heure à entendre, que cette équité tardive n'est pas encore unanime et que des esprits distingués s'obstinent encore parmi nous à ne faire commencer la poésie française qu'à Villon ou même à Boileau. Une sorte de réaction s'organise en ce moment contre nos poèmes nationaux, et c'est à grand'peine qu'on daigne faire parmi eux une exception bienveillante en faveur de ce *Roland* que l'on veut bien considérer comme un document de quelque intérêt. Mais ce qu'on ne contestera pas, mais ce qu'on ne peut contester, c'est l'irrécusable popularité de nos chansons de geste durant tout le moyen âge et au delà ; c'est surtout leur admirable et universelle diffusion dans tous les pays de l'Europe où elles ont été servilement copiées, traduites, imitées, et où elles ont fait connaître et aimer la langue française, la poésie française, l'esprit français. La France, sans avoir passé par l'humiliation d'une défaite, a alors conquis le monde occidental comme la Grèce avait conquis Rome. C'est à notre épopée surtout que nous avons dû ce triomphe pacifique, et n'eût-elle que ce mérite, elle aurait droit, sinon à l'admiration, du moins au respect de tous ceux qui pensent et écrivent en français.

Pour se convaincre de cette influence universelle et glorieuse de nos vieux romans, il nous suffira de faire un voyage rapide dans tous les pays de l'Europe chrétienne à cette époque si calomniée où la Méditerranée était un lac français et où l'Université de Paris était le cerveau de l'Europe.

Notre épopée n'avait qu'un pas à faire pour pénétrer en Allemagne, et elle le fit de bonne heure. À vrai dire, deux de nos légendes seulement, deux de nos vieux poèmes ont alors envahi les pays de langue germanique ; mais avec quelle impétuosité, avec quelle puissance ! Le choix des Allemands, il faut l'avouer, ne pouvait guère être plus heureux, et ces deux poèmes qui formaient le centre auguste de nos deux grands cycles nationaux, étaient à coup sûr les plus profondément épiques et les plus beaux. C'était *Roland* et c'était *Aliscans*. Le premier fut traduit par un prêtre allemand du nom de Conrad durant le second tiers du XIIe siècle, et arrangé vers 1230, par un remanieur qu'on nomme le Stricker. Quant à *Aliscans*, sa fortune fut encore meilleure, et il se trouva un vrai poète pour l'imiter en maître. Le poète s'appelle Wolfram d'Eschenbach, et le poème restera immortellement célèbre sous le nom de *Willehalm*. Ces deux astres, *Aliscans*, *Roland*, ont suffi à éclairer l'Allemagne.

L'Angleterre n'a pas eu la main aussi heureuse, et les destinées de notre épopée n'y ont pas été les mêmes. Avant 1066, cette Saxonne demeure absolument étrangère à notre grand mouvement épique, et il faut la conquête normande pour que nos chanson pénètrent chez elle. Les vainqueurs se donnent alors la joie de se les faire chanter en bon français, la seule langue qu'ils entendent. Puis, le temps s'écoule, poursuivant son œuvre habituelle, et voici qu'après quelques essais sans importance en dialecte anglo-normand, on se prend là-bas à « adapter » en anglais quelques-unes de nos chansons. Mais hélas ! quel singulier choix ! Le *Roland* n'a donné lieu chez nos voisins qu'à une œuvre médiocre où l'on s'est inspiré de nos pauvres remaniements du XIIe siècle ; mais les deux poèmes favoris, c'est *Fierabras* et, qui l'eût cru ? *Otinel*. N'est-ce pas le cas de répéter : *Habent sua fata libelli* ? Bref, c'est *Sir Ferumbras* et *Sir Otuel* qui ont conquis en Angleterre une vogue de plusieurs siècles. Singulière fortune que celle de ce *Fierabras* ! C'est lui, c'est encore lui que les presses de Caxton livrent au public anglais, le 18 juin 1485, sous le titre fallacieux de *Lyf of Charles the great*. Cette prétendue « Histoire de Charlemagne » n'est autre que la traduction d'un de nos plus détestables romans en prose, la *Conqueste du grant roy Charlemagne des Espaignes*, et cette *Conqueste* n'est même qu'un arrangement du *Fierabras*. On ne se console vraiment d'un tel mécompte qu'en assistant à une représentation du *Songe d'une nuit d'été* et en y applaudissant le charmant petit nain Oberon que l'Angleterre a si visiblement emprunté à notre *Huon de Bordeaux*.

Chez les Scandinaves la scène change. Notre épopée joue là-bas un rôle qui est à la fois plus étendu et plus profond, et la question de notre épopée y est intimement mêlée à la question religieuse. Il ne s'agissait de rien moins, au commencement du XIIIe siècle, que de convertir ces peuples païens à la foi catholique. C'est à quoi s'employa le roi Haquin V, qui régna en Norwège de 1217 à 1263 et qui se servit de nos chansons comme d'un excellent instrument de propagande. S'étant convaincu qu'elles étaient solidement chrétiennes et tout ardentes du feu de la croisade, il les fit traduire ou imiter en sa propre langue, et de là toutes ces Sagas d'origine française parmi lesquelles la *Karlamagnus-saga* tient certainement la première place. On trouve dans cette étonnante compilation les données exactes et l'heureuse adaptation d'une dizaine de nos chansons, telles que le *Couronnement de Charles* (poème perdu), *Doon de la Roche, Ogier, Aspremont, Guiteclin, Otinel, Roncevaux* et le *Moniage Guillaume*. Le succès en fut considérable, et la *Karlamagnus-saga* fut traduite en suédois et en danois. Cette dernière traduction, qui est du XVe siècle, devint sur-le-champ populaire, et l'est encore aujourd'hui. On vend à Copenhague, dans le moment même où nous écrivons ces lignes, de petites brochures à bon marché qui ne sont que la reproduction populaire de la *Keyser Karl Magnus Kronike*. Je pense qu'on les trouverait jusque dans les plus humbles boutiques de Reikiavik en Islande.

En Néerlande, même popularité, mais d'une autre physionomie, s'il est permis de s'exprimer ainsi, et avec de singulières alternatives de bonne et de mauvaise fortune. Les « Thiois » (c'est le nom qu'aiment à leur conserver les érudits modernes) ont pris plaisir, dès le XIIe siècle, à faire passer en leur parler un grand nombre de nos vieux romans plus ou moins servilement traduits. Il ne nous est guère resté que des fragments de ces adaptations thioises ; mais il est certain que les Néerlandais ont été affolés de notre poésie et qu'ils ont tout fait pour avoir le bonheur très vif de lire en leur langue *Roncevaux, Guiteclin, Floovant, Ogier, Renaud, Aiol*et les *Lorrains*. C'est au XIIIe siècle qu'il faut principalement placer la date de ce bel engouement qui avait déjà commencé à se donner carrière au siècle précédent. Mais, tout n'est ici-bas qu'évolution et réaction. Dès le XIIIe siècle, une réaction passionnée se manifesta contre les romans français, à peu près semblable à celle qui anime aujourd'hui les Belges de race flamande contre ceux de race wallonne. Jacques de Maerlant proteste avec quelque rage contre ces romanciers français qui calomnient si indignement le grand empereur, et Jan Boendale, plus vigoureux encore, souhaite une courte vie à tous ces artisans de mensonge. Un observateur superficiel, comme il y en a tant, aurait pu croire alors que nos pauvres poèmes étaient morts pour toujours dans cette région des bas-pays. Mais nos chansons ont la vie chevillée au corps, et les voilà qui, soudain, ressuscitent là-bas sous la forme de ces livres populaires que l'imprimerie néerlandaise fabrique et répand par milliers. C'est le XVIe siècle qui est l'époque de cette seconde popularité, et ces méchants petits livres, copiés sur nos pauvres romans en prose, ont l'heur de circuler entre toutes les mains, joie des paysans aussi bien que des bourgeois. Cette heureuse fortune n'était pas faite pour durer. L'autorité ecclésiastique veillait : elle trouva que ces romans étaient inquiétants pour la morale publique, et mit le holà sur *Maugis, Huon de Bordeaux* et plusieurs autres encore. Pour le coup, ce fut leur mort.

Il faut s'attendre en Espagne à des péripéties analogues, mais non pas semblables. L'Espagne est un peuple fier et jaloux, et qui souffle volontiers sur toutes les gloires qui ne sont pas espagnoles. Elle avait été forcée de subir nos chansons qu'une foule de *juglares* chantaient à pleine voix sur tous les chemins, dans toutes les villes, et surtout au grand pèlerinage de Saint-Jacques de Compostelle. Mais, quelque vive et militaire que fût la beauté de ces chansons, les *cantares de gesta* avaient le malheur d'y célébrer des héros qui n'étaient pas espagnols. L'Espagne s'en affligea. Son regard fut blessé par la vive lumière qui sortait de la légende de Roland, (cherchant un héros national qu'elle pût opposer au neveu de Charlemagne et ne le trouvant point, elle le fabriqua. Ce fut ce fameux Bernard del Carpio qu'elle créa de toutes pièces vers les premières années du XIIIe siècle, et dont on lit la très curieuse légende dans la *Geste de Fernan Gonzalez* dans la *Chronica mundi* de Lucas de Tuy, dans l'*Historia de rebus hispanicis* de Roderic de Tolède et dans la *Cronica general* d'Alphonse X. Une fois en possession d'un Roland « supérieur au nôtre », l'Espagne se reposa. Cependant en ce pays si poétique et si chanteur, on continuait, sans oublier les héros espagnols, à célébrer aussi les vieux héros français en quelques chants exquis et courts, et ce sont ces chants qu'on appelle les « romances ». Ces belles romances, si dramatiques et si vivantes, on ne les a pas « écrites » avant le XVe siècle, qui est aussi l'époque où le plus grand nombre furent « composées ». Et voilà que ces petits poèmes, d'inspiration tantôt française et tantôt espagnole, nous conduisent jusqu'à l'époque où les grands poèmes italiens font sentir leur influence sur la littérature de l'Espagne, jusqu'au moment surtout où nos rapsodies en prose des XVe et XVIe siècles sont traduites en espagnol : témoin cette fameuse *Historia di Carlomagno y de los pares de Francia* qui est une reproduction de notre éternel *Fierabras*. Il y a eu, en tout temps, de ces livres médiocres qui ont plus de succès que les bons.

En Italie, le spectacle change encore. Il ne faut s'attendre ici ni à cette réaction contre nos chansons qui s'est produite en Néerlande, ni à cette jalousie nationale qui a caractérisé les rapports de l'Espagne avec notre épopée. Nul pays, tout au contraire, ne s'est aussi facilement assimilé notre littérature épique et ne s'est pris d'un aussi vif amour pour les héros de nos vieux poèmes. Roland, Ogier et Renaud ont trouvé en Italie une seconde patrie, moins ingrate souvent que la première. C'est dans la région lombarde et vénitienne que cette heureuse popularité a pris naissance, et des jongleurs français y ont d'abord chanté des romans composés par des Français de France et dont ils se contentaient de sonoriser, d'italianiser les flexions. Puis ces Lombards, ces Trévisans, ces Vénitiens se sont piqués d'honneur et ont composé eux-mêmes des chansons « en une langue qui a le français pour base, mais qui est fortement influencée par le vénitien et par le lombard ». Ces poèmes, qu'on a appelés « franco-italiens » à défaut d'un meilleur nom, sont français par leurs fictions, français par leurs personnages, et il semble en vérité que la poésie italienne ne pouvait alors trouver de héros que chez nous. Mais une race aussi poétique ne pouvait s'en tenir longtemps à ce genre bâtard : elle voulut mieux. Passe encore pour les héros français : mais elle entendit les célébrer enfin dans sa propre langue qui était si vibrante et si belle. Prose ou vers, tout lui fut bon. Un compilateur médiocre, mais infatigable, Andréa da Barberino, eut le courage, vers la fin du XIVe siècle, de vulgariser sous ce titre heureux, les Royaux de France, *Reali di Francia*, les poèmes français, ou plutôt franco-italiens, qui avaient pour objet la maison de France et les héros épiques que l'on y pouvait rattacher avec une liberté plus ou moins ingénieuse et large. Parmi les six livres des *Reali*, les trois premiers sont visiblement empruntés à un *Fioravante* que Pio Rajna a découvert et qui est de la première partie du XIVe siècle. Les deux livres suivants ont pour héros ce Beuves d'Hanstonne dont les aventures ont eu une si étrange fortune en France et en

Italie, et le dernier livre, qui est assurément le plus précieux, est consacré à la triste histoire de Berte, aux enfances de Charlemagne, à celles de Roland. Singulière compilation, comme on le voit, et qui ressemble à une architecture inachevée. Le complément tout naturel de cette œuvre étrange *ubi cætera desiderantur*, ce complément était tout indiqué, et c'était, ce ne pouvait être que cette fameuse guerre d'Espagne dont Roncevaux est l'épisode le plus profondément épique. Un poète italien se met à l'œuvre vers 1380 et nous donne la *Spagna in rima* ; un autre poète l'abrège et la contrefait, et voilà la *Rotta di Roncisvalle*. Puis, un compilateur inconnu écrit cette *Spagna* en une prose qui ne saurait être antérieure à la fin du XIVe siècle, tandis qu'un de ses confrères lui fait une concurrence loyale en alignant les chapitres de ce *Viaggio di Carlomagno in Ispagna* dont les données sont empruntées, comme celles des *Spagna*, à des poèmes franco-italiens et à des légendes françaises. Cependant il ne faudrait pas croire que l'auteur des *Reali* eût dit son dernier mot avec les six livres de cette compilation énorme qu'il a fait suivre d'un *Aspromonte* dont la base est notre *Chanson d'Aspremont*. Ce vaillant ne savait pas se reposer, et il entreprend un jour, dans ses *Nerbonesi*, de traduire en sa prose incolore et flasque les plus belles chansons de notre geste de Guillaume. Il ne reste plus qu'à signaler, avec Rajna, le rôle énorme que joue notre Ogier dans la littérature italienne. Il est le personnage principal d'un très long poème en octaves de la fin du XVe siècle et occupe encore une large place dans ces *Storie di Rinaldo*, de la même époque, où l'on ne s'attendait guère à trouver que les aventures des quatre fils Aimon. Après tant d'œuvres si variées et si étendues, il était permis de craindre que l'Italie n'eût décidément épuisé la gloire des héros français. Il n'en était rien et, au moment même où l'on pouvait croire à leur inévitable déclin et à leur mort prochaine, ils furent tout à coup ressuscités par ces grands poètes qui s'appellent Pulci, Bojardo, l'Arioste. Il est vrai que ces merveilleux écrivains n'ont à peu près gardé de nos héros que les noms ; il est encore vrai que ces vieux chevaliers de France sont ici empanachés à l'excès et travestis à l'italienne. On les a dépouillés de leur rudesse antique, on les a « civilisés » plus que de raison ; on les a transformés en chevaliers de je ne sais quelle Table Ronde ferraraise ou florentine, fort élégante, un peu corrompue, et telle enfin que la pouvait rêver les cours italiennes de la Renaissance. Tout cela est vrai, et il n'est pas moins certain que l'Arioste, entre autres, a dépensé, dans cette résurrection inattendue de nos vieilles chansons, une puissance de conception et une magnificence de coloris dont nos vieux poèmes ne sauraient donner une idée. Mais enfin et malgré tout, c'est à nos chansons que cet Arioste si justement vanté doit sa première inspiration. Il a beau défigurer Roland : Roland est et demeure français, et l'*Orlando furioso* n'est que l'écho de l'épopée française du XIe siècle. Écho superbe, mais écho.

Cette longue excursion en Italie n'a pas mis un terme aux voyages de notre épopée. On l'a également rencontrée en Grèce, en Russie, en Hongrie, et elle a fait de belles haltes chez ces peuples de races si diverses et de tempéraments si opposés. Elle a abordé tous les rivages, parlé toutes les langues, et, accueillie partout avec honneur, a fait aimer partout la France et le génie français. Une aussi glorieuse universalité est faite pour désarmer ceux qui dénigrent nos vieilles chansons ; elle ravit et encourage ceux qui les défendent et qui les aiment. Nous sommes de ce nombre.

Décadence et fin de l'Épopée nationale. — Nous n'avons pas à raconter ici l'histoire triste et longue de la mort de notre épopée nationale. Il y a des écrivains qui éprouvent une âpre joie à se faire les historiens de toutes les décadences. Nous ne leur envions pas une aussi désolante besogne, et nous nous attacherons à ne dire ici que le nécessaire.

On a écrit quelque part : « La grande cause de la mort de notre épopée, c'est le commencement du scepticisme et l'avènement de la critique moderne. » Ces derniers mots sont peut-être excessifs ; mais il est certain que, dès le XIIIe siècle, nos épiques ne croyaient plus à leurs héros. L'histoire était toute jeune encore ; mais enfin elle était, et pourchassait déjà la légende. Le scepticisme, d'ailleurs, ne se bornait pas aux chansons de geste, aux grands coups d'épée d'un Roland, aux exploits presque miraculeux de cet Ogier qui tenait seul l'Empire en échec. Les auteurs des fabliaux, comme ceux de *Renart* et de *la Rose*, étaient déjà voltairiens plusieurs siècles avant Voltaire et se gaussaient de tout avec un vilain sourire goguenard. L'épopée ne pouvait échapper à ce doute gouailleur qui n'épargnait pas Dieu lui-même. Non seulement elle provoqua ce haussement d'épaules familier aux sceptiques qui passent devant une grande chose ; mais on alla jusqu'à la bafouer publiquement et à lui infliger le châtiment immérité de la parodie. Et de quelle parodie ! Il faut (c'est dur) lire cet immonde *Audigier* dont la scatologie est faite pour révolter les esprits les moins délicats, il faut lire ces pages cyniques, écrites dans le rythme particulier d'*Aiol* et de *Girard de Roussillon* (c'est une injure de plus) pour se faire quelque idée de la stupide réaction dont nos chansons de geste furent l'objet en plein siècle de saint Louis. Et *Audigier* n'est pas le seul témoignage qui nous soit resté de cette hostilité rebutante : il faut y joindre la plaisanterie plus innocente du *Siège de Neuville* où l'on met en scène de bons bourgeois qui jouent au chevalier ; il faut surtout ne pas oublier les protestations indignées de Guillaume Guiart, qui, dans sa *Branche des royaux lignages*, s'emporte contre les lecteurs de nos vieux poèmes, contre ces nigauds qui *cuident que ce soit évangile*. Ce ne sont point là des documents de peu de poids. Il y a là un état d'âme nouveau, une sorte de malaise que le vrai peuple de France n'a assurément pas connu, mais qui a affecté les classes lisantes. C'en était assez pour que l'Épopée entrât dans l'ère de sa décadence.

Mais, en dehors de ces causes philosophiques, il en est d'autres, uniquement littéraires, qui suffisent à expliquer le déclin de notre littérature épique.

En réalité cette décadence a commencé le jour même où l'assonance a cédé la place à la rime, le jour où l'épopée nationale a été *lue* au lieu d'être seulement *écoutée*, où elle a parlé aux yeux au lieu de s'adresser à l'oreille.

Lors donc qu'il s'est agi pour nos trouvères de transformer une chanson assonancée en un poème rimé, ils se virent plus d'une fois dans l'obligation de remplacer un vers de l'ancienne version par deux ou trois vers de la nouvelle. En voici un exemple qui pourra sans doute sembler décisif. Dans un couplet en *on* du *Roland* assonancé, du *Roland* d'Oxford, on lit le vers suivant : *Hier li trenchat Rollanz le destre puing*. Or *puing* peut fort bien à cette époque « consonancer » avec des mots tels que *sunt* ou *amunt*, mais il ne saurait *rimer* avec eux. Que fait en pareil cas le rajeunisseur du XIIe ou du XIIIe siècle ? Il se montre d'abord fort empêtré, mais il ne tarde guère à prendre son parti et écrit bravement : *Li quens Rollans qi ait maleïçon — De son braz destre li a fait un tronçon.* Voilà deux vers au lieu d'un, mais deux vers médiocres, dont le premier renferme une affreuse cheville (*qi ait maleïçon*) et le second une méchante périphrase (*li a fait un tronçon*).

Je me borne à cet exemple ; mais le même cas s'est présenté POUR DES MILLIERS ET DES MILLIERS DE VERS, si bien qu'au lieu d'un poème substantiel en quatre mille honnêtes et bons décasyllabes, on en est venu à fabriquer, au XIIIe siècle, une chanson de six à sept mille vers, laquelle est nécessairement déshonorée par d'innombrables chevilles, platitudes et délayages. C'est une des grandes causes de la décadence future ; c'est peut-être la plus grave.

Encore les rajeunisseurs avaient-ils eu jusqu'ici l'excuse de la nécessité ; mais ils sont arrivés, de trop bonne heure, à remplacer, sans nécessité aucune, *un seul vers* assonancé par *plusieurs* rimes. Nous avons cité ailleurs plusieurs types d'un procédé aussi regrettable ; mais, encore ici, un seul exemple suffira. Dans le *Roland* primitif, le vieux poète avait écrit très sobrement : *Ço dist Malprimes, le colp vous en demant* Un de nos « corrigeurs » fait la grimace devant cette excellente concision et écrit sans vergogne quatre vers au lieu d'un : *Ç'o dist Malprimes : Mar doterez noiant. — Demain arez un eschac issi grant ; — Ainc Sarrazins n'ot onques si vaillant. — De la bataille le premier cop demant.* Par malheur, nos remanieurs ne s'arrêteront pas en si beau chemin. Ils se permettront désormais toutes les licences, toutes les privautés avec l'ancien texte. Si les assonances de toute une laisse leur offrent quelque difficulté, ils les changeront audacieusement en des rimes d'une autre nature. Le second couplet du Roland peut ici servir de type : *Li reis Marsilies esteit à Sarraguce*. Fort embarrassé des consonances de *Sarraguce* avec *culchet*, avec *humes*, avec *cuntes*, notre rajeunisseur fera un coup d'État et fabriquera un couplet nouveau sur une rime nouvelle : *En Sarraguce est Marsile li ber ; — Suz un olive se siet por deporter*, etc. Décidément il est en veine de changement, presque de révolution, et ne sera plus arrêté par aucun scrupule. Il supprimera à sa fantaisie certaines laisses ; il en ajoutera d'autres ; il ira même jusqu'à modifier, jusqu'à déformer les idées de son prédécesseur. Tout cela sans doute est très fâcheux ; mais ce qui a été vraiment irréparable, c'est le premier pas qu'on a fait dans cette voie fatale ; c'est d'avoir pris cette méchante habitude d'écrire deux ou trois vers au lieu d'un ; c'est d'avoir doublé ou triplé le nombre des vers antiques ; c'est d'avoir été inévitablement amené à produire ainsi des poèmes tellement chevillés qu'ils ne sont plus épiques ; c'est, alors même qu'on n'avait pas de modèles antiques, d'avoir imité le style de ces remaniements et d'avoir composé sur ce type cinquante poèmes qui étaient ou paraissaient nouveaux. Encore un coup, la décadence vient de là.

Autre cause encore, dont il ne faudrait point exagérer l'importance, mais qui est réelle. Le décasyllabe est presque partout remplacé par l'alexandrin qui est plus lourd et plus aisément chevillard. De là — après quelques œuvres qui sont encore primitives et belles, — de là nos derniers romans en vers ; de là ces interminables rapsodies du XIVe siècle qui sont principalement wallonnes ; de là les *Baudouin de Sebourc* et les *Bastart de Bouillon*.

Longues et filandreuses, ces pauvres compilations le sont certainement ; mais leur esprit est encore plus haïssable que leur « lettre ». Il y a longtemps, hélas ! que la formule a envahi notre épopée, qui s'est mal défendue. Dès le XIIIe siècle et plus tôt encore, on en est venu à pratiquer cette théorie du moule épique, avec laquelle il n'y a pas de poésie possible. La chanson de geste, au lieu d'être une inspiration généreuse et primesautière, est devenue un genre littéraire, conventionnel et « classé ». Elle a été réduite, comme nous l'avons vu, à un certain nombre d'épisodes, ou, pour mieux dire, de pièces étiquetées : une cour plénière, un siège, une princesse amoureuse, etc., etc., et l'on a joué avec ces morceaux comme avec les pierres d'une mosaïque. Ce n'est plus un poème : c'est une série de combinaisons plus ou moins ingénieuses, mais toujours factices et nécessairement monotones. La formule va plus loin, et envahit chaque vers en particulier. Plus d'originalité, même dans la phrase. Puis, il y a cette détestable influence des romans bretons, et l'on ne saura jamais le mal que nous a fait la Table Ronde. Nos vieilles chansons ne sont plus que des romans d'aventures, moins la grâce aimable et l'excellente langue d'un Chrétien de Troyes, moins la vivacité de cet octosyllabe si jeune et si alerte. C'est aussi loin du *Parceval* que du *Roland*. Ni l'élégance de l'un, ni la vigueur de l'autre. Avec cela, satiriques contre toute justice, sensuels au delà du grivois, superstitieux jusqu'à la sottise. On y hait volontiers le prêtre, on y bafoue le moine, et c'est trop souvent le méchant esprit des fabliaux sans leur verve. Décadence.

Jusqu'ici du moins, nos romans ont gardé la forme du vers. C'était peu sans doute, mais c'était encore une digue.

La digue fut rompue.

On en avait assez, s'il faut tout dire, de ces ennuyeux couplets monorimes, de ces vers sans solidité et sans style, de ces plates imitations de nos premiers poèmes, de toutes ces lourdeurs et de toutes ces longueurs. On en avait assez, et on le fit bien voir. « De la prose, nous voulons de la prose », tel fut le cri qu'on entendit dès le XIVe siècle, et qui devint impératif au XVe. Dociles à ce vœu de l'opinion, nos romanciers donnèrent au public ce dont il avait soif, et de là nos romans en prose. Un tel changement, d'ailleurs, ne coûta point beaucoup de peine à ces prosateurs improvisés. Ils prirent entre leurs mains les derniers romans en vers, et se contentèrent de les *desrimer*. Ils noyèrent dans leur prose les anciens vers que nous y retrouvons aujourd'hui : si bien qu'avec certains romans en prose, nous pouvons reconstruire assez exactement une chanson rimée. Il va sans dire que ces compilateurs n'ont aucune valeur littéraire, et nous sommes en droit de leur faire des reproches encore plus amers qu'aux rimeurs de vingtième ordre dont ils ont effrontément copié les tristes vers. Décidément, l'élément héroïque a disparu, et il ne reste plus qu'une chevalerie en bois et des héros en carton. L'esprit d'aventures triomphe et règne. La langue même est atteinte, et la phrase se traîne visqueusement. Le pis est que ces méchants écrivains se donnent le luxe d'être pédants, et voilà qui les achève.

Ce n'est pas toutefois le suprême outrage qui soit réservé à notre épopée. Elle va descendre plus bas.

L'imprimerie fait ses débuts dès 1430, et, vingt-huit ans plus tard, le premier roman en prose *imprimé* fait son apparition parmi nous. C'est le *Fierabras* de 1478. Il faut croire que le succès en fut éclatant : car les presses vont être occupées, pendant plusieurs siècles, à reproduire et à vulgariser ces vieilles fictions d'origine si évidemment nationale. On les croyait mortes : comme on se trompait ! C'est par milliers, c'est par dix milliers d'exemplaires que les imprimeurs les répandent dans toute l'Europe. Il y a des libraires dont elles ont fait la fortune. On les traduit en toutes les langues ; on les illustre d'horribles petites gravures qui le rendent encore plus populaires. Elles vont partout, elles sont partout. Et pourtant, quelle médiocrité ! Un certain nombre de ces incunables ne sont que la reproduction niaise de nos romans manuscrits en prose. D'autres, plus mauvais encore, en sont l'imitation inintelligente et servile. Ce ne sont même pas les plus grands, les plus illustres de nos anciens héros qui tiennent ici la première place : Roland est éclipsé par Galien Rhétoré ; Guillaume au fier bras est délaissé pour Hernaut De Beaulande ; Huon de Bordeaux fait oublier les vieux Lorrains. Une goutte de notre vieille poésie diluée en des tonnes d'eau.

On descendra plus bas encore.

Ces incunables si étranges, avec leur typographie gothique serrée et lourde, avec leur illustration rudimentaire, ils étaient, si je ne me trompe, feuilletés par des mains bourgeoises plutôt que par des doigts plébéiens ou paysans. Il en fut probablement de même durant tout le XVIe siècle : mais il ne faudrait tomber ici dans aucun excès, et il est certain que les petites gens gardaient encore, très vivant, le souvenir de nos vieilles légendes épiques. Ce qu'il y a d'assuré, c'est qu'au XVIIe siècle, des libraires bien avisés comprirent qu'il y avait à réaliser une bonne affaire, en répandant parmi le petit peuple les romans en prose des anciens imprimeurs, sous une forme qui fût vraiment populaire et à bon marché. Ces hommes d'esprit, ces habiles industriels ne durent pas payer fort cher leurs auteurs anonymes, puisque ceux-ci se contentaient le plus souvent de reproduire les œuvres imprimées avant eux, en les adaptant seulement à la langue et au goût de leurs contemporains. Ils étaient bien forcés de changer çà et là quelque mot vieilli ou démodé, quelque phrase même qu'on ne comprenait plus. Ils allaient jusqu'à donner parfois à leur récit une couleur moderne qui n'était certes pas de la couleur locale. Mais enfin, vous le voyez, à chaque nouvelle évolution de nos pauvres vieilles légendes, elles perdent de plus en plus les traits augustes de leur physionomie originelle. Comparez plutôt, si vous en avez le courage, comparez le *Roland* du XIe siècle avec le *Galien Rhétoré* de la « Bibliothèque bleue » au XVIIIe siècle. Bibliothèque bleue ! c'est le nom que portent en effet ces petits volumes niais que d'humbles colporteurs répandent encore par centaines dans nos provinces les plus « arriérées » et que nous aimons malgré leur bêtise, parce qu'ils nous rappellent (oh ! de fort loin) les vieux héros et les vieilles chansons du bon pays de France.

Quoi qu'il en soit, c'est l'avant-dernière étape avant l'oubli, avant la mort.

La dernière étape ne sera franchie qu'à la fin du XVIIIe siècle. Elle n'a rien de populaire, cette suprême déformation de nos antiques chansons, et c'est à M. de Paulmy d'Argenson qu'il convient de faire honneur de ce travestissement inattendu de notre épopée. Cet homme d'esprit se mit en tête, un beau jour, cette idée ingénieuse de faire connaître aux gens de son temps (à la cour plutôt qu'à la ville) les romans de tous les âges et de tous les peuples. C'était une conception qui pouvait, au premier abord, sembler intelligente et large. Nos romans, d'ailleurs, ne pouvaient pas être exclus d'un tel plan, et on leur fit la part trop belle. C'est en 1777 et en

1778 que l'on donna, dans la *Bibliothèque des romans*, cette trop généreuse hospitalité à nos pauvres chansons défigurées, méconnaissables. Sous prétexte d'en offrir une analyse, on habilla leurs héros à la mode du jour, on les inonda de musc, on leur mit de la poudre et des mouches, on les déguisa en « talons rouges ».

C'est Ogier, c'est ce héros farouche qui fut peut-être le plus déshonoré par cet étrange affublement. On en fit un homme « sensible », et il faut voir avec quelle préciosité on nous raconte ses amours avec la belle Elizene : « La rencontre d'un papillon ou de tout autre insecte, les caresses des moineaux, les gémissements des tourterelles, l'instinct des moutons et des autres quadrupèdes les occupaient agréablement. Ogier grimpait sur les arbres pour aller dénicher de petits oiseaux pour Elizene. » Etc., etc. Notez que, vers la fin de sa vie, le Danois (celui du XVIIIe siècle) n'est guère moins galant : « Venez, lui dit un jour la fée Morgane, venez dans mon château d'Avalon. J'ai assisté à votre naissance. — Ah ! madame ! s'écrie aussitôt Ogier en tombant à ses genoux, ce serait plutôt moi qui pourrais avoir assisté à la vôtre. » Voilà pourtant ce qu'était devenu, aux mains de M. de Paulmy, ce formidable Ogier de nos premières chansons, ce géant féroce qui ne pensait qu'à tuer, et dont la vaillance brutale balança longtemps la fortune du grand empereur Charles.

Quant à Roland, ce fut M. de Tressan qui fut chargé de l'habiller et de le mettre au point. Dans notre Iliade du XIe siècle, le héros expire sur un roc, d'où il domine en conquérant toute l'Espagne, et le vieux Charlemagne se penche en larmes sur le corps inanimé de son neveu en lui disant : « Ami Roland, vaillant homme, *juvente bele*, que Dieu mette ton âme dans les saintes fleurs de son Paradis ! » Et M. de Tressan, prétendant reconstituer la *Chanson de Roland* perdue, ne trouve rien de mieux que ces couplets plusieurs fois stupides et profanateurs : « Roland à table était charmant, — buvait du vin avec délice ; — mais il en usait sobrement, — les jours de garde et d'exercice. » Et plus loin : « Roland aimait le cotillon, — on ne peut guère s'en défendre. » C'est à la fois le triomphe d'une ingratitude qui s'ignore et d'une sottise qui s'étale. Vraiment, le scandale était à son comble, et le temps était venu pour la France de protester en faveur de son épopée nationale.

La protestation se fit attendre. Depuis M. de Tressan qui écrivait vers 1778 de telles billevesées jusqu'à Paulin Paris qui, en 1832, rendait enfin la vie au mot complètement oublié de « chanson de geste » et qui avait, en ce même temps, l'audace généreuse de publier le texte original d'un de ces romans si longtemps méconnus, il s'écoula plus d'un demi-siècle. Mais aussi, depuis lors, quelle résurrection merveilleuse ! Quelle marche triomphante ! Que de textes mis en lumière depuis l'édition *princeps* du *Roland* en 1836 jusqu'à la belle traduction de *Girard de Roussillon* que Paul Meyer a publiée en 1884 ; depuis la dissertation si hardie et si imparfaite de H. Monin en 1832 jusqu'à l'*Histoire poétique de Charlemagne* de Gaston Paris en 1865 ! On a longtemps et péniblement combattu ; mais aujourd'hui la bataille est gagnée, et le *Roland* figure sur les programmes de l'Université entre Homère et Virgile qu'il n'égale point, mais dont il n'est pas indigne.

Tout n'est pas fait pourtant, et chacun de nous peut ici se donner pour devise : *Nil actum reputans si quid superesset agendum*. Il reste encore à publier trente ou quarante de nos chansons de geste, et il y en a de première valeur qui sont encore enfouies dans la poussière de leurs manuscrits, comme le *Moniage*

Guillaume, comme *Beuves d'Hanstonne*, comme les *Lorrains*. Il reste à écrire, d'après nos vieux poèmes, une « Histoire de la vie privée depuis le XIe jusqu'au XIVe siècle » ; il reste à rédiger un Dictionnaire biographique et géographique où l'on identifiera tous les noms d'hommes et tous les noms de lieux qui se lisent dans nos romans épiques ; il reste à nous donner une Histoire poétique d'Ogier et de Guillaume. Mais il reste surtout à faire pénétrer notre épopée dans l'art contemporain, à lui demander des sujets de tableaux ou de drames (ils y abondent) et à introduire enfin la connaissance de nos chansons jusque dans les plus humbles Manuels de l'enseignement primaire, jusque dans les Alphabets à l'usage des tout petits.

Une telle besogne n'est point faite pour nous effrayer.

Quant à donner à la France une nouvelle épopée, il n'y faut pas songer. Ce n'est pas dans le siècle de la critique que l'on peut susciter une poésie sincèrement épique et légendaire. Nous pouvons tout au plus fabriquer des *Henriades*, mais il nous est interdit de créer des *Roland*.

Cependant il a été donné à la Poésie d'être inépuisable. À défaut d'épopée primitive, nous avons l'heur de posséder aujourd'hui la seule épopée qui convienne aux époques de civilisation raffinée, l'épopée intime, l'épopée domestique, celle dont les héros ne sont plus des chevaliers *fervestus* ni des empereurs à la barbe fleurie, mais où les petites gens tiennent légitimement la première place. Voilà celle qu'il faut écrire ou, tout au moins, encourager.

Sans doute il ne serait pas raisonnable d'espérer aujourd'hui de nouvelles *Chansons de Roland* ; mais nous avons le droit de demander à nos poètes des œuvres aussi touchantes, aussi « humaines » que la *Mireio* de Mistral et le *Jocelyn* de Lamartine.

À découvrir dans le Tome 2 :

L'évolution et l'expansion de la littérature et de la langue française.

- De l'épopée antique et des romans historiques.
- De la poésie lyrique et son développement.
- Développement de la fable au moyen âge.
- Histoire de la langue française jusqu'à la fin du XIVe siècle.
- Changements essentiels survenus depuis l'époque latine.
- Le français et ses dialectes.
- Progrès du français de France.
- Les formes du vieux français comparées à celles du français moderne.
- Le français à l'étranger et l'influence du français sur l'anglais…

www.ingramcontent.com/pod-product-compliance
Lightning Source LLC
Chambersburg PA
CBHW021044090426
42738CB00006B/172

* 9 7 8 2 3 6 6 5 9 5 5 7 4 *